# 苏州十年

## 决策与布局

## (2012—2022)

中共苏州市委党史工作办公室　编著
苏州市中共党史学会

苏州大学出版社
Soochow University Press

图书在版编目(CIP)数据

苏州十年决策与布局：2012—2022 / 中共苏州市委党史工作办公室，苏州市中共党史学会编著. — 苏州：苏州大学出版社，2022.9
 ISBN 978-7-5672-4080-3

Ⅰ. ①苏… Ⅱ. ①中… ②苏… Ⅲ. ①区域经济发展-研究-苏州-2012-2022 Ⅳ. ①F127.533

中国版本图书馆 CIP 数据核字(2022)第 177190 号

苏州十年决策与布局(2012—2022)
SUZHOU SHINIAN JUECE YU BUJU (2012—2022)

| | |
|---|---|
| 编　　著 | 中共苏州市委党史工作办公室　苏州市中共党史学会 |
| 责任编辑 | 孙佳颖 |
| 助理编辑 | 闫毓燕 |
| 出版发行 | 苏州大学出版社(Soochow University Press) |
| 社　　址 | 苏州市十梓街1号　邮编：215006 |
| 印　　刷 | 苏州工业园区美柯乐制版印务有限责任公司 |
| 网　　址 | www.sudapress.com |
| 邮　　箱 | sdcbs@suda.edu.cn |
| 邮购热线 | 0512-67480030 |
| 销售热线 | 0512-67481020 |
| 开　　本 | 718 mm×1 000 mm　1/16 |
| 印　　张 | 18.75 |
| 字　　数 | 252 千 |
| 版　　次 | 2022年9月第1版 |
| 印　　次 | 2022年9月第1次印刷 |
| 书　　号 | 978-7-5672-4080-3 |
| 定　　价 | 72.00 元 |

若发现印装错误，请与本社联系调换。服务热线：0512-67481020

# 编辑委员会

**主　任**　朱　江
**副主任**　陈　波　诸晓春　高志罡　田芝健
**委　员**（按姓氏笔画排序）
　　　　　王　雪　王艳艳　王慧莹　吉启卫
　　　　　祁文博　李　兵　杨建春　宋立春
　　　　　张　晓　张秀芹　张建晓　赵金涛
　　　　　胡小君　盛震莺　靳海鸥

# 前言
# Preface

  苏州是一座历史悠久的文化名城，也是一座充满活力的经济大市。改革开放以来，苏州经济社会始终保持着持续、快速、健康的发展态势，探索出以苏州"三大法宝"为典型代表的发展经验，创造了最强地级市的经济奇迹。党的十八大以来，苏州坚持以习近平新时代中国特色社会主义思想为指引，深入贯彻落实习近平总书记系列重要讲话，特别是视察江苏重要讲话精神，锐意进取、开拓创新，全面深化改革、扩大开放，着力增创体制机制优势，高水平全面建成小康社会，迈上了建设展现"强富美高"新图景的社会主义现代化强市新征程，书写了中国特色社会主义新时代高质量发展的"苏州答卷"，成为探索具有时代特征、江苏特点的中国特色社会主义现代化道路的标杆。

  以史为鉴，察往知来。苏州的高质量发展离不开苏州市委、市政府的科学决策与稳健布局。苏州十年决策与布局的内在规律，是苏州干部、群众践行习近平新时代中国特色社会主义思想的经验凝练，从学理层面对其进行全面梳理和深入总结，可以为未来发展提供有益启示和强大智识。当前正处于两个大局的历史交汇期，世界经济环境仍然比较复杂，我国经济社会发展机遇和挑战相互交织。从国际看，全球经济在再平衡中实现艰难复苏，全球经济版图深度调整，经济重心持续向亚太地区移动，中国国际地位快速提升。从国内看，经济发展步入新常态，经济增长从高速转为中高速，"三期叠加"矛盾凸显，投资和出口增速明显放缓，全要素生产率出现下滑，产能过剩有所加剧，社会矛盾逐步累积。由此，苏州整个经济社会发展的压力也将不断增大。作为现代化建设的标杆城市，苏州需要着眼国际、国内两个大局，用党的最新理论成果指导具体实践，确保党中央决策部署到位、落地生根；需要始终坚持以人民为中心的发展思想，在加快构建新发展格局、着力推动高质量发展的新征程上，把满足人民日益增长的美好生活需要作为改革发展的出发点和落脚点，为全省乃至全国经济社会高质量发展做出典型示范和独特贡献。

# 目 录
## Contents

**第一章　十年决策与布局：发展基础、时代要求、重大成就 / 001**

　　第一节　十年决策与布局的发展基础 / 002

　　第二节　高水平全面建成小康社会的时代要求 / 008

　　第三节　十年决策与布局的重大成就 / 025

**第二章　把党建设得更加坚强有力 / 031**

　　第一节　"把党建设得更加坚强有力"的内涵、要求与意义 / 033

　　第二节　"把党建设得更加坚强有力"的苏州实践 / 048

　　第三节　"把党建设得更加坚强有力"的显著成效 / 060

## 第三章　经济强 /067

第一节 "经济强"的重要意义 /068

第二节 "经济强"的苏州实践路径 /075

第三节 实现"经济强"的经验启示 /090

## 第四章　百姓富 /102

第一节 "百姓富"的重要意义 /103

第二节 "百姓富"的苏州实践探索 /110

第三节 推动"百姓富"的经验启示 /120

## 第五章　环境美 /127

第一节 "环境美"的理论阐释 /129

第二节 "环境美"的苏州实践 /139

第三节 "环境美"的苏州经验 /152

## 第六章　社会文明程度高 /170

第一节 持续诠释"社会文明程度高"新内涵、新要求、新价值 /172

第二节 持续探索"社会文明程度高"新路径 /183

第三节 持续创造"社会文明程度高"新成就 /196

第七章 十年决策与布局:基本特点、宝贵经验、未来展望 / 209

    第一节 基本特点 / 211

    第二节 宝贵经验 / 215

    第三节 未来展望 / 223

附录 / 234

    深入践行新理念　全力谱写新篇章

      为高水平全面建成小康社会而不懈奋斗 / 234

    奋进新征程　谱写新篇章

      为建设展现"强富美高"新图景的社会主义现代化强市而不懈奋斗

        / 257

    中共苏州市委　关于深入贯彻落实江苏省第十四次党代会精神

      加快建设社会主义现代化强市的实施意见 / 278

后记 / 286

# 第一章 十年决策与布局：发展基础、时代要求、重大成就

党的十八大以来的十年是党和国家发展进程中极不平凡的十年。十年来的发展是全方位的、开创性的：统筹推进"五位一体"总体布局、协调推进"四个全面"战略布局，实现了全面建成小康社会的第一个百年奋斗目标，开启了全面建设社会主义现代化国家的新征程。这十年在苏州经济社会发展进程中也是极不平凡的：苏州市委、市政府带领全市人民在改革开放以来经济高速发展的坚实基础上，将习近平总书记赋予江苏省"争当表率、争做示范、走在前列"的重大使命作为战略指引和行动指南，正确决策、科学布局，真抓实干、担当作为，取得了高水平全面建成小康社会的重大成就，正朝着建设展现"强富美高"新图景的社会主义现代化强市奋勇前进。

## 第一节　十年决策与布局的发展基础

苏州是一座历史悠久的文化名城,也是一座充满活力的经济大市。改革开放以来,苏州经济社会始终保持着持续、快速、健康的发展态势,探索出以苏州"三大法宝"为典型的发展经验,创造了最强地级市的经济奇迹,率先实现了人民群众得实惠、老百姓认可的全面小康,为在中国特色社会主义新时代推进"强富美高"全面发展新苏州奠定了坚实基础。

### 一、改革开放新时期苏州的发展历程

苏州经济社会发展既与中国改革开放进程处于同步推进状态,又与苏州在改革开放中创造性地按照党中央、国务院和江苏省委、省政府要求和自身发展实际不断率先探索带有苏州特色的有效路径相关,具有特色性、创新性、率先性的特征。具体而言,改革开放新时期苏州的经济社会发展经历了特色鲜明的三个阶段。

(一)改革开放之初到20世纪90年代初的"农转工"发展阶段

改革开放之前的苏州是一个发展水平较低的农业城市和典型的消费城市。1978年,苏州的地区生产总值(GDP)只有32亿元,工业总产值不足50亿元。人民群众的物质生活处于较低水平,1978年苏州农民人均纯收入仅为204元。1978年,党的十一届三中全会做出以经济建设为中心,实行改革开放的历史性决策,中华大地拉开了伟大变革的帷幕。在改革开放春风的吹拂下,以苏锡常为代表的苏南地区率先推进农村工业化、城镇化和市场化,大力发展乡镇企业,区域经济突飞猛进,创造了中国县域经济发展的主要经验模式之一的"苏南模式"。"苏南模式"的特点就是农民依靠自己的力量发展乡镇企业;乡镇企业的所有制结构以集体经济为主;农民"进厂不进城、离土不离乡"。苏州是"苏南模式"最典型的地区,其通过乡镇工业异军突起的发展,开启了"农转工"的现代化进程。1983年,邓小平到苏州等地调研,苏州农村的巨大变化使邓小平对"翻两番"、实现小康目标充满了信心,

让其看到了实现小康目标的光明前景。1987年，苏州农民人均纯收入增加到944元，摆脱了贫困状况，开始朝着小康迈进。到20世纪90年代初，苏州全市拥有乡镇企业16 000多家，乡镇工业总产值占全国的1/20，在苏州经济份额中占据2/3，乡镇企业固定资产累计投资额超过了1 000亿元。乡镇工业的蓬勃发展，有效促进了苏州市域工业化生产要素的相对集聚，优化了生产力布局，将大批农民培养成为高素质的熟练技术工人，并从中培养出了一大批有技术、懂经营、善管理、能带富的企业家，为推动苏州形成国际制造业基地提供了坚实的物质基础和人力资源基础。这一发展阶段，苏州经济总量保持了每年20%左右的超高速增长，初步实现了农耕文明向工业文明的转变、从城乡二元向城乡融合发展的转变。

（二）20世纪90年代至"十一五"时期的"内转外"发展阶段

1984年，苏州第一家外资企业"苏旺你"获得国家批准，拉开了苏州开放型经济发展序幕。20世纪90年代初以来，苏州一方面抓住邓小平南方谈话推动的改革开放新机遇，进一步解放思想、更新观念；另一方面充分利用毗邻上海尤其是浦东大开发带来的地利优势，由内而外加快发展。1992年，苏州确定了"三外齐上"（"三外"指外资、外贸、外经）的外向型经济带动战略。在此前后，昆山经济技术开发区、苏州高新区、张家港保税区、苏州太湖国家旅游度假区等各具特色的开发区迅速崛起。1994年，由中国和新加坡两国政府合作建设的苏州工业园区成立，成为全国首个开放创新综合试验区域。通过外向型经济的发展，苏州破解了20世纪90年代后期因乡镇企业改制导致的"苏南模式"发展困局，实现了"内转外"的战略转变。2001年，吴县市并入苏州市区，设立相城区和吴中区，拓展了苏州城市发展的新空间。苏州高新区和苏州工业园区的发展，使苏州城区形成了"东园西区"的发展格局。随着外资大量涌入苏州，先进的技术、设备和科学的管理方法也随之进入。大批技术含量高、资本密集、生产规模大、产品竞争力强的制造业企业如雨后春笋般地出现，极大地促进了苏州工业产品和结构的调整优化。苏州由此进入了全球经济分工合作体系，成为世界性工业城市，经济地位和竞争力大幅提升。与此同时，苏州各地推动发展和迈向共同富裕的精气神越来越强劲，形成了"张家港精神""昆山之路""园区经验"，被称为苏州"三大法宝"。对于苏州的快速发展，2009年，习近平视察江苏时提出，像昆山这样的地方，包括苏州，现代化应该是一个可以去勾画的目标。

（三）"十二五"时期以来的"量转质"发展阶段

经过改革开放三十多年的发展，苏州经济总量迅猛增加，至2012年党的十八大时，苏州已处于小康社会建设的发展高平台。但苏州清醒认识到，面对创新发展加速、转型升级攻坚、城市功能优化、民生福祉提升等新形势、新要求，苏州在高速发展的同时还存在诸如产业转型升级难度大、资源环境制约强、外来人口激增、社会管理难度加大等一系列深层次矛盾和问题。对此，苏州围绕"两个率先""三区三城"、富民强市等发展目标，全面推进科教兴市、新型工业化、经济国际化、城乡现代化、可持续发展等发展战略，着力推动经济发展的转型升级，大力培育创新型经济，大力发展民营经济，攻坚克难，发掘新的发展活力，推动苏州经济社会进入"量转质"的高质量发展新阶段。

**二、苏州高速发展奠定的良好基础**

改革开放之后的三十多年里，苏州经济创造了长期高速发展的奇迹，地区生产总值在1986年突破百亿元，在1996年又一跃至千亿元，再到2011年突破万亿元，连续跨越三个量级台阶。经济快速发展带动了社会全面进步，现代化各项建设都取得了长足进展。

（一）经济总量跨越式提升，经济结构初步优化

"十一五"期间，苏州地区生产总值年均增长13.9%。2011年苏州地区生产总值首次突破万亿元，在全国城市排名第六；地方一般预算收入年均增长19.4%，2011年首次突破千亿元，达到1100.9亿元，同样在全国城市排名第六；工业总产值超过3.3万亿元，保持全国第二大工业城市地位；全社会固定资产投资达到4502亿元，社会消费品零售总额达到2830亿元，均位居全国前列。产业结构得到优化，第一、第二、第三产业增加值比例调整为

1.7∶55.6∶42.7。制造业形成了电子信息、装备制造、纺织、轻工、冶金、石化等六大超千亿元的主导产业。地标型企业做大做强，百强工业企业销售收入占规模以上工业的比重达到41.8%。现代农业做精做优，建成万亩（1亩约等于666.67平方米）以上农业示范园区23个，高效农业比重超过60%，农业现代化水平居全省首位。服务业快速发展，2011年增加值达到4 582亿元，占地区生产总值比重比2007年提高了6.8个百分点。金融、物流、会展等生产性服务业规模不断扩大，商贸、旅游等生活性服务业层次进一步提高。个私经济规模不断扩大，完成投资、上缴税收均达全市总量的三分之一。

（二）创新能力显著提升，新兴产业发展迅猛

科教兴市战略取得显著成效，苏州成为全国第二批创新型城市建设试点、信息产业国家高技术产业基地、国家高技术服务产业基地。苏州纳米技术国家大学科技园获批成立，苏州工业园区、苏州高新区启动建设国家创新型科技园区，苏州大学科技园、常熟大学科技园等一大批创新园区相继建成。创新创业人才集聚步伐加快，2011年全市人才总量达160万名，高层次人才数量达到9.7万人，比重稳步提升；全社会研发经费支出占地区生产总值的比重达2.45%。科技进步综合评价得分、科技孵化机构数量、专利申请量、专利授权量均居全省首位，自主创新能力稳步提升。在科技创新的带动下，新兴产业成为新的增长点，新能源、新材料、生物技术和新医药、节能环保、新一代信息技术、高端装备等战略性新兴产业崛起。2011年高新技术产业产值达到1.1万亿元，占到规模以上工业的38.7%。质量强市、商标品牌、技术标准、知识产权等工作全面加强，传统产业改造提升，竞争实力逐步增强。

（三）改革事业取得重大进展，对外开放保持领先优势

苏州在经济社会发展进程中坚持深化改革，不断完善各方面体制机制，保持发展活力。在行政体制改革方面，实施部门行政许可集中审批管理模式，深入推进政务公开和行政权力公开透明运行。社会建设和社会治理逐步深化，城市管理体制、社区管理体制改革力度加大，"政社互动"的社会治理探索取得重要突破。全面启动城乡一体化发展综合配套改革，支农政策体系进一

步健全,土地使用制度改革和农村"三大合作"改革取得新成效。金融改革创新成果显著,苏州银行和东吴人寿保险公司先后成立,东吴证券公司成功上市,苏州产权交易中心投入运营。企业上市取得重大突破,截至2011年,上市企业累计达到70家。民营经济迅速发展,私营企业和个体工商户增加到59.1万户,注册资本总额达到7 506亿元。对外开放保持领先,苏州成为全国服务外包试点城市、加工贸易转型升级试点城市。"十一五"期间实际利用外资382亿美元,外贸进出口总额年均增长14.3%,2010年进出口总额达2 740.8亿美元。

(四) 社会事业协调发展,人民生活水平稳步提高

苏州经济长期高速发展的成果惠及人民,社会民生各项建设取得重要进展。教育现代化成效显著,办学水平和教育质量不断提升,苏州成为全国推进义务教育均衡发展工作先进地区。文化强市有序推进,公共文化服务体系不断完善。城乡医疗卫生设施建设力度加大,健康城市建设水平不断提高。苏州"三大法宝"——"张家港精神""昆山之路""园区经验"的时代精神和"崇文、融和、创新、致远"的苏州城市精神得到弘扬,苏州荣膺全国文明城市称号。人民生活水平不断提高,"十一五"末,城镇居民人均可支配收入和农民人均纯收入分别达29 219元和14 657元。社会保障体系渐趋完善,城镇职工养老、医疗、失业、工伤、生育五大社会保险参保覆盖率,以及城乡居民基本养老保险覆盖率、被征地农民纳入社会保障覆盖率、新型农村合作医疗覆盖率均保持在98%以上,保持全国领先。新型农村合作医疗、城乡居民医疗保险、新型农村社会养老保险实现全覆盖。出生人口素质逐步提高,人口平均预期寿命达81岁。

(五) 城乡一体化水平提高,生态文明建设得到加强

"十一五"期间,苏州依托雄厚经济实力,加大基础设施建设力度,深化城乡一体化发展综合配套改革,严格保护生态环境,协调发展的能力得到增强。高铁和轨道交通建设取得重要进展,沪宁城际高铁苏州段建成通车,苏州火车站综合改造和京沪高铁苏州段,轻轨1号线、2号线建设有序推进。

苏州内环高架（隧道）实现贯通，沧浪新城、平江新城、金阊新城、工业园区东部新城、高新区苏州科技城、吴中区越溪城市副中心、相城区中心商贸城建设初具规模。城乡资源配置和空间布局不断优化。截至2011年，88%的农村工业企业进入工业园，80%的承包耕地实现规模经营，43%的农户迁入集中居住点，110多万名农民实现居住地向城镇转移，区域集中供水和农村生活垃圾集中收集全面普及，农村公交基本实现"村村通"。流域、城市防洪工程全面建成，耕地、水资源保护力度加大，资源集约利用水平持续提高。张家港、常熟、昆山、太仓被命名为"国家生态市"，吴江市、吴中区、相城区通过国家生态市（区）验收。苏州工业园区、苏州高新区、张家港保税区、昆山经济开发区建成国家生态工业示范园区。苏州市成为国家可持续发展试验区、全国绿化模范城市和全国首个"国家生态园林城市群"。

●晨曦中的苏州古城

## 第二节　高水平全面建成小康社会的时代要求

2012年11月,党的十八大召开,中国特色社会主义进入新时代。以习近平同志为核心的党中央接续奋斗,把人民对美好生活的向往作为奋斗目标,团结带领全党全军全国各族人民,夺取全面建成小康社会决胜阶段的伟大胜利。党的十八大以来,习近平总书记多次对江苏工作做出重要讲话和指示,这对苏州发展意义非凡、影响深远。特别是总书记提出的建设"强富美高"新江苏,为苏州高水平全面建成小康社会提供了根本遵循。十年来,苏州市委、市政府紧密围绕党中央统筹推进"五位一体"总体布局、协调推进"四个全面"战略布局的大局,从"两个率先""两聚一高"到"两争一走",正确决策、科学布局,着力推进创新驱动战略、开放提升战略、空间优化战略、民生优先战略、文化强市战略、绿色发展战略,决胜高水平全面建成小康社会的奋斗目标,努力绘就高水平全面小康的"苏州画卷"。

### 一、高水平全面建成小康社会目标的确立和推进

2012年11月,党的十八大明确提出"我国进入全面建成小康社会决定性阶段"。此后,习近平总书记对全面建成小康社会做出一系列重要部署。对于全面建成小康社会的第一个百年奋斗目标,习近平总书记做出一系列重要论述,深刻回答了一系列重大理论和实践问题。在全面小康的实现标准上,要对接"五位一体"建设,强调"覆盖的领域要全面""覆盖的人口要全面""覆盖的区域要全面"。2014年12月,习近平总书记在江苏调研时提出,协调推进全面建成小康社会、全面深化改革、全面推进依法治国、全面从严治党,推动改革开放和社会主义现代化建设迈上新台阶,正式明确了"四个全面"发展战略;总书记要求江苏省努力建设经济强、百姓富、环境美、社会文明程度高的新江苏,提出了推动经济发展、现代农业建设、文化建设、民生建设和全面从严治党迈上新台阶的重点任务。习近平总书记的重要指示精神成为指引苏州经济社会全面发展的航标,推动了苏州在全面建成小康社

会发展方略上从"两个率先"到"两聚一高"的聚焦提升。

（一）从"量转质"到协调推进"四个全面"战略布局

从2012年到2014年，苏州延续了"十二五"以来"量转质"的发展阶段，以转变经济发展方式为主线，围绕加快"两个率先"、建设"三区三城"的奋斗目标，把握稳中求进总基调，突出深化改革创新、坚持稳增快转、提升生态质量、增进民生福祉，统筹推进扩大开放、产业升级、科技支撑、城乡一体、环境优化、文化繁荣、社会治理等重点工作，切实加强政府自身建设，努力实现经济平稳健康发展和社会全面进步。2015年，苏州市政府工作报告提出以习近平总书记视察江苏重要讲话精神、以习近平总书记对江苏工作的总要求作为苏州发展的总命题和引领各项工作的总纲领，把苏州经济社会发展落实到"四个全面"战略布局之中，提出积极适应经济发展新常态，以提高经济发展质量和效益为中心，更加注重以创新驱动引领转方式、调结构，更加注重统筹城乡发展，更加注重民生改善和权益保护，更加注重生态环境保护，更加注重历史文化传承保护，协调推进全面建成小康社会、全面深化改革、全面推进法治苏州建设、全面从严治党。

（二）明确"强富美高"发展目标

2016年3月，苏州市政府依据市委十一届十次全会通过的相关文件制定率先全面建成小康社会决胜阶段的"十三五"规划纲要。"十三五"规划纲要提出，要牢固树立和贯彻落实创新、协调、绿色、开放、共享的发展理念，坚持发展是第一要务和稳中求进工作总基调，着力加强供给侧结构性改革，以提高发展质量和效益为中心，加快形成引领经济发展新常态的体制机制和发展方式，牢记"两个率先"光荣使命，以"五个迈上新台阶"为重点任务，统筹推进经济建设、政治建设、文化建设、社会建设、生态文明建设和党的建设，当好建设"经济强、百姓富、环境美、社会文明程度高"新江苏的先行军和排头兵，率先全面建成小康社会，积极探索开启基本实现现代化建设新征程。

### （三）明确高水平全面建成小康社会的特征和要求

2016年9月，中国共产党苏州市第十二次代表大会召开，大会报告进一步明确了苏州高水平全面建成小康社会的历史使命。高水平全面建成小康社会，总的来说，就是要建成一个贯彻新发展理念、走在"强富美高"前列、惠及全市广大人民群众、具有苏州特点、代表苏州质量的小康社会。报告明确了高水平全面小康社会的主要特征：经济质量效益显著提升，创新动力更加强劲；居民收入持续增长，公共服务更加均衡；生态环保不断强化、人居环境更加优美；社会治理深入推进，道德风尚更加良好。报告明确了高水平全面建成小康社会的重点任务：突出创新与开放的"双轮驱动"，注重高端要素集聚与高端产业发展的"相辅相成"，推动实体经济与互联网的"融合催生"，实现企业追求与政府支持的"同频共振"。报告提出了"十三五"期间要加快推进八个方面的战略举措：优化结构布局、提升产业层次，建设先进产业基地；聚焦创新驱动、集聚高端要素，建设科技创新高地；全面深化改革、激发市场活力，建设更加成熟定型制度体系；统筹城乡发展、致力共建共享，建设幸福美好家园；坚持生态优先、践行绿色发展，建设美丽宜居人间新天堂；提升功能品质、扩大对外开放，建设国际化大城市；着力繁荣文化、促进文旅融合，建设文化与旅游胜地；全面依法治市、强化社会治理，建设和谐平安之城。

### （四）明确历史交汇期新的发展目标

2020年11月，习近平总书记考察江苏时强调着力在改革创新、推动高质量发展上争当表率，在服务全国构建新发展格局上争做示范，在率先实现社会主义现代化上走在前列，赋予江苏发展以光荣的使命，为苏州在"两个一百年"的历史交汇期明确新的发展目标提供了根本遵循。2021年9月，中国共产党苏州市第十三次代表大会召开，大会报告总结了苏州高水平全面建成小康社会取得的辉煌成就，提出深入学习贯彻习近平总书记视察江苏重要讲话指示精神，认真落实省委做出的"六个率先走在前列"总体部署，推动重大改革出经验、重点领域做示范，全力跑出高质量、跑出加速度，开启了加快建设展现"强富美高"新图景的社会主义现代化强市的新征程。

## 二、推进创新驱动战略，引领经济高质量发展

创新是引领发展的第一动力，位居新发展理念之首。十年来，苏州始终坚持创新在现代化建设全局中的核心地位，深入实施创新驱动发展战略，使创新成为引领发展的第一动力，推动经济发展由量向质的转型，实现高质量发展。

### （一）推进产业结构高端化发展，提升综合竞争力

建立具有综合竞争优势的产业科技创新体系是创新驱动战略的核心要求。"十二五"期间，苏州围绕提升产业竞争力的目标，坚持新型工业化道路，着力建设以现代经济为特征的高端产业城市，促进"苏州制造"向"苏州创造"提升、生产型经济向服务型经济转变，推动形成"三、二、一"的产业结构。一是制定倾斜支持政策，鼓励制造业企业分离发展现代服务业。重点发展金融、现代物流、商务服务、软件与服务外包、科技和信息服务等产业，做大做强生产性服务业。提升发展消费性服务业，适应国内消费结构升级的新变化，进一步扩大旅游、商贸、房地产等消费性服务业的发展规模，提升发展水平。以完善城乡公共服务体系为切入点，放宽市场准入，引入竞争机制，发展壮大教育、文化、广播电视、医疗卫生、社会养老、体育等公共服务产业。二是培育壮大战略性新兴产业。推动制造业高端化发展，打造具有国际竞争力的先进制造业基地。十年来，苏州紧盯国内外产业发展新趋势，以"绿色、低碳"为导向，加快培育发展新能源、新材料、生物技术和新医药、节能环保、新一代信息技术、高端装备等战略性新兴产业，推动产业结构优化升级。以调高、调优、调强为取向，鼓励科技创新、品牌建设、兼并重组和腾换发展，改造提升优势主导产业。三是夯实现代农业的发展基础。坚持农业"生态、生产、生活、生物"的功能定位，大力发展设施农业、精准农业、有机农业、休闲农业、都市农业等现代高效农业。在乡村振兴战略中推动农文旅融合发展，提升旅游核心竞争力，努力把苏州打造成为具有独特魅力的国际文化旅游胜地。

## （二）打造具有全球影响力的科技企业创新高地

2014年11月，国务院批准设立苏南国家自主创新示范区。苏州以此为契机，进一步推进创新驱动战略，增强科技创新支撑能力，集聚创新资源和要素，壮大创新型企业集群，优化创新生态系统，着力构建完备的产业科技创新体系。一是全力夯实企业创新主体地位，促进形成有规模的具有核心技术和综合竞争力的企业集群，释放高端发展新动力。深入推进大众创业、万众创新，实施苏州"创客天堂"行动。完善创新型企业培育机制，实施"雏鹰计划""瞪羚计划"，加大科技型中小企业扶持力度，引导中小微企业走"专精特新"发展之路。二是以建设苏南国家自主创新示范区核心区为目标，着力打造产业技术创新高地。充分发挥苏州工业园区、苏州高新区、昆山高新区、常熟高新区的辐射带动作用，推动创新要素在市区之间、园区之间的合理流动和高效组合，加快形成一体化创新发展格局。三是围绕创新创业全链条，努力构建创新创业生态系统。深入实施人才优先发展战略，建设创新创业人才特区。实现科技金融创新突破，形成政府、创投、银行、担保、保险、证券、租赁等"七合一"协同支持创新发展的科技金融"苏州模式"。四是坚持"工业强基"理念，建立双轮驱动的现代产业体系。按照"调高、调轻、调优、调强、调绿"的目标取向，加快供给侧结构性改革，积极营造符合产业转型导向的政策环境，优化布局结构，拓展发展空间，提高层次能级，提高全要素生产率，加快推动形成先进制造业和现代服务业双轮驱动的现代产业体系。

## （三）在新征程中深化创新驱动战略

在建设社会主义现代化强市的新征程中，苏州坚持创新驱动，勇当科技和产业创新开路先锋。加快培育高端产业创新平台，营造良好创新创业生态，增强创新主体活力和内生动力，打造具有全球影响力的综合性产业科技创新高地和关键环节、重点领域科技创新策源地。在产业发展方面，苏州坚守实业，构筑现代产业强市发展新优势。坚持把发展经济着力点放在实体经济上，以建设万亿级、千亿级产业集群和特色优势产业链为抓手，构建完备的现代产业体系，推进产业基础高级化、产业链现代化，提高经济质量效益和核心竞争力。

### 三、推进开放提升战略，适应新发展格局

构建以国内大循环为主体、国内国际双循环相互促进的新发展格局，是以习近平同志为核心的党中央根据我国新发展阶段、新历史任务、新环境条件做出的重大战略决策。苏州主动对接国家开放总体布局和新发展格局，丰富对内、对外开放内涵，坚持内外需协调、进出口平衡，更高水平引进来和更大步伐走出去并重，引资和引技、引智并举，深入推进各类对外开放综合试验片区建设，形成深度融合的互利共赢新格局。

（一）对外开放"再出发"

苏州积极呼应"一带一路"建设，加快完善物流新通道，推动"苏满欧""苏满俄""苏新亚"等国际班列运营发展，打通向西海陆口岸通道，创新贸易合作方式，扩大贸易合作领域。抓住国家推进国际产能和装备制造合作战略、中国—东盟自贸区升级版机遇，不断扩大对"一带一路"沿线国家的投资与贸易合作，借助中国（昆山）进口博览会的带动效应，充分发挥苏州沿长江带的港口优势，积极培育苏州进口交易市场。坚持"引进来""走出去"并重，鼓励企业开展对外投资、境外并购以及建立境外营销网络、研发中心、服务外包接单服务中心，培育本土地标型跨国经营企业。鼓励企业参与境外基础设施建设和产能合作，推动装备制造产业走向世界，加强企业的投资主体地位和市场引导投资的作用。2020年1月，苏州召开"开放再出发大会"，发布"开放再出发"30条政策举措，其中包括推进苏州自贸片区在内的一批对外开放综合试验园区建设。中国（苏州）跨境电子商务综合试验区、中日（苏州）地方发展合作示范区成功获批，昆山深化两岸产业合作试验区扩大至昆山全市，昆山获批国家进口贸易促进创新示范区，中德（太仓）创新合作加快推进，江苏（苏州）国际铁路物流中心口岸建设稳步推进，各级各类开发园区创新转型迈上新台阶。

## （二）推进中国（江苏）自由贸易试验区苏州片区建设

2019年8月，国务院批复同意设立中国（江苏）自由贸易试验区，这是苏州对外开放进程中的重大突破。中国（江苏）自由贸易试验区实施范围119.97平方公里，涵盖南京、苏州、连云港三个片区。其中，苏州自贸片区60.15平方公里（含苏州工业园综合保税区5.28平方公里），位于苏州工业园区范围内，涵盖了高端制造与国际贸易区、独墅湖科教创新区、金鸡湖商务区、阳澄湖半岛旅游度假区等功能区的核心区域。苏州坚持深化改革、扩大开放，奋力书写自贸区建设"苏州答卷"。苏州自贸片区围绕"探路、引领、突围"使命，以"大胆试、大胆闯、自主改"激发强劲创造力与发展活力，成为全国制度创新最活跃、开放底色最鲜明、产业优势最突出、创新动能最强劲、营商环境综合比较优势最显著的自贸片区之一。依托中新合作的独特优势，苏州自贸片区加快建设"新加坡苏州中心""苏州新加坡中心"，推进共建国际化走廊等近50个中新合作重要项目等，重点领域高水平开放已然厚积成势。苏州自贸片区提出建设现代化治理示范区，就是要以制度创新的"硬"实力，高标准打造最舒心的营商"软"环境，为地区发展创造最优质生态。苏州自贸片区建设两年多以来，取得了一系列首创成效：设立全国首个地方国际商事法庭、首家自贸区进出口公平贸易工作站，优化法治化、国际化、市场化营商环境；迭代升级营商环境创新行动计划，首创政务服务"融驿站"模式，发布首批免证事项清单，"三减一优"审批时限压缩65%以上；持续推动治理能力现代化，发布全国首个电子劳动合同地方标准，在全国首创"审管执信"闭环管理模式，实现审批监管全流程闭环治理，综合营商环境优势进一步凸显。

## 四、推进空间优化战略，推进城乡一体化发展

城市空间优化发展是经济社会发展布局的重中之重。苏州着力推进城市空间优化战略，带动实施乡村振兴战略，推进城乡一体化发展。从"十二五"到"十三五"，再到"十四五"，苏州持续增强战略空间与战略协同意识，优化全市域空间布局，推进生产加速聚合与城市空间重组、重塑市域增

长空间结构，提升城市战略地位和影响力；同时推动乡村振兴和城乡融合发展，完善城乡一体化发展示范区建设。

（一）围绕国家发展战略，优化空间结构

2012年，苏州实施行政区划重大调整，撤销平江、沧浪、金阊区，合并设立姑苏区，成立苏州国家历史文化名城保护区；撤销吴江市，设立吴江区，通过区划调整提高中心城市首位度。在此基础上进一步开拓城市发展格局，"一核四城"战略取得重大进展，重点推进国家历史文化名城保护工作，加速建设东部综合商务城、西部生态科技城、南部太湖新城和北部高铁新城，新城区成为苏州经济发展的重要增长点。苏州"十三五"规划根据长三角一体化发展的国家战略，进一步明确了"东融上海、西育太湖、优化沿江、提升两轴"的空间发展战略，优化"两轴三带"的市域产业空间布局。"十三五"以来，苏州抓住长三角一体化发展、长江经济带等国家重大发展战略，全面融入上海大都市圈，加快建设生态绿色一体化发展示范区，同时发挥区域协调发展优势，推进苏滁、苏宿等共建工业园区建设。

（二）推进新型城镇化，完善市域城镇体系

在做大主城的同时，苏州不断完善城镇体系建设，按照区域统筹、集聚集约、因地制宜、低碳生态的原则，优化市域城镇空间布局。通过强化同辖区内部各城镇之间的联系，形成了以苏州中心城区为核心，4个县级市市区，50个镇为骨干的结构完整、功能完善、运行协调的"1—4—50"网络状、层级化城镇体系。积极培育发展张家港、常熟、太仓、昆山4个县级市，将其打造成为长三角区域的次中心城市。推动50个镇走多元化、特色化的城镇化道路，加强建制镇市政基础设施和公共服务设施建设，加大对公共资源配置的倾斜力度，增强建制镇的凝聚力和影响力，发挥其带动周边区域发展的主导作用。

（三）落实乡村振兴战略，推进城乡一体化发展

苏州积极推动城乡一体化发展示范区建设，并与乡村振兴战略紧密结合。整合乡村土地资源，稳步推进乡村改造、合并，大力推进美丽乡村建设，积

极引导农业用地向规模经营集中，构筑新兴战略增长空间。城乡一体化政策制度框架加快健全，以工促农、以城带乡、工农互惠、城乡一体、共同繁荣的局面初步形成。推进水利（水务）、电力、公路、轨道交通、有轨电车、4G网络等基础设施城乡全覆盖。自2018年国家开展乡村振兴战略以来，苏州市委、市政府把抓"三农"、抓乡村振兴作为"一把手工程"，确保农业农村工作始终沿着正确的方向前行。建立五级书记抓乡村振兴工作的领导体制，制定指导方案。在市本级，健全市委、市政府主要领导牵头，市委农村工作领导小组办公室统筹协调的乡村振兴推进工作组织领导体系。各县（市、区）相应建立了乡村振兴的组织领导体系，全面强化党委主体责任，形成市县抓落实、镇村组织实施的工作机制。2018年、2019年市委连续发布两个"一号文件"，提出乡村振兴具体指导意见，制定《苏州市乡村振兴战略实施规划（2018—2022）》《乡村振兴三年行动计划（2018—2020）》。各县（市、区）制订了乡村振兴的具体实施方案，细化重点任务，落实责任单位和牵头单位。把全面深化改革融入乡村振兴战略中，推动乡村振兴体制机制创新，强化制度供给。苏州承担了国家级农村改革试验任务总数达12项，改革任务艰巨。在改革试点中坚持党的领导，发挥镇、村两级党组织的保障作用，协调多方利益，取得重大进展。其中，高新区土地承包经营权有偿退出试点退出率达59.3%，超额完成试点目标任务。以农村"四上"（权属上证、资产上图、交易上线、监管上网）改革为着力点的农村集体"三资"（农村集体资金、农村集体资产和农村集体资源）管理改革顺利完成。全面完成农村集体资产清产核资任务，加强和完善村级财务第三方代理制度，推广"村银联动"模式，苏州"三资"监管新模式荣获首届"中国廉洁创新奖"。

**五、推进民生优先战略，建设高水平社会保障**

苏州在率先实现全面小康的进程中，始终坚持民生优先战略。坚持以人民为中心的发展思想和共享发展理念，进一步增强发展成果平等共享的战略意识，加快推进公共服务均等化和社会治理创新步伐，全面提升社会保障水平和社会管理能力，解决人民群众最关心、最直接、最现实的利益问题，建立经济发展与民生福祉同步改善的体制机制。

（一）扎实推进为民实事项目和民心工程

2012—2021年的十年间，苏州每年根据民意要求，选取民生问题的热点、难点、痛点问题，确定为年度民生实事工程。着重围绕重大民生工程、居住条件改善、就业社保、社会关爱、公共交通、教育服务、文化服务、医疗卫生、食品安全等扎实开展共350项为民实事项目。与此同时，苏州市每年对上一年度民生重大事项通过全媒体进行投票评选，选出年度十大民心工程。（表1-1）2021年苏州十大民心工程评选活动有200多万人次参与投票，充分反映了人民群众的广泛参与度和满意度。

表1-1　2012—2021年苏州市年度十大民心工程

| 年份 | 年度十大民心工程 |
| --- | --- |
| 2012 | 1. 轨道交通1号线建成投运<br>2. 城乡社会养老保险和居民医疗保险实现并轨<br>3. 南环新村危旧房解危改造工程<br>4. 苏州市民卡工程<br>5. 城区居民家庭"改厕"工程<br>6. 城区河道清淤工程<br>7. 城区保障房建设工程<br>8. 全市新建54所学校<br>9. 石湖景区滨湖区域开园<br>10. "9064"养老服务体系进一步完善 |
| 2013 | 1. 古城河道"活水自流"<br>2. 轨道交通2号线开通试运营<br>3. 城区居民家庭"改厕"任务完成<br>4. 古城墙修复二期工程<br>5. 南环新村危旧房改造工程如期交房<br>6. 全市新改扩建100所幼儿园<br>7. 公积金扩面提升工程<br>8. 全市养老服务体系建设<br>9. 医疗卫生体系优化健全工程<br>10. 城区农贸市场标准化建设改造工程 |

续表

| 年份 | 年度十大民心工程 |
|---|---|
| 2014 | 1. 国际物流快速通道（中环路）工程<br>2. 有轨电车1号线工程<br>3. 梅巷片区危旧房改造工程<br>4. 居民家庭天然气置换工程<br>5. 苏州大学附属儿童医院园区总院工程<br>6. 开展公益性应急救护培训10万人<br>7. 石湖区域水环境提升工程<br>8. 市电梯应急救援指挥中心工程<br>9. 大运河苏州古城段申遗工程<br>10. 吴江区镇老街功能提升改造工程 |
| 2015 | 1. 环古城河健身步道建设<br>2. 市交通运输指挥中心建成投运<br>3. 七浦塘拓浚整治工程<br>4. 市区实施背街小巷交通微循环二期工程<br>5. 金鸡湖创业长廊<br>6. 苏州大学附属第一医院（平江院区）迁建项目<br>7. 新能源汽车推广应用<br>8. 相城区朱巷安置房三期项目<br>9. 常熟市三环路快速化改造工程<br>10. 昆山教育惠民工程 |
| 2016 | 1. 人民路综合整治提升工程<br>2. 江苏省第九届园艺博览会<br>3. 轨道交通2号线延伸线建成运营，4号线及支线试运行<br>4. 苏州汽车西站综合客运枢纽建成投运<br>5. 实施妇幼健康工程<br>6. 全市建设10 000个以上P+R停车泊位<br>7. 续建常熟至嘉兴高速公路，昆山至吴江段建成通车，苏嘉杭高速城区段禁止货车通行<br>8. 上方山生态园开园<br>9. 完成1 000个农村村庄生活污水治理<br>10. 市区设立30家公共场所母乳哺育室 |

续表

| 年份 | 年度十大民心工程 |
|---|---|
| 2017 | 1. 苏州市公共医疗中心项目<br>2. 轨道交通4号线及支线建成运营<br>3. 城区燃气管网安全改造工程<br>4. 西环高架南延工程<br>5. "家在苏州·e路成长"未成年人社会实践体验活动站综合服务平台建设<br>6. 苏州市区新建改建公共厕所工程<br>7. 苏州中心建成投用<br>8. 城北路地下综合管廊全线贯通<br>9. 城市中心区清水项目<br>10. 长期护理保险制度试点 |
| 2018 | 1. 苏州奥林匹克体育中心、东园体育休闲公园建成启用<br>2. 苏州工业园区金鸡湖水岸慢行绿道工程<br>3. 智慧菜篮子工程<br>4. 苏州旅游线上线下服务总入口工程<br>5. 健康市民"531"行动倍增计划<br>6. 相城区老安置小区改造提升工程<br>7. 昆山市农贸市场标准化建设达标工程<br>8. 太仓市被撤并镇（管理区）改造提档和整治工程<br>9. 姑苏区五大片区交通治安环境综合整治工程<br>10. 城乡黑臭河道整治工程 |
| 2019 | 1. 新建、改扩建中小学、幼儿园37所<br>2. 常熟市村庄人居环境"二创建三优化三提升"<br>3. 枫桥景区改造升级并免费开放<br>4. 苏州市生活垃圾焚烧发电厂提标改造第一阶段项目建成投运<br>5. 东港新村环境综合整治项目<br>6. 建成开放苏州第二图书馆<br>7. 中心城区架空线路整治入地和背街小巷整治提升工程<br>8. 苏州市运河体育主题公园建成开园<br>9. 望亭大运河市民公园<br>10. 城市生态森林公园景观改造项目 |
| 2020 | 1. 新建、改扩建中小学、幼儿园40所<br>2. "苏周到"城市生活服务总入口APP<br>3. 新增及改造绿地360万平方米，免费开放20个城市公园<br>4. 常熟市"千村美居"工程<br>5. 打造江海交汇第一湾——张家港长江生态岸线建设工程<br>6. 昆山市公共卫生中心<br>7. 苏州工业园区金鸡湖及周边水环境综合治理项目<br>8. 扎牢就业基本盘，开展职业技能培训133.07万人次，稳岗援企27.99万户<br>9. 京杭大运河苏州段堤防加固工程<br>10. 太仓市"四好农村路"暨基础设施均等化民生工程 |

续表

| 年份 | 年度十大民心工程 |
|---|---|
| 2021 | 1. 全市用工备案人数达 545.44 万人创历史新高，职业技能提升三年行动培训 312 万人次全国领先<br>2. 新增及改造 100 个口袋公园<br>3. 新建、改扩建 40 所学校<br>4. 建设 30 家普惠性托育机构<br>5. 新增污水厂处理规模每天 20 万吨，建设 200 公里污水收集管网，完成 50 个小区雨污分流改造<br>6. 常熟市"环射衔接"立体交通工程<br>7. 苏州博物馆西馆<br>8. "微基建、大民生"昆山"昆小薇"行动<br>9. 太仓市"'救'在身边"红十字生命救助站项目<br>10. 苏州工业园区北部市民中心 |

### （二）构建高水平社会保障体系

十年来，苏州通过制度建设、机制创新和资源投入，构建了高水平的社会保障体系，增强了人民群众的获得感、幸福感与安全感。十年来，苏州在养老保障方面，不断深化体制机制改革，加大养老投入，尤其注重以城乡一体和全面保障为目标构建宽领域、多层次的养老保障体系，不断提高养老待遇水平。苏州着眼城乡一体化发展，完善政策，对市区居民社会养老保险和按月发放征地保养金待遇的被征地农民参照市区企业退休人员实行社会化管理，在全国率先实现城乡社会保障一体化。从 2021 年 7 月起，苏州市区养老年龄段被征地农民养老补助待遇提高到 1 190 元/月。这对于苏州这样高度城市化、被征地农民数量众多的大市来说，基本实现了城乡居民相当的养老保障待遇。在医疗保障方面，苏州市全面落实党中央深化医疗保障制度改革的决策部署，奋力推进各项改革任务，构建了多层次医疗保障服务体系，努力确保医保事业发展红利全民共享。截至 2020 年年底，苏州全市基本医疗保险参保人数 1 065.14 万人，基本医疗保险参保率维持在 99% 以上。在失业保障方面，苏州积极推进"劳动者就业创业首选城市"建设，推进失业保险基金市区统筹，提高失业保障水平。实施失业保险技能提升"展翅行动"，形成了参保职工提升技能、企业职工岗位技能、最美劳动者奖励等三项技能提升补贴奖励制度。

**六、推进文化强市战略，弘扬苏州精神**

文化是城市软实力的核心构成。苏州在推进文化强市战略进程中着力增强城市文化与品牌战略意识，丰富苏州精神的时代内涵，建设思想文化和道德风尚高地，着力打造"世界遗产城市"和"全球创意之都"品牌，加速形成与苏州战略地位相适应、与经济硬实力互为支撑的城市软实力发展体系。

一是弘扬苏州精神、建设公共文明。大力弘扬"张家港精神""昆山之路""园区经验"苏州"三大法宝"和"崇文睿智，开放包容，争先创优，和谐致远"的苏州精神。建设以环境优美、秩序优良、服务优质、友善祥和、关爱互助为核心的公共文明。培育道德风尚，弘扬志愿文化、慈善文化，增强市民感恩奉献的社会责任意识。开展全民阅读活动，营造有利于青少年成长的社会文化环境，丰富城市人文精神，建设"书香苏州"。

二是建成覆盖城乡、普惠均等的公共文化服务体系。在实现城乡公益性文化设施全设置基础上，合理规划服务人口和服务半径，完善公共文化服务网点，加快推进城乡"十分钟文化圈"建设。建立健全公共文化服务面向农村和未成年人、外来务工人员等供给的均等机制。繁荣文艺创作，健全完善戏曲创作演出机制，深入开展"群星璀璨"文化惠民活动、舞台艺术和数字电影"四进工程"、文化"三送工程"。

三是优化文化产业结构，提升城市文化软实力。引导文化产业园区合理布局、错位发展，培育和做强一批重点文化创意企业，提升苏州刺绣等特色文化品牌影响力。举办中国苏州文化创意设计产业交易博览会；太湖国家旅游度假区提升发展会议会展业，擦亮"文化太湖"品牌。苏州工业园区创建国家级文化产业示范园区，提高苏州国家动漫产业基地、数字出版基地发展水平。

四是打造苏州世界遗产城市品牌，彰显历史文化名城魅力。保护和传承江南水乡传统风貌，推进古城和非物质文化遗产区域性整体保护，持续推进古典园林、古镇、古村落和历史街区保护，扶持和发展一批非物质文化遗产生产性保护基地，制定《苏州国家历史文化名城保护条例》，提高古城保护的法治化水平。充分发挥苏州历史人文和山水资源的独特优势，依托苏州园林、丝绸刺绣、昆曲评弹、工艺美术、太湖山水等文化遗产资源，深度挖掘"江南文化"的内涵和价值，大力发展文化旅游。2014年6月，中国大运河项目申遗成功。作为大运河沿岸的文化古城，苏州着力推进大运河文化带与国家文化公园建设。2021年，苏州进一步启动"运河十景"建设，全面唱响江南文化品牌。

### 七、推进绿色发展战略，建设美丽苏州

在十年发展布局中，苏州始终把建设生态环境优美的最佳宜居城市作为重要目标，切实把生态文明建设放在更加突出的战略位置，坚持生态优先，营造良好人居环境，推进绿色发展战略。着力落实生态红线区域保护，坚守耕地保护、开发强度、生态保护"三条红线"。以划定生态红线、建设生态廊道、构筑生态屏障为重点，优化生态空间，保障生态安全。加快推进生态文明示范市建设，构建"四带双环"为主体的生态空间格局。建设生态安全防护体系，注重系统性布局、协同性建设，整体布局山、水、林、田、湖等各要素，充分发挥生态的自我调节、恢复、进化功能。高度重视经济发展中的资源承载和环境保护，以生态价值和低碳发展理念，构建领先全国的可持续发展新格局。为增强人民群众在生态文明方面的获得感和幸福感，苏州始终把人居环境整治作为为民实事的重要组成部分，十年来共实施了50项生态环境方面的为民实事项目。（表1-2）

表1-2　2012—2021年苏州生态环境方面的为民实事项目

| 年份 | 实事项目 |
| --- | --- |
| 2012 | 1. 实施城区河道综合整治工程，拓宽2条束水河段，打通3条断头浜，循环治理3条内城河，疏浚80条淤积河道<br>2. 实施农村水环境综合整治工程，疏浚河道1 700条，拆除坝埂480处，建设桥（涵）390座，绿化河道280公里<br>3. 推进村庄环境整治工作，完成50%村庄的整治任务<br>4. 实施三香路、桐泾北路、广济路综合整治<br>5. 市区新增绿地450万平方米，农村新增林地绿地7万亩 |

续表

| 年份 | 实事项目 |
|---|---|
| 2013 | 1. 市区新增绿地 500 万平方米<br>2. 启动古城区河道"活水工程",建设城区主要河道水质自动监测系统<br>3. 疏浚农村河道 1 404 条、总长 1 281 公里,拆除坝埂 284 处、建设桥涵 224 座<br>4. 实施城区 10 个农贸市场标准化建设改造 |
| 2014 | 1. 建设上方山石湖生态园,市区新增绿地 500 万平方米<br>2. 全市淘汰老旧机动车(黄标车)4.2 万辆,市区改造及拆除燃煤锅炉 29 台、综合整治 7 家混凝土搅拌站<br>3. 完成石湖区域水环境提升工程建设,实施阳澄湖生态优化行动和"两河一江"环境综合整治工程<br>4. 实施外城河河道清淤工程,疏浚整治农村河道 1 398 条 1 272 公里 |
| 2015 | 1. 实施农村生活污水治理工程,完成 1 000 个村庄治理<br>2. 市区新增绿地 430 万平方米<br>3. 实施阳澄湖生态优化项目 65 项,全面完成三年行动计划任务<br>4. 完成七子山生活垃圾填埋场水平拓展区生态修复工程 |
| 2016 | 1. 淘汰 1 607 台燃煤小锅炉<br>2. 完成 1 000 个农村村庄生活污水治理<br>3. 市区新增绿地 350 万平方米<br>4. 实施城区环境卫生、建筑工地、街面市容秩序、停车秩序和再生资源回收等五项治理提升工程 |
| 2017 | 1. 加强挥发性有机物治理,完成石油炼制、石油化工、合成树脂行业 50 家企业挥发性有机物提标改造工作;完成化工园区 50 家企业泄漏检测与修复工作;市区淘汰和改造开启式、半开启式干洗设备 60 台<br>2. 完成剩余 6 台 10 万千瓦以上燃煤机组超低排放改造<br>3. 完成剩余 30 家工业企业码头堆场扬尘整治<br>4. 实施城市中心区清水项目,完成 15 公里污水管网建设及修复,完成活水控导工程建设,完成 21 条河道清淤,完成 13 条断头浜生态治理<br>5. 治理城镇黑臭河道 40 条。清理整治吴淞江、大姚荡、市河等河段定置渔业设施<br>6. 完成 1 000 个农村村庄生活污水治理。同步开展 14 个被撤并镇集镇区主干网控源截污建设<br>7. 市区新增绿地 400 万平方米<br>8. 开展城乡生活垃圾分类"双百"工程,新增城市生活垃圾分类试点 100 个,新增行政村生活垃圾分类试点 100 个 |

续表

| 年份 | 实事项目 |
|---|---|
| 2018 | 1. 实施城市中心区清水工程，完成污水管网建设20公里，修复40公里。完成平江历史片区截污清水工程<br>2. 实施阳澄湖中西湖连通工程<br>3. 实施城区第二水源——阳澄湖引水工程<br>4. 整治城镇黑臭河道69条<br>5. 完成30台10~35蒸吨/时燃煤锅炉淘汰或实施清洁能源替代工作<br>6. 市区新增及改造绿地350万平方米 |
| 2019 | 1. 市区新增及改造绿地350万平方米<br>2. 完成50台10~35蒸吨/时燃煤锅炉淘汰或实施清洁能源替代工作<br>3. 高质量推进城乡生活污水治理，新增污水厂处理规模20万吨/日，建设污水收集管网400公里，完成10座污水处理厂尾水提标改造<br>4. 市区新建4座中大型生活垃圾转运站，完成6座小型生活垃圾转运站功能升级<br>5. 市生活垃圾焚烧发电厂提标改造第一阶段项目建成投运 |
| 2020 | 1. 开展环境空气质量改善工程，实施100家工业企业挥发性有机物综合治理<br>2. 高质量推进城乡生活污水治理，新增污水厂处理规模25万吨/日，建设污水收集管网500公里，完成20座污水处理厂尾水提标改造，完成17 000户农村生活污水治理，完成小区雨污分流改造150个<br>3. 实施阳澄湖中湖生态修复工程<br>4. 实施胥江引水工程<br>5. 新增及改造绿地360万平方米 |
| 2021 | 1. 新增及改造绿地300万平方米，提升改造中心城区7条道路及沿线周边绿化，新建、改建21个口袋公园；实施天平山景区提升工程<br>2. 实施100个挥发性有机物综合治理项目，进一步削减挥发性有机物排放<br>3. 新增污水厂处理规模每天20万吨，建设200公里污水收集管网，完成50个小区雨污分流改造<br>4. 建成平江历史片区生态净水项目，处理水量每天5万立方米<br>5. 高质量推进生活垃圾分类，"定时定点定人督导"四分类小区模式基本覆盖，居民厨余垃圾分出率达到30%以上 |

## 第三节 十年决策与布局的重大成就

2021年7月1日，在庆祝建党100周年大会上，习近平总书记庄严宣告，经过全党全国各族人民持续奋斗，我们实现了第一个百年奋斗目标，在中华大地上全面建成了小康社会，历史性地解决了绝对贫困问题，正在意气风发向着全面建成社会主义现代化强国的第二个百年奋斗目标迈进。十年来，在苏州市委、市政府的正确领导下，全市各级党组织、广大党员干部和全市人民，同心同德、锐意进取，真抓实干、担当作为，实现了高水平全面建成小康社会的奋斗目标。新时代以来的十年苏州取得了历史性成就，为开启全面建设展现"强富美高"新图景的社会主义现代化强市的新征程打下了坚实的基础。

**一、经济高质量发展取得重大成就**

十年来，苏州市深入贯彻习近平新时代中国特色社会主义思想，全面落实习近平总书记视察江苏的重要指示精神，抢抓机遇、应对挑战、开拓奋进、埋头苦干，立足新发展阶段，贯彻新发展理念，构建新发展格局，建设现代化经济体系，推动苏州经济高质量发展取得重大成就。

（一）经济实力稳居全国城市前列

"十二五"期间，苏州地区生产总值年均增长高达9.5%，2015年地区生产总值总量为1.45万亿元左右，人均地区生产总值超过2.1万美元。"十三五"期间，苏州地区生产总值年均增长6.1%，2021年实现地区生产总值2.27万亿元，比上年增长8.7%，居全国城市第6位，对全省经济增长贡献超过20%。十年间全市地区生产总值实现了从1万亿元到2万亿元的历史性跨越。"十二五"期间苏州一般公共预算收入年均增长11.6%，"十三五"期间年均增长8.1%，2021年增长9%，总量达到2510亿元，位居全国城市第4位，税收总量、增量均保持全省首位。工业经济保持稳定增长，2021年规模以上工业总产值达到4.13万亿元，稳居全国城市前3位。"十三五"期间累计完成固定资产投资2.6万亿元，其中，民间投资比重超60%。2021年完成固定资产投资5 661亿元，增长8.3%。县域经济发展中，昆山连续17年位居全国百强县第一，4个县级市均稳居全国前十，苏州工业园区在国家级经开区综合发展水平考评中实现"六连冠"。

（二）创新引领、产业优化升级取得重大成就

"十二五"期间，苏州全社会研究与开发经费支出占地区生产总值的比重达到2.68%，2021年，研发经费占比增长到3.8%，科技创新综合实力连续12年居全省首位，科技进步贡献率达到67%，自主创新能力进一步提升。创新主体和载体培育步伐加快，"十三五"期间建设苏州市自主品牌大企业和领军企业先进技术研究院47家，高新技术企业9 772家、为"十二五"期末的2.9倍。"十四五"开局良好，2021年，全市净增高新技术企业1 393家、科技型中小企业1.79万家，新增国家专精特新"小巨人"企业24家，认定"独角兽"培育企业157家、"瞪羚"企业528家。省级以上科技企业孵化器和众创空间数量均列全省第一，在孵企业超1.9万家。在科技创新引领之下，苏州产业结构持续转型升级。"十二五"期间，新兴产业产值、高新技术产业产值所占比重分别提高到48.7%和45.9%，服务业增加值占地区生产总值的比重为49.9%。"十三五"期间，产业结构调整继续优化提升，现代服务业加速发展，服务业增加值达到1.17万亿元。服务业增加值占地区生产总值比重、高新技术产业产值占规模以上工业总产值比重分别达52%和51%。拥有装备制造、电子信息两个万亿级产业，生物医药产业入选首批国家战略性新兴产业集群。恒力、盛虹、沙钢入围"世界500强"，2021年分列第75、241、291位。26家企业上榜"2020中国民营企业500强"。境内外上市公司达到216家，其中科创板上市公司38家、位居全国第三。消费对经济增长贡献率持续提高，2021年实现社会消费品零售总额9 031亿元。苏州港货物年吞吐量5.54亿吨，集装箱吞吐量628.86万标箱，保持世界内河第一大港地位。

（三）改革开放进一步深化，释放更多发展活力

改革先行推动市域治理体系和治理能力现代化。"十二五"期间行政审批制度改革持续深化，累计削减行政审批事项175项。"十三五"期间按照党和国家机构职能改革的要求，政府机构改革有序推进，政府职能进一步优化，"放管服"改革持续深化，"不见面"审批标准化试点积极开展。营商环境优化发展，推行"一件事"改革，加快"跨省通办""省内通办"，深化"证照分离"、工程审批制度等改革，实现企业开办线上"全链通"、线下"一窗式"集成办理。苏州市在"万家民营企业评营商环境"中排名全国第三。十年间，多项国家开放创新领域具有标志性、引领性的重大改革试点在苏州率先落地。国务院批复设立昆山深化两岸产业合作试验区和苏州工业园区开展开放创新综合试验，积极开展跨国公司外汇资金集中运营管理试点和张家港保税港区外债宏观审慎管理试点，苏州获批开展国家跨境贸易电子商务服务试点。苏州建成全国首个小微企业数字征信实验区，成为首个开展金融科技创新监管试点的地级市，开展央行金融科技创新监管试点和法定数字货币试点。苏州对外开放优势巩固提升，进出口总额、出口额分别保持全国第四和第三。2020年进出口总额达到3 223.5亿美元，新设外资项目1 256个。2021年实际使用外资69.9亿美元。外贸新业态蓬勃发展，2021年苏州离岸贸易、跨境电商、市场采购贸易额分别增长266.8%、24%和50.6%。拥有各类外资地区总部及功能性机构330家，156家"世界500强"企业在苏州投资项目达400多个。

**二、高水平全面小康建设成果惠及全市人民**

十年来，苏州市始终坚持以经济建设为中心和以人民为中心的"两个中心"发展理念，持续推进民生建设，让高水平全面小康建设成果惠及全市人民。

"幸福家园"的民生获得感不断增强。城乡居民收入持续增长，百姓生活更加殷实。"十二五"期间，城乡居民人均可支配收入年均分别增长10.6%和12%，2015年分别达到5.04万元、2.57万元，2021年进一步提升

至7.69万元和4.15万元。苏州把就业放在民生工作的首位,建设劳动者就业创业首选城市,打造"就在苏州"公共服务品牌。十年间苏州籍高校毕业生就业率始终保持在98%以上,城镇登记失业率控制在2%以内。教育优质发展取得进展,苏州获评全国首个义务教育基本均衡地级市,独墅湖科教创新区被教育部列为全国首个高等教育国际化示范区。

高水平社会保障事业取得长足进展,自2021年7月1日起,苏州市最低生活保障标准由1 045元/月提高到1 095元/月,特困供养人员基本生活标准由1 463元/月提高到1 533元/月。2019年,人均预期寿命为83.82岁,较"十二五"期末提高了0.95岁;社区养老服务设施的覆盖率为93.1%,机构养老护理型床位占比92%。良好的民生服务有效地增强了人民群众的幸福感和获得感,苏州市(地级市)和太仓市(县级市)入选中国最具幸福感城市。

### 三、生态文明建设形成显著优势

十年来,苏州深入践行习近平生态文明思想,始终把生态文明建设放在突出位置,压紧压实区域生态环境保护责任,坚持问题加目标导向,全面提升环境质量,加大自然生态保护修复力度,不断强化绿色发展理念,创新绿色发展路径,厚植绿色发展新优势,增强绿色发展新动能,建设"美丽苏州",努力使苏州天更蓝、地更绿、水更清、环境更优美,使绿色发展成为苏州的鲜明优势和品牌。苏州成为首批国家生态文明建设示范市、首个国家生态园林城市群,在全省打好污染防治攻坚战暨"263"专项行动考核中连续四年名列第一。

"十二五"期间,苏州在全国率先探索出台生态补偿条例,并不断完善生态补偿运行机制。2020年,苏州全市投入生态补偿资金8.6亿元,共104.8万亩水稻田、31.76万亩生态公益林、175个湿地村、60个水源地村、10.26万亩风景名胜区得到了补偿。截至2020年年底,11年来全市已累计投入生态补偿资金101.7亿元,促进发挥苏州生态优势。"十二五"期间,苏州实现国家级生态乡镇和省级生态工业园区全覆盖,入选国家循环经济创建示范城市。苏州市(地级市)、昆山市(县级市)入选首批国家生态园林城市。太湖流域水污染防治规划和阳澄湖三年优化行动得到全面落实，生态环境和城乡人居环境有效改善。

"十三五"期间，苏州贯彻长江经济带共抓大保护方针，坚决打好污染防治攻坚战，长江干流及主要通江河道水质全部达Ⅲ类及以上，太湖围网养殖拆除、长江流域禁捕退捕任务全面完成。苏州在全省率先达到空气质量二级标准。制定实施《苏州市生活垃圾分类管理条例》《苏州市太湖生态岛条例》。"太湖生态岛生态产品价值实现案例"列入自然资源部典型案例。"张家港湾"生态修复入选联合国可持续发展优秀实践案例。建成首个国家生态园林城市群、首批国家生态文明建设示范市。

**四、文明城市底蕴更加深厚**

十年来，苏州秉持提升城市发展软实力的发展要求，推进文化强市战略，深化民主法治建设与社会治理创新，广泛培育践行社会主义核心价值观，夯实文明城市底蕴，进一步擦亮"社会文明程度高"的亮丽名片。

一是文化苏州建设成效显著。"十二五"期间，苏州着力推进繁荣发展社会主义文艺八项重点工程，成立全国首个历史文化名城保护区，"大运河苏州段"列入世界文化遗产名录，名镇、名村、传统村落及非物质文化遗产保护得到加强。昆曲、评弹、苏剧和手工艺等传统文化得到传承弘扬。全民健身活动和群众体育广泛开展，成功举办第53届世乒赛等国际赛事，竞技体育取得新成绩。"十三五"期间，苏州实现全国文明城市"五连冠""满堂红"，双拥模范城"七连冠"，新时代文明实践中心（所、站）全覆盖。全国文明城市群建设取得重大进展，张家港、常熟、太仓、昆山均位居全国文明城市行列。苏州获评全球首个世界遗产典范城市，入选首批国家文化和旅游消费示范城市。苏州市人大制定《苏州国家历史文化名城保护条例》等地方性法规。"运河十景"开始规划建设，"苏作馆"上海国展中心旗舰店开馆。苏剧《国鼎魂》获第十六届文华大奖。历时十二年完成《苏州通史》（16卷本）编纂并出版发行。苏州成功承办冰壶世界杯、中超、足协杯等国际、国内大型赛事。

二是民主法治建设与社会治理创新取得长足进展。深入推进法治苏州、平安苏州建设,开展扫黑除恶专项斗争,扎实推进政法队伍教育整顿。"政社互动"项目获第三届"中国法治政府奖",司法公正得到加强,荣获全国"六五"普法先进城市称号。获评全国首批法治政府建设示范市、首批市域社会治理现代化试点城市、首批禁毒示范城市。立体化、现代化的社会治安防控体系更为完善,全国深化平安中国建设工作现场会议在苏召开,实现全国社会治安综合治理优秀市"六连冠"。军民融合发展深入推进,实现全国双拥模范城"七连冠"。司法机构改革卓有成效,苏州成为全国唯一同时拥有知识产权法庭、破产法庭、国际商事法庭、劳动法庭的城市。

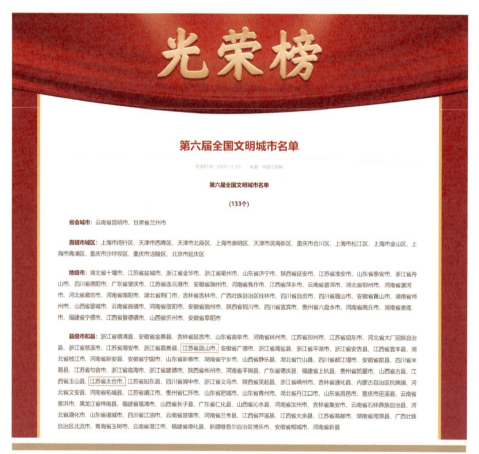

● 2020年,苏州市实现全国文明城市"五连冠"、苏州全域"满堂红"

# 第二章 把党建设得更加坚强有力

办好中国的事情关键在党。中国共产党一百多年的历史就是一部不断加强自身建设的历史。中国特色社会主义进入新时代，以习近平同志为核心的党中央就新时代管党治党重大理论和实践课题做出新的战略部署。习近平总书记明确提出"必须毫不动摇把党建设得更加坚强有力"的重大论断。"把党建设得更加坚强有力"具有丰富内涵、鲜明要求和重大意义，为新时代加强党的建设指明了正确方向和目标定位。

党的十八大以来，苏州市委坚持以习近平新时代中国特色社会主义思想为指导，坚决贯彻党中央决策部署，在省委正确领导下，自觉对标对表"把党建设得更加坚强有力"的重大要求，认真学习贯彻习近平总书记提出的建设"强富美高"新江苏和"两争一前列"等重大要求，紧密结合苏州发展实际，围绕"新时代建设什么样的长期执政的马克思主义政党、怎样建设长期执政的马克思主义政党"这一管党治党重大时代课题，自觉贯彻新时代党的建设总要求，着力在党的政治建设、思想建设等领域展开系统性建设，坚持科学决策、民主决策和依法决策，推动苏州高水平全面建成小康社会，加快社会主义现代化强市建设步伐，取得了显著成效，积累了宝贵经验。

● 苏州市全国优秀共产党员、全国优秀党务工作者和全国先进基层党组织名录（2012—2022年）

## 第一节 "把党建设得更加坚强有力"的内涵、要求与意义

政党是人类政治文明发展的重要成果。从世界上第一个现代意义政党诞生至今,人类社会进入政党政治时代已经几百年。特别是自人类历史上第一个统一的工人阶级先进政党——共产主义者同盟诞生以来,无产阶级政党在推动人类文明、实现发展目标、增进人民福祉等方面发挥着越来越大的作用。中国共产党是以马克思主义为指导思想的先进的无产阶级政党,是中国特色社会主义事业的坚强领导核心。历史已经证明,没有中国共产党就没有新中国,就没有中国特色社会主义,就不可能实现国家富强、民族振兴、人民幸福。

办好中国的事情关键在党。"把党建设得更加坚强有力"是新时代中国共产党人在管党治党伟大实践中确立的重要目标,具有丰富内涵。党的十八大以来,习近平总书记紧扣"新时代建设什么样的长期执政的马克思主义政党、怎样建设长期执政的马克思主义政党",就怎样"把党建设得更加坚强有力"发表了一系列重大论述,为科学理解这一科学论断提供了重要依据。苏州市委提出要深刻把握"把党建设得更加坚强有力"的丰富内涵和现实要求,紧密结合苏州实际把握重大意义,切实增强把苏州各级党组织锻造成为始终走在时代前列、更加坚强有力执政党的思想自觉和行动自觉。

### 一、准确理解"把党建设得更加坚强有力"的丰富内涵

党的十八大以来,习近平总书记围绕"新时代建设什么样的长期执政的马克思主义政党、怎样建设长期执政的马克思主义政党"这一重大时代课题,鲜明提出了全面从严治党重大战略方针,明确提出新时代党的建设总要求,提出"把党建设得更加坚强有力"时代目标。这为各级党组织加强党的建设提供了根本遵循。"把党建设得更加坚强有力"具有丰富内涵,具体表现为如下几个方面。

## （一）具备强大全面领导力

坚持党的领导是不可动摇的重大原则。列宁深刻指出，国家政权的一切政治经济工作都由工人阶级觉悟的先锋队共产党领导。毛泽东也强调，中国共产党是全中国人民的领导核心。没有这样一个核心，社会主义事业就不能胜利。中国共产党的领导地位是历史和人民的选择。中国特色社会主义最本质的特征是中国共产党领导，中国特色社会主义制度的最大优势是中国共产党领导。党具备强大全面领导力是"把党建设得更加坚强有力"的首要特征和应有之义。其中，全面领导是基础，强大是特点。

就"全面领导是基础"而言，主要包括如下几个方面：一是领导对象要全面覆盖，党政军民学，东西南北中，党是领导一切的，包括党领导人大、政府、政协、监察机关、审判机关、检察机关、武装力量、人民团体、企事业单位、基层群众性自治组织、社会组织等；二是领导内容要全面，必须体现到经济建设、政治建设、文化建设、社会建设、生态文明建设和国防军队、祖国统一、外交工作、党的建设等各方面；三是领导过程要全面，既制定路线方针政策，又协调各方、督促落实，贯穿于治国理政的立法、决策、执行、管理、监督等各项工作之中；四是领导方法要全面，通过制定大政方针，提出立法建议，推荐重要干部，进行思想宣传，发挥党组织和党员的作用等，实施党对国家和社会的领导。

就"强大是特点"而言，集中体现为党始终是中国人民和中华民族的主心骨，党"总揽全局、协调各方"的地位更加巩固。党中央发挥"总揽全局、协调各方"的作用，体现在统揽各项工作，整体推进党和国家各方面事业；体现在统揽各方力量，领导各级各类组织和广大党员、干部、群众一体行动；体现在统揽国家治理，坚持和完善中国特色社会主义制度、推进国家治理体系和治理能力现代化，整体表现为党始终是中国特色社会主义事业坚强领导核心，党中央能够实现集中统一领导，各级党组织坚决拥护"两个确立"，自觉做到"两个维护"，确保中国特色社会主义这艘航船始终沿着社会主义方向破浪前行，团结带领人民有效攻克前进道路上的各种风险挑战。

(二) 形成强大思想引领力

中国共产党有个很大的优点，就是有一个新的科学的世界观作为理论的基础。这个新的科学的世界观就是马克思主义。只有以先进理论为指南的党，才能实现先进战士的作用。中国共产党坚持马克思主义为立党根本，始终坚持思想建党、理论强党，不断推进马克思主义中国化、时代化，善于把马克思主义基本原理同中国具体实际相结合、同中华优秀传统文化相结合，不断推进实践基础上的理论创新，确保党在科学理论指导下始终走在时代前列，形成强大思想引领力。

党形成强大思想引领力是"把党建设得更加坚强有力"的重要内核，具体表现为：一是中国共产党始终坚定捍卫并不断巩固马克思主义在意识形态领域的指导地位，坚持马克思主义立党立国根本地位不动摇，确保意识形态安全；二是中国共产党大力推进马克思主义中国化、时代化，形成马克思主义中国化最新理论成果——习近平新时代中国特色社会主义思想，强化思想理论武装，补足共产党员精神之"钙"，练就金刚不坏之"身"；三是中国共产党大力推动党的科学理论成果"飞入寻常百姓家"，领导人民加强思想道德建设，大力发展社会主义精神文明，营造向上向善、风清气正的社会生态，筑牢全体人民共产主义远大理想和中国特色社会主义共同理想基石，推动优良党风政风、民风、社风有机统一。

(三) 拥有强大组织凝聚力

组织严明是中国共产党的鲜明特色，是中国共产党的独特优势。党是组织的总和，组织能使力量增强十倍。党拥有强大组织凝聚力是"把党建设得更加坚强有力"的必由之路。

党具备强大组织凝聚力，除了强调中国共产党具备强大政治领导力外，还特别强调：第一，具有强大的组织覆盖力，党的组织能够有效嵌入并融入社会基层组织、社会各类群体，真正实现党的事业发展到哪里，党的组织设置就推进到哪里；第二，具有强大的组织动员力，能够最广泛、最有效地动员全社会、各领域人民群众，有效凝聚人民群众磅礴伟力，组织和引领群众听党话、跟党走，为完成时代任务贡献智慧；第三，具有强大的人才集聚力，能够培养和造就一大批"信念坚定、为民服务、勤政务实、敢于担当、清正廉洁"好干部队伍，确保党和国家事业后继有人，党员领导干部能自觉贯彻党中央决策部署，充分发挥表率示范作用。

（四）涵养强大优质服务力

全心全意为人民服务是党的根本宗旨，保持党同人民群众的血肉联系是强党兴党、为民服务的必然要求。《中国共产党章程》鲜明指出，党除了工人阶级和最广大人民群众的利益，没有自己特殊的利益。涵养强大优质服务力，必须弘扬党的优良作风。优良作风就是我们党历来坚持的理论联系实际、密切联系群众、批评和自我批评以及艰苦奋斗、求真务实等作风，是"中国共产党为什么能"的成功秘诀。党涵养强大优质服务力是"把党建设得更加坚强有力"的出发点和落脚点。

新时代强调党更加坚强有力，就是表明党能够继承和弘扬优良作风，不断提升服务人民效能。具体表现为如下几个方面：一是党坚持一切从实际出发，理论联系实际，实事求是，在实践中检验真理和发展真理的思想路线，坚持用科学理论指导实践，善于在实践基础上总结经验，进行理论创造，不断用党的最新理论成果指导中国特色社会主义伟大实践和党的建设新的伟大工程；二是党继承和弘扬密切联系群众的作风，自觉树牢和贯彻以人民为中心的发展思想，坚持人民至上，秉持群众观点，走好群众路线，持之以恒正风肃纪、坚决纠正"四风"，自觉遵守中央八项规定精神，严厉惩治侵害群众切身利益的行为，保持与人民群众的血肉联系；三是继承和弘扬自我批评作风，严肃党内政治生活，用好批评与自我批评这个有力武器，旗帜鲜明反对"明哲保身、不得罪人"的处世哲学，"多栽花、少栽刺"等错误思想，增强党内生活的政治性、时代性、原则性和战斗性，大力发展党内民主，构建平等的党内关系，不断增进党的团结，提高党内政治生活质量。

（五）塑造强大自我革命力

没有规矩，不成方圆。党的纪律和规矩是管党治党的有力武器，是党勇于自我革命的重要依据。勇于自我革命是中国共产党区别于其他政党的显著标志。党塑造强大自我革命力是"把党建设得更加坚强有力"的直接体现和鲜明要求。这就要求党必须刀刃向内，严守党的纪律和规矩，深入推进党风廉政建设和反腐败斗争，确保党成功应对和化解各种风险挑战。

党具有强大自我革命力，突出表现为如下几个方面：一是有严明的政治纪律和政治规矩。旗帜鲜明遵守党的政治纪律和政治规矩，坚决捍卫"两个确立"，增强"四个意识"，坚定"四个自信"，做到"两个维护"，坚决捍卫党中央集中统一领导，全体党员做到政治信仰不变、政治立场不移、政治方向不偏。二是深入推进党风廉政建设和反腐败斗争。坚持零容忍态度，保持高压态势，坚持自我革命，坚决惩治违纪违法行为，坚决反对特权，一体推进不敢腐、不能腐、不想腐建设，构建健全的权力监督与制约体系，建设廉洁政治，提高"四自"能力。三是形成完善的纪律建设运行机制。加强纪律和规矩教育，增强全党纪律意识、规矩意识；强化党的纪律和规矩执行，强化问责监督，确保党纪党规权威；加强党纪党规建设，增强党纪党规时代性、生命力。

此外，"把党建设得更加坚强有力"还包括坚定不移推进制度治党、扎牢制度笼子、加强制度教育、增强制度意识、强化制度执行、增强制度权威、提升制度治党效能等内容。

**二、习近平总书记关于"把党建设得更加坚强有力"的重大要求**

坚持党要管党、从严治党是中国共产党加强自身建设的一条宝贵经验。党的十八大以来，习近平总书记围绕"新时代建设什么样的长期执政的马克思主义政党、怎样建设长期执政的马克思主义政党"这一重大时代课题，就如何"把党建设得更加坚强有力"发表了一系列重要论述，形成了内涵丰富、逻辑严密、重点突出的战略思想，为苏州自觉贯彻新时代党的建设总要求、不断提升苏州党建质量提供了重要遵循。从整体看，习近平总书记关于

"把党建设得更加坚强有力"的重大要求主要体现在如下几个方面。

(一)持之以恒推动全面从严治党向纵深发展

2012年,习近平总书记在江苏调研时明确提出了"全面从严治党"重要论断,江苏成为全面从严治党的首提地。党的十八大以来,习近平总书记围绕"持之以恒推动全面从严治党向纵深发展"发表了一系列重大论述,主要表现在如下方面。

一是深刻揭示全面从严治党的内在机理。习近平总书记明确指出,全面从严治党,核心是加强党的领导,基础在全面,关键在严,要害在治。强调"全面"就是管全党、治全党……覆盖党的建设各个领域、各个方面、各个部门,重点是抓住"关键少数","严"就是真管真严、敢管敢严、长管长严。"治"就是从党中央到省市县党委,从中央部委、国家机关部门党组(党委)到基层党支部,都要肩负起主体责任,党委书记要把抓好党建当作分内之事、必须担当的职责;各级纪委要担负起监督责任,敢于瞪眼黑脸,勇于执纪问责。习近平总书记重要论述为加深对为什么要全面从严治党、什么是全面从严治党、怎么样全面从严治党等一系列基础问题的理解提供了重要遵循,增强了贯彻全面从严治党战略方针的思想认同与行为自觉。

二是明确提出全面从严治党的战略要求。习近平总书记围绕全面从严治党提出具体要求,涉及多个方面。强调全面从严治党的重大意义:党要管党、从严治党,是党的建设的一贯要求和根本方针,全面从严治党是党的十八大以来党中央抓党的建设的鲜明主题;强调全面从严治党的紧迫性:我们党的自身建设面临一系列新情况、新问题、新挑战,落实党要管党、从严治党的任务比以往任何时候都更为繁重、更为紧迫;强调落实全面从严治党各项要求:从严治党不能只当口号喊,必须体现到党组织和党员、干部一切工作和活动中,贯穿于改革开放和现代化建设全过程,贯穿于党的建设和党内生活各方面;强调全面从严治党的基本要求:标本兼治是我们党管党治党的一贯要求,要抓思想从严、抓管党从严、抓执纪从严、抓治吏从严、抓作风从严;强调全面从严治党的长期性:全面从严治党永远在路上,全面从严治党一刻不能松，全面从严治党还远未到大功告成的时候，决不能跌入抓一抓、松一松，出了问题再抓一抓、又松一松的循环，必须持之以恒推动全面从严治党向纵深发展。

(二) 毫不动摇坚持党的全面领导

党的十八大以来，习近平总书记就坚持党的全面领导发表一系列重要讲话，提出中国特色社会主义有很多特点和特征，但最本质的特征是坚持中国共产党领导等系列重大论述，为深刻把握坚持党的全面领导的历史必然和现实要求提供了重要遵循。

一是深刻把握坚持党的全面领导的历史必然。从历史维度看，习近平总书记强调：党是我们各项事业的领导核心，古人讲的"六合同风，九州共贯"，在当代中国，没有党的领导，这个是做不到的；中国共产党领导的制度是我们自己的，不是从哪里克隆来的，也不是亦步亦趋效仿别人的。从战略意义看，习近平总书记强调：坚持中国共产党这一坚强领导核心，是中华民族的命运所系。中国共产党的领导，就是支持和保证人民实现当家作主；中国共产党是执政党，党的领导是做好党和国家各项工作的根本保证，坚持和完善党的领导，是党和国家的根本所在、命脉所在，是全国各族人民的利益所在、幸福所在。

二是自觉贯彻坚持党的全面领导的现实要求。一方面，党的全面领导要发挥作用，习近平总书记强调：坚持党的领导，发挥党总揽全局、协调各方的领导核心作用；强调要在思想上政治上行动上始终同党中央保持高度一致，自觉维护党中央权威，坚决贯彻党的意志和主张，严守政治纪律和政治规矩，强调要带头维护中央权威，在思想上政治上行动上同党中央保持高度一致，不折不扣贯彻执行中央的路线方针政策和重大工作部署，强调要继续推进党的领导制度化、法治化，不断完善党的领导体制和工作机制。另一方面，从坚持党对依法治国工作的领导，党对反腐败工作的领导，党对制度建设工作的领导和党对人民政协工作的领导，党对教育工作的领导，党对外交工作的领导，党对人大、政府、政协、监察机关、审判机关、检察机关、人民团体、企事业单位、社会组织以及武装力量的领导等具体维度,提出了鲜明的坚持党的全面领导的具体要求。

(三)理想信念就是共产党人精神上的"钙"

坚定理想信念是马克思主义政党的鲜明特质。马克思主义政党不是因利益而结成的政党,而是以共同理想信念而组织起来的政党。党的十八大以来,习近平总书记就坚定共产党人理想信念发表一系列重大论述,深刻阐发了理想信念的重大价值和现实要求。

一是深刻论述理想信念的重大价值。习近平总书记强调坚定理想信念,坚守共产党人精神追求,始终是共产党人安身立命的根本。对马克思主义的信仰,对社会主义和共产主义的信念,是共产党人的政治灵魂,是共产党人经受住任何考验的精神支柱;之所以不断强调坚定理想信念,是因为这是事关马克思主义政党、社会主义国家的精神力量和前途命运的根本问题,强调丧失理想信念的严重后果,深刻指出理想信念动摇是最危险的动摇,理想信念滑坡是最危险的滑坡,如果理想信念不坚定,遇到一点风雨就动摇,那尽管平时表面上看着忠诚,但最终也是靠不住的。

二是提出坚定理想信念的具体要求。习近平总书记强调坚持两个统一,即要教育引导广大党员、干部把践行中国特色社会主义共同理想和坚定共产主义远大理想统一起来,做到虔诚而执着、至信而深厚,要坚持马克思主义指导思想地位不动摇,维护意识形态安全。世界社会主义实践的曲折历程告诉我们,马克思主义政党一旦放弃马克思主义信仰、社会主义和共产主义信念,就会土崩瓦解,在坚持马克思主义指导地位这一根本问题上,我们必须坚定不移,任何时候任何情况下都不能有丝毫动摇,要把理想信念教育作为思想建设的战略任务。强调要学习先进理论,推进思想建党、理论强党,认识真理,掌握真理,信仰真理,捍卫真理,是坚定理想信念的精神前提,加强理论武装,要炼就"金刚不坏之身",必须用科学理论武装头脑,不断培植我们的精神家园,要加快推进马克思主义学习型政党、学习大国建设。

（四）党的力量来自组织

中国共产党是具有严格组织纪律和严密组织体系的政党。党的力量来自组织，党的优势释放离不开组织。党的十八大以来，习近平总书记就组织建设提出一系列重大论述，精准阐释加强组织建设的重大意义和现实要求。

一是加强组织建设的重大意义。习近平总书记强调党的力量来自组织。党的全面领导、党的全部工作要靠党的坚强组织体系去实现。我们党是按照马克思主义建党原则建立起来的，形成了包括党的中央组织、地方组织、基层组织在内的严密组织体系。这是世界上任何其他政党都不具有的强大优势。

二是加强组织建设的现实要求。习近平总书记强调要加强党员队伍建设，党员是党的肌体的细胞……党组织要严格把关，把政治标准放在首位，确保政治合格；强调要加强基层党组织建设，各级都要重视基层、关心基层、支持基层，要重点加强基层党组织建设，全面提高基层党组织凝聚力和战斗力，要以提升组织力为重点，突出政治功能。要健全基层组织，优化组织设置，理顺隶属关系，创新活动方式，扩大基层党的组织覆盖和工作覆盖，并对加强企业、农村、机关、事业单位、社区、社会组织、新兴业态和互联网等各领域党建工作提出具体要求；强调加强组织纪律建设，要好好抓一抓组织纪律，加强全党的组织纪律性，每个党员特别是领导干部都要强化党的意识和组织观念，自觉做到思想上认同组织、政治上依靠组织、工作上服从组织、感情上信赖组织。与此同时，就加强党的组织制度建设，贯彻新时代党的组织路线等提出具体要求。

（五）把纪律挺在前面，坚持纪严于法、纪在法前

严明党的纪律是管党治党的重要方式。习近平总书记高度重视纪律建设，深刻阐发纪律建设的重大价值和现实要求。

一是加强纪律建设的重大意义。习近平总书记强调加强纪律建设是全面从严治党的治本之策，强调纪律严明是党的光荣传统和独特优势……如果不严明党的纪律，党的凝聚力和战斗力就会大大削弱，党的领导能力和执政能力就会大大削弱；党的团结统一要靠共同的理想信念，靠严密的组织体系，

靠全党同志的高度自觉，还要靠严明的纪律和规矩。

二是加强纪律建设的基本要求。习近平总书记强调要持之以恒纠正"四风"，改进工作作风的任务非常繁重，中央八项规定是一个切入口和动员令，对"四风"问题，必须下大气力惩治；强调加强纪律建设，党要管党、从严治党，靠什么管，凭什么治？就要靠严明纪律。遵守党的纪律是无条件的，要说到做到，有纪必执，有违必查，而不能合意的就执行，不合意的就不执行，不能把纪律作为一个软约束或是束之高阁的一纸空文；强调纪律执行，制定纪律就是要执行的，要使纪律真正成为带电的高压线；强调要引导各级干部自觉学习党章、遵守党章、贯彻党章、维护党章，真正使党章内化于心、外化于行；强调要净化政治生态，增强党内政治生活的政治性、时代性、原则性、战斗性，自觉抵制商品交换原则对党内生活的侵蚀，营造风清气正的良好政治生态。

（六）制度问题更带有根本性、全局性、稳定性、长期性

制度建设具有基础性、根本性地位。习近平总书记多次发表重要讲话，就推进制度建设和依规治党提出明确要求，深刻阐明了制度建设的重大意义和现实要求。

一是加强制度建设的重大意义。习近平总书记强调制度好可以使坏人无法任意横行，制度不好可以使好人无法充分做好事，甚至会走向反面；加强党内法规制度建设是全面从严治党的长远之策、根本之策。

二是贯彻制度建设的现实要求。习近平总书记强调要尊崇党章，增强党章意识。党章是全党必须共同遵守的根本行为规范。建立健全党内制度体系，要以党章为根本依据；强调制度执行，制度一经形成，就要严格遵守，坚持制度面前人人平等、执行制度没有例外，坚决维护制度的严肃性和权威性，要提高制度执行力，让制度、纪律成为带电的"高压线"；加强制度的"废改立释"工作，对已有相关制度进行梳理，经实践检验行之有效、群众认可的，要予以重申，继续坚持、抓好落实，严肃纪律，形成刚性约束；不适应新形势新任务要求的，该修改完善的就修改完善，该废止的就废止，该制定

新的就制定新的。要总结新的实践经验，建立新的制度，处理好建章立制和落地见效的关系。制度制定很重要，制度执行更重要。要搞好制度"供给侧结构性改革"，空白缺位的抓紧建立，不全面的尽快完善，成熟经验及时推广；制度不在多，而在于精，在于务实管用，突出针对性和指导性；要提高制度实效性，要把笼子扎紧一点，牛栏关猫是关不住的，空隙太大，猫可以来去自如；强调民主集中制是领导班子的根本工作制度，是党的根本组织制度和领导制度，也是中国特色社会主义民主政治的鲜明特点；制度建设归根到底要加强权力制约和监督，我们说要把权力关进制度的笼子里，就是要依法设定权力、规范权力、制约权力、监督权力。

（七）一体推进不敢腐、不能腐、不想腐

党风廉政建设和反腐败斗争永远在路上。习近平总书记提出"三位一体"的重要论述，强调不敢腐、不能腐、不想腐是一个有机整体，不是三个阶段的划分，也不是三个环节的割裂等重大观点，持续深化对惩治腐败的科学认识，提出一体推进不敢腐、不能腐、不想腐的现实要求。

一是深刻把握坚定不移惩治腐败的战略意义。习近平总书记强调反对腐败、建设廉洁政治，保持党的肌体健康，始终是我们党一贯坚持的鲜明政治立场。大量事实告诉我们，腐败问题越演越烈，最终必然会亡党亡国！我们要警醒，人民群众最痛恨各种消极腐败现象，最痛恨各种特权现象，这些现象对党同人民群众的血肉联系最具杀伤力。我们必须下最大气力解决好消极腐败问题，确保党始终同人民心连心、同呼吸、共命运。

二是一体推进不敢腐、不能腐、不想腐的现实要求。习近平总书记强调坚定不移反腐败，要坚持"老虎""苍蝇"一起打，坚持有腐必反、有贪必肃，下最大气力解决腐败问题；要继续全面推进惩治和预防腐败体系建设。要加强反腐倡廉教育和廉政文化建设，督促领导干部坚定理想信念，保持共产党人的高尚品格和廉洁操守，提高拒腐防变能力，在全社会培育清正廉洁的价值理念，使清风正气得到弘扬。反腐倡廉建设，还必须反对特权思想、特权现象。加强理想信念和思想道德教育，不断夯实党员干部廉洁从政的思想道德基础，筑牢拒腐防变的思想道德防线；加强反腐败立法，要加强反腐倡廉党内法规制度建设，加强反腐败国家立法，提高反腐败法律制度执行力，让法律制度刚性运行；强化责任履行，加强党对党风廉政建设和反腐败工作统一领导，明确党委负主体责任、纪委负监督责任，制定实施切实可行的责任追究制度；加强权力制约和监督，要坚持用制度管权管事管人，抓紧形成不想腐、不能腐、不敢腐的有效机制，让人民监督权力，让权力在阳光下运行，把权力关进制度的笼子里，反腐倡廉法规制度建设要围绕授权、用权、制权等环节，合理确定权力归属，划清权力边界，厘清权力清单，明确什么权能用、什么权不能用，强化权力流程控制，压缩自由裁量空间，杜绝各种暗箱操作，把权力运行置于党组织和人民群众监督之下，最大限度减少权力寻租的空间；加强改革创新工作，坚持以改革的思路和办法推进反腐败工作。要推进纪检工作双重领导具体化、程序化、制度化，强化上级纪委对下级纪委的领导，查办腐败案件以上级纪委为主。要完善巡视制度，加强巡视力量建设，加大巡视工作力度，实现巡视全覆盖。要加大审计监督力度，抓好重点领域、重大项目、重要资金的审计监督，严格领导干部经济责任审计。同时，为深入开展党风廉政建设和反腐败斗争营造良好舆论氛围，对这些模糊认识和错误言论，必须加以辨析、引导，驳斥错误言论，化解消极情绪，消除偏见误解，深入推进反腐败斗争，要坚持靶向治疗、精确惩治，突出重点削减存量、零容忍遏制增量。

### 三、深刻把握"把党建设得更加坚强有力"的深远意义

"把党建设得更加坚强有力"是以习近平同志为核心的党中央做出的重大战略论断，具有很强的现实针对性和目标指引性。它科学回答了新时代马克思主义政党建设的时代课题，坚定了马克思主义政党自信，为苏州党的建设工作指明了正确方向。

（一）科学回答了马克思主义政党的时代课题

党的十八大以来，我们党在继承中国共产党成立以来关于党的建设重大成果基础上，凝练出新时代党的建设时代课题——新时代建设什么样的长期执政

的马克思主义政党？怎样建设长期执政的马克思主义政党？这一重大时代课题是以习近平同志为核心的党中央做出的战略考量，必须在实践中予以回答。

"把党建设得更加坚强有力"是对时代课题的科学回答。一方面，从具备强大全面领导力、形成强大思想引领力、拥有强大组织凝聚力、涵养强大优质服务力、塑造强大自我革命力等五个维度深刻阐发了新时代"更加坚强有力"的长期执政的马克思主义政党的丰富内涵。另一方面，从推动全面从严治党向纵深发展、坚持和加强党的全面领导、坚定共产党人理想信念、不断提高基层党组织组织力、坚持制度治党和依规治党、深入推进党风廉政建设和反腐败斗争等具体维度深刻阐发了新时代建设"更加坚强有力"的长期执政的马克思主义政党的具体路径。这些重大理论成果既深化了对新时代建设什么样的长期执政的马克思主义政党、怎样建设长期执政的马克思主义政党的这一时代课题的理解和认识，又提出了具体策略和对策，实现了理论思考与实践路径的有机统一。

（二）坚定新时代马克思主义政党自信

中国共产党已经走过了一百多年的光辉历程。"把党建设得更加坚强有力"既是对中国共产党管党治党宝贵经验的全面继承，又是对新时代中国共产党全面从严治党实践探索的深刻总结，彰显了新时代中国共产党强大的历史自信，表明了以习近平同志为核心的党中央扎实推进新时代党的建设新的伟大工程、成功把我们党锻造成为"始终走在时代前列、人民衷心拥护、经得起各种风浪考验、朝气蓬勃的"长期执政的马克思主义政党的政党自觉和政党自信。

一方面，"把党建设得更加坚强有力"体现出中国共产党管党治党具有极其深厚的实践基础，体现了党能够在非凡征程中继续敢于迎接、善于解决、有效化解前进道路上各种艰难险阻的能力和水平，厚植解决新时代管党治党问题的信心和决心；另一方面，"把党建设得更加坚强有力"表明以习近平同志为核心的党中央对共产党执政规律不断深化和拓展，为新时代中国共产党自身建设提供重要的理论成果保障，厚植政党自信的理论基石。

●庆祝中国共产党成立100周年主题活动

**（三）为苏州全面加强党的建设指明了方向**

中国共产党是有着严明纪律的无产阶级政党。把党建设得更加坚强有力，既是对以往成功管党治党经验的深刻总结，更为新时代党的建设提出了要求、指明了方向。

党的十八大以来，世界正经历百年未有之大变局，政治经济格局等发生重大调整，国内外发展环境发生深刻复杂调整，中国共产党自身建设也面临着更加严峻的挑战。特别是党面临的"四大危险"和"四大考验"仍然长期存在，各种侵蚀党的执政基础、削弱党的领导的执政风险逐渐增多，必须花大力气解决。

就苏州而言，党的十八大以来，中国特色社会主义进入新时代，苏州发展进入新的历史方位，面临着前所未有的机遇和挑战。一方面，从国际大环境看，受新冠肺炎疫情和国际金融危机影响，世界经济增速明显放缓，中国在国际事务发挥作用的过程中面临的挑战越来越多，这些挑战最终会传导到国内、影响到苏州。另一方面，从国内大环境看，新时代中国正处于"两个一百年"的历史交汇期,改革、发展、稳定任务繁重,特别是受新冠肺炎疫情影响,如何实现夺取经济社会发展和疫情防控双胜利是亟待解决的课题。从苏州自身发展看,苏州既充分享受到处在改革开放前沿地带的发展红利,如长三角一体化发展战略上升为国家战略、毗邻上海都市圈等,又极大地受到宏观经济形势变化等带来的冲击和影响,如中美贸易争端、世界疫情扩散、全球经济发展疲软等对外向型经济的冲击等。新时代苏州如何实现高质量发展必须要有新对策。

把党建设得更加坚强有力,为苏州在新时代实现高质量发展指明了方向。实现党"更加坚强有力",一方面,要求苏州市委和各级党组织更加自觉坚持党中央集中统一领导,自觉贯彻党中央重大决策部署和江苏省委重大要求,坚决捍卫"两个确立",增强"四个意识",坚定"四个自信",做到"两个维护"。另一方面,苏州要更加自觉主动对标对表,自觉贯彻新时代党的建设总要求,坚持全面从严治党战略方针,加强市域各级党组织和党员队伍建设,切实建强基层战斗堡垒、打造优秀党员队伍,不断提高苏州各级党组织科学执政、民主执政、依法执政能力和水平。与此同时,要坚持把党建设得更加坚强有力与推动苏州经济社会高质量发展有机统一起来,通过加强党的建设为苏州加快建成社会主义现代化强市提供更加坚强的政治保证。

## 第二节 "把党建设得更加坚强有力"的苏州实践

党的十八大以来,在以习近平同志为核心的党中央坚强领导下,在江苏省委正确领导下,苏州市委高举中国特色社会主义伟大旗帜,以习近平新时代中国特色社会主义思想为指导,围绕"强富美高"新江苏重大要求,对标习近平总书记对江苏特别是苏州发展的一系列重要指示,坚持贯彻落实新时代党的建设总要求和贯彻新发展理念,加快建设"强富美高"新江苏的苏州社会主义现代化强市新篇章,争做"强富美高"新江苏建设的先行军和排头兵,在"把党建设得更加坚强有力"方面进行了广泛而深刻的实践,推动了习近平总书记关于党的建设重大论述要求在苏州落地生根。

### 一、自觉维护党中央权威,提高全面领导水平

党的十八大以来,苏州市委牢记坚持党的全面领导这一"国之大者",自觉带头维护党中央权威,维护党中央集中统一领导,扎实推动党的全面领导落到实处,着力提高党的全面领导水平。

#### (一) 坚定维护党中央权威和集中统一领导

坚持党的领导是中国特色社会主义最本质的特征。2021年1月7日召开的中央政治局常委会强调:中央权威和集中统一领导,是坚持党的领导的最高原则,是我国制度优势的根本保证。维护党中央权威和集中统一领导关乎党和国家前途命运,是全国各族人民根本利益所在。党的十八大以来,苏州市委和各级党组织始终把坚决维护党中央权威和集中统一领导视为"国之大者",坚决捍卫"两个确立",增强"四个意识",坚定"四个自信",做到"两个维护"。

一方面,自觉落实党的集中统一领导要求。加强学习、制定规则,苏州市委常委领导班子带头维护党中央权威。苏州市委常委会召开会议,审议通过了《中共苏州市委常委会关于坚决维护党中央权威和集中统一领导的规

定》。会议强调，要坚决维护习近平总书记在党中央和全党的核心地位[①]，进一步提高政治站位、站稳政治立场，着力增强政治判断力、政治领悟力、政治执行力，自觉在思想上、政治上、行动上同以习近平同志为核心的党中央保持高度一致，切实牢记"国之大者"。同时，把维护党中央权威和集中统一领导落到具体实处。苏州把"两个维护"作为最高政治原则和根本政治规矩，把做到"两个维护"体现在政治态度和政治立场上，体现在坚决贯彻习近平总书记重要讲话指示精神和党中央、国务院，省委、省政府决策部署的行动上，体现在担当作为、推动高质量发展的实效上，体现在党员干部的本职工作和日常言行上，做到思想统一、意志统一、行动统一。

从具体领域看，在抗击疫情行动中加强党的领导，苏州市委发出《关于切实加强党的领导确保打赢疫情防控阻击战的通知》，要求各地各部门切实加强党的领导，坚定不移推动党中央和江苏省委各项决策部署落到实处，做到认识再提高、领导再加强、防控再严密、措施再强化、动员再深入、责任再压实，团结带领广大人民群众坚决打赢疫情防控阻击战[②]。在基层治理领域加强党的领导，坚持市委把方向、管全局、抓大事，制定出台《关于加快推进城乡社区治理现代化的意见》《关于在政社互动中进一步强化党建引领的实施办法》等16个指导性文件，明确街道社区党组织在城市领域政治引领、组织引领、服务引领和法治引领功能。

（二）不断提高党的全面领导水平

苏州市委贯彻落实党中央和省委要求，加强对各方面工作的领导。加强党对人大工作的领导。苏州市委常委会召开会议，强调要坚持党的全面领导，将党的领导落实到人大立法工作的各个方面、各个环节，牢牢把握立法工作

---

[①] 深刻领会全面贯彻十九届三中全会精神　加快推进治理体系和治理能力现代化[EB/OL]. http://www.lianshi.gov.cn/news/important/2018-03-03/17017.html，2018-03-03.

[②] 苏州市委发出《关于切实加强党的领导确保打赢疫情防控阻击战的通知》[EB/OL]. http://www.szzzb.gov.cn/NewsView/4168.html，2020-02-01.

的正确政治方向①。加强对统一战线工作的领导。召开苏州市委统一战线工作领导小组会议，深入学习贯彻习近平总书记关于加强和改进统一战线工作的重要思想和《中国共产党统一战线工作条例》，全面贯彻中央、省委关于统一战线的决策部署。坚持党对宣传思想工作领导。突出迎接宣传贯彻党的二十大这条工作主线，高质量做好新闻宣传、文艺宣传、社会宣传等工作，全力抓好全国文明典范城市创建、高校思想政治建设、新时代马克思主义学院建设、古城文化内涵提升等重点工作，营造齐心协力迈向新征程、建功新时代的浓厚氛围。

与此同时，为提高党的全面领导水平，苏州着力推进党的领导法治化、科学化、制度化。以推动党的领导法治化、提升党的全面领导质量为例，2015年3月，苏州市委出台《关于建设法治型党组织的意见》，明确提出了坚持"党要管党、依法依规，分类建设、整体推进，立足实际、务求实效"的三条基本原则，提出了经过三至五年实现"五个进一步"目标，即党组织法治意识进一步增强、党组织依法执政依法办事能力进一步提高、党内制度体系进一步完善、基层治理法治化水平进一步提升、党组织引领保障作用进一步增强②。各地、各部门紧密贯彻市委要求，陆续出台相应的意见。例如太仓市委组织部出台《关于推进基层法治型党组织建设的意见（试行）》，通过开展十项活动，以严格落实全面推进依法治国要求，进一步提升基层党组织在依法执政、依法决策、依法管理、依法办事中的战斗堡垒作用；苏州市委党建领导小组办公室下发了《苏州市建设法治型党组织试点工作方案》、苏州市委办公室下发贯彻落实市委《关于建设法治型党组织的意见》重点任务分工方案，明确了十一个方面共七十个项目的具体分工，推动法治型党组织建设落到实处。同时，中共苏州市委办公室印发《苏州市法治型党组织建

---

① 苏州市委常委会召开会议[EB/OL]. http://news.sohu.com/a/538366853_120083328, 2022-04-16.

② 苏州积极推进法治型党组织建设[EB/OL]. https://news.sina.com.cn/o/2015-08-15/doc-ifxfxzzn7495583.shtml, 2015-08-15.

设三年行动计划（2017—2019年）》，要求坚持依法执政和依规管党有机统一，落实干部队伍法治化、办事决策法治化、组织建设法治化、基层治理法治化重点任务，在党员干部法治思维、党内政治生活质量、党规党纪执行水准、依法决策办事能力、党内监督工作成效、法治引领保障水平等六个方面实现显著提升，为实现"两聚一高"目标、当好建设"强富美高"新江苏先行军排头兵提供不竭动力①。此外，苏州市委常委会专门确定了每年7月1日为全市"党章学习日"，市委和各县级市、区委全面建立党委法律顾问团。

二、加强思想建设，补足精神之"钙"

习近平总书记强调，建设具有强大凝聚力和引领力的社会主义意识形态，是全党特别是宣传思想战线必须担负起的一个战略任务。苏州坚决贯彻落实总书记系列重要讲话，围绕举旗帜、聚民心、育新人、兴文化、展形象，着力加强思想建设，形成强大思想合力，牢牢掌握意识形态工作领导权，建设具有强大凝聚力和引领力的社会主义意识形态。

（一）强化理论武装，加强理论学习

苏州市委加强理论学习，强化思想武装。市各级党组织把学习宣传贯彻习近平新时代中国特色社会主义思想和党的重要会议精神作为首要政治任务、作为理论武装的中心内容，深入学习贯彻习近平总书记系列重要讲话精神，认真学习新发展理念，力求做到学深悟透、融会贯通，不断推动学习贯彻往深里走、往实里走、往心里走，让新思想焕发强大的实践伟力。党的十九大一闭幕，全市广大党员迅速兴起学习新思想的热潮。市委中心组率先垂范，开展集中学习；市委常委会会议把集中学习贯彻习近平总书记最新重要讲话、重要论述、重要批示精神作为"第一议题"，把交流研讨作为必备程序；市委宣讲团由市委主要负责同志担任团长，进机关、进企业、进社区、进学校，

---

① 让法治成为苏州核心竞争力重要标志[EB/OL]. https://www.szdushi.com.cn/news/201706/149800477534297.shtml, 2017-06-21.

开展多场宣讲和座谈交流,让新思想在苏州大地生根开花①。

(二)开展多重教育,补足精神之"钙"

苏州扎实开展党的重大理论和主题宣讲活动。苏州市委理论学习中心组以身作则,带头领学、促学,及时跟进学习习近平总书记重要论述,围绕学习贯彻习近平总书记"七一"重要讲话精神,专门举办学习交流会和专题读书班,推动兴起学习宣传贯彻热潮;市委常委会带头学习贯彻党的十九届六中全会精神,第一时间做出安排落实,各地各部门迅速跟进②。

注重干部的理想信念教育。苏州市各级组织部门把学习贯彻习近平新时

● 苏州市委常委会和市委理论学习中心组发挥示范引领作用,认真学习贯彻党的十八大、十九大及历次全会精神,认真学习贯彻习近平总书记系列重要讲话及对江苏重要指示批示精神和省委要求

---

① 苏州4万个基层党组织汇聚高质量发展走在最前列磅礴力量[EB/OL].https://baijiahao.baidu.com/s?id=1620351416016631188&wfr=spider&for=pc,2018-12-20.
② 砥砺初心笃行不息苏州深入开展党史学习教育综述[EB/OL].https://www.163.com/dy/article/GTM1L6LK0534B975.html,2022-01-14.

代中国特色社会主义思想和党的十九大精神纳入干部培训的重要内容，每年有1万多名党员干部接受集体学习、脱产培训、在线学习等形式多样的专门培训。完善干部培训教育制度，发挥好各级党校主阵地作用，推动党员干部特别是领导干部广泛学习现代金融、"互联网+"、前沿科技、社会治理等各种新知识，不断提高战略思维能力、辩证思维能力、综合决策能力、驾驭全局能力。苏州干部在线学习中心平台，推出"习近平新时代中国特色社会主义思想和党的十九大精神"学习专栏，上传"习近平新时代中国特色社会主义思想的历史方位"等课程132门，吸引近96万人次学习①。扎实做好党员冬训工作。召开全市基层党员冬训工作部署暨骨干培训会，提高全市基层党员冬训工作科学化水平。紧紧围绕深入学习贯彻习近平新时代中国特色社会主义思想，安排了6个专题的集中教育培训。持续深入学习贯彻党的十九届六中全会精神，深入学习党史、新中国史、改革开放史、社会主义发展史等，进一步筑牢信仰之基。

### 三、加强组织建设，提升基层组织力

苏州市委认真贯彻落实习近平总书记关于党的组织建设的重要讲话精神，自觉学深悟透全国组织工作会议精神，紧扣基层党组织的组织力这一重点，加强组织领导，强化统筹协调，完善具体措施，锻造高素质干部队伍。

（一）加强组织领导，强化统筹协调

苏州坚定不移树牢大抓基层鲜明导向，以组织体系建设为重点，坚持政治功能与服务功能相统一，坚持分类施策与整体推进相结合，扎实推进各领域党的组织建设全面进步、全面提升。

苏州坚持制度引领、强化顶层设计，先后出台全面提升组织力"三年行动计划"，大力实施基层党建"新时代新接力"工程。分领域织密制度网，在农村，大力实施"新时代美美乡村新接力"党建提升计划，积极推动先锋领航、千村振兴；在城市，全面落实城市基层党建"苏州会议"精神，及时

---

① 苏州4万个基层党组织汇聚高质量发展走在最前列磅礴力量［EB/OL］.https://baijiahao.baidu.com/s? id=1620351416016631188&wfr=spider&for=pc,2018-12-20.

出台"1+N"配套制度;在"两新"领域,突出"两个覆盖",强化行业作用,构建起"一干十支"工作体系,一整套更完备、更稳定、更管用的制度体系正在形成与完善①。

(二)完善具体措施,锻造好干部队伍

一是提升基层组织力。党的十八大以来,苏州认真贯彻落实中央和省委关于加强和改进党的建设的一系列重大部署,着眼全面提升组织力,深入实施基层党建"五个先锋"行动,让"红色先锋"覆盖城乡;率先打造"智慧党建平台",全面覆盖全市3万多个党支部。探索建立城市基层党建工作"1+N"制度体系,全省城市基层党建工作经验交流会在苏召开,4条线路、20多个考察点,交出了让群众满意的答卷;各领域党组织打破行政隶属壁垒,构建"街道搭台、部门出力、支部行动、党员亮牌"的工作机制,亮出了党建引领基层治理的"苏州品牌"②。与此同时,苏州公安推进质量型党支部建设,通过立标建制、对标补差、达标验收、高标激励等全面提升基层党组织组织力;苏州市市容市政管理局党委制定《关于加强基层党组织组织力建设的实施意见》,科学研制《苏州市市容市政管理局基层党组织组织力评估细则(试行)》,从政治领导力、群众凝聚力、发展推动力、自我革新力等方面进行测评和建设。

二是从严管理,打造新时代好干部。苏州市委对干部队伍建设提出明确要求,全面落实20字好干部标准,突出"五用五不用"鲜明导向,深化干部人事制度改革,严格执行《党政领导干部选拔任用工作条例》,完善"动议比选任用"机制,坚决防止"带病提拔"。强化干部日常监督,严格执行领导干部有关事项报告、干部档案核查及违规追究责任机制,形成"1+5"制度、40项任务清单、8项规定动作,换届风清气正,换届后新一届县级市(区)党委领导班子素质更优、结构更好、功能更强。遵循严管厚爱相结合,

---

① 苏州组织工作这五年[EB/OL].https://www.sohu.com/a/491849109_121106832,2021-09-24.
② 苏州4万个基层党组织汇聚高质量发展走在最前列磅礴力量[EB/OL].https://baijiahao.baidu.com/s?id=1620351416016631188&wfr=spider&for=pc,2018-12-20.

苏州制定"从严管理干部20条"和"从严管理企业领导人员12条",在全省率先常态化开展干部提醒、函询和诫勉,率先开展选拔任用全程纪实,率先探索建立干部智慧管理系统。认真落实中央和省委要求,率先出台"三项机制"具体办法,让选人用人更加科学,推动党员领导干部信念过硬、政治过硬、责任过硬、能力过硬、作风过硬[1]。出台激励干部担当"1+N"系列政策,推进干部跨部门、跨条块、跨领域交流,率先探索沪苏两地干部交流任职。

**四、贯彻全面从严治党战略方针,加快廉洁苏州建设**

全面从严治党是党中央明确的战略方针。党的十八大以来,苏州坚决贯彻全面从严治党战略方针,落实各级各类主体管党治党责任,强化监督执纪问责。同时,统筹推进廉洁苏州建设,厚植苏州廉洁文化,运用科技赋能政治生态建设。

(一)把全面从严治党落到实处

一是强化管党治党责任落实,确保守土有责、守土尽责。为进一步落实"党委主体责任、纪委监督责任",苏州市委出台《全面从严治党三年工作方案(2018—2020年)》,系统性、创造性、实效性地亮出30项重点任务;制定《2018年苏州市落实全面从严治党主体责任评价细则》,充分发挥省、市两级履责记实信息平台的载体作用,对10个县(市、区)和5家市级单位进行重点检查,对126家单位领导班子和637名领导干部落实党风廉政建设责任制情况进行民主测评并反馈结果[2]。与此同时,制定落实党风廉政建设"两个责任""1+9"制度体系。

二是强化监督执纪问责。苏州不断强化监察监督、巡察监督、派驻监督,形成监督合力,借助苏州市全面从严治党"两个责任"履责记实平台,做到

---

[1] 苏州4万个基层党组织汇聚高质量发展走在最前列磅礴力量[EB/OL].https://baijiahao.baidu.com/s?id=1620351416016631188&wfr=spider&for=pc,2018-12-20.
[2] 苏州市:坚决落实"两个维护"压紧夯实管党治党政治责任[EB/OL].http://www.jssjw.gov.cn/art/2019/1/3/art_1967_131505.html,2019-01-03.

派驻监督"实时留痕",录入履责信息7 497条,市各派驻机构累计接收问题线索586条,组织处理90人,有力推动了"派"的权威和"驻"的优势逐步彰显,充分彰显巡察利剑作用,打通了全面从严治党"最后一公里"①。聚焦习近平总书记重要指示批示精神和党中央重大决策部署跟进监督,主动服务保障长三角生态绿色一体化发展示范区建设、江苏自贸区苏州片区建设,紧盯安全生产、生态环保等方面的风险隐患,督促做到守土有责、守土负责、守土尽责。扎实开展粮食购销领域腐败问题专项整治,严肃查处"靠粮吃粮"腐败行为,党纪政务立案49件,留置12人。健全突发疫情监督快速响应机制,督促做好社区防控、核酸检测、疫苗接种等工作,推动精准防控落实到位②。

苏州始终坚持严的主基调,把严惩腐败和严密制度、严格要求、严肃教育紧密结合起来,不断提升反腐败治理效能。坚持态度不变、尺度不松、力度不减,在减存量、遏增量上持续加压用力,释放一严到底的强烈信号。紧盯"关键少数"和权力集中、资金密集、资源富集、攸关民生的部门、行业、领域,加大案件查办力度,在全社会形成有力震慑。结合个案特点积极实践"室组地"联合办案模式,最大限度盘活办案力量,2021年以来运用"室组地"办案35件③。推动全面从严治党向基层延伸,坚持"一案双查"、责任倒查,使失责必问、问责必严成为常态。

(二)统筹推进廉洁苏州建设

一是加强廉洁文化建设。苏州深入推进廉洁文化建设。充分用好"载石归乡"的陆绩、"先忧后乐"的范仲淹、"治苏十三载"的况钟、"官虽九品人一品"的暴式昭等历史上的苏州清官廉吏典型资源,精心打造"廉石"品

---

① 苏州4万个基层党组织汇聚高质量发展走在最前列磅礴力量[EB/OL].https://baijiahao.baidu.com/s?id=1620351416016631188&wfr=spider&for=pc,2018-12-20.
② 2021年苏州市深化全面从严治党工作综述[EB/OL].https://www.suzhou.gov.cn/szsrmzf/szyw/202201/335f2e9d9c024e95aa961b366d3718c8.shtml,2022-01-27.
③ 2021年苏州市深化全面从严治党工作综述[EB/OL].https://www.suzhou.gov.cn/szsrmzf/szyw/202201/335f2e9d9c024e95aa961b366d3718c8.shtml,2022-01-27.

牌，与时俱进，赋予其新的时代内涵，形成况公祠、吴中区明德教育馆、苏州高新区大阳山政德教育基地、苏州工业园区李公堤廉勤文化馆等一批特色主题场馆。同时，在公交车、公交站、轨交站点、户外广告栏等公共空间增添廉洁文化元素，扩大廉洁文化覆盖范围，将廉洁文化有机融入文明城市创建、美丽乡村建设等，鼓励各地各部门因地制宜建设廉洁文化空间。在加强氛围营造的同时，结合实际将党的光荣传统、优良作风、纪法规定、典型事迹等元素融入其中，让每个人都置身廉洁文化"生态圈"之中，不断增强廉洁文化成风化人的效果①。2021年，苏州印发了《苏州市唱响"江南廉韵"深化廉洁文化建设三年行动计划（2021—2023年）》，将围绕唱响"江南廉韵"这一目标，推动廉洁文化建设与"江南文化"品牌塑造同频共振，推出一批标识突出、内涵丰富的拳头产品、特色项目、重点阵地，构筑更具江南文化特质、彰显苏州特色的廉洁文化体系，努力建成古今辉映、特质鲜明、影响广泛的廉洁文化高地。与此同时，市纪委监委紧紧扭住"不想腐"这个根本，坚持古为今用、正反结合、内外协同，探索构建立体廉政教育格局，激励感召党员领导干部和社会大众根植清正廉洁价值理念。强化以案明纪、以案释法，在政法、党校等系统开展专题警示教育，提升查处一案、警示一片效果。绘制线上"苏州廉洁文化地图"，打造集成展示、预约观览一站式平台。推动成立况钟研究会，深化政德文化研究和教育实践。创新推出系列诗书刊、影剧片，深入村（社区）开展廉洁文化展演。将家风建设列入领导干部必修课，举办领导干部家属"廉居共筑"等活动，以纯正家风涵养清朗党风政风②。

二是运用科技赋能政治生态建设。苏州研发"地方政治生态监测预警与分析研判——'衡镜'系统"。"衡镜"系统是市纪委监委创新开发的智能

---

① 苏州市纪委监委深入推进廉洁文化建设［EB/OL］.https://www.suzhou.gov.cn/szsrmzf/szyw/202108/aa34c1bf03b241d782faa330a794cc6d.shtml？ivk_sa=1024320u,2021-08-13.
② 2021年苏州市深化全面从严治党工作综述［EB/OL］.https://www.suzhou.gov.cn/szsrmzf/szyw/202201/335f2e9d9c024e95aa961b366d3718c8.shtml,2022-01-27.

化、数字化地方政治生态监测预警与分析研判系统，通过数学方差原理构建算法模型，自动对接政务外网抓取数据，多维度比对分析数据，即时推动预警信息，为推动全面从严治党向纵深发展提供有效抓手，成效不断显现。"衡镜"系统作为苏州市政治生态监测预警与分析研判系统[①]，2020年以总分第一获评"中国廉洁创新奖"。苏州市纪委监委围绕"积极向上、干事创业、风清气正"形成了3个一级指标，确定了11个二级指标，分别为：强化政治意识、加强党的组织建设、严肃党内政治生活、坚持以人民为中心、推动经济社会发展、规范选人用人、改进工作作风、加强党的纪律建设、巩固发展反腐败斗争压倒性态势、掌握意识形态工作主动权、维护社会公平正义。在此基础上，生成了39个三级指标和108个四级指标。这些指标主要来自习近平总书记系列重要讲话，以及党中央、中央纪委和省委规范性文件等[②]，实现精准画像，催生科学全面的指标体系。

**五、加强作风建设，提高服务人民水平**

党的十八大以来，苏州市委认真贯彻落实中央"八项规定"精神，坚持问题导向，持之以恒纠正"四风"，坚持人民至上理念，不断增强人民群众获得感。

（一）坚持问题导向，持之以恒纠正"四风"

一是持之以恒纠正"四风"。苏州持之以恒正风肃纪，充分运用监督执纪"四种形态"，持续开展"清风行动"，聚焦形式主义、官僚主义10种新表现，坚持"减存量"与"遏增量"并举，反腐败斗争压倒性态势巩固发展，党风、政风、社风、民风持续向善向上。苏州市全面从严治党"智慧监督"平台上线以来已开发完成了43项功能应用，2018年，两批次筛查出党员、公职人员违法犯罪疑似问题线索1 483条，梳理出4批次疑似违反中央

---

① 苏州市"地方政治生态监测预警与分析研判——'衡镜'系统"以总分第一获评第二届"中国廉洁创新奖"[EB/OL]. http://kjj.suzhou.gov.cn/szkj/jgdjgzdt/202007/d6ae9a2a99bd466884f6c7c459b57745.shtml, 2020-07-09.

② 苏州市：监测预警与分析研判系统实时监控研判地区政治生态[EB/OL]. http://www.jssjw.gov.cn/art/2018/6/26/art_1967_124055.html, 2018-06-26.

八项规定精神问题线索556条,实现对政治生态更加精准画像,坚决改变压力传导层层递减现象,使纪律始终成为"带电的高压线"①。二是坚持风腐一体纠治、纠"四风"树新风并举。连续9年开展"清风行动"专项督查。深化整治形式主义、官僚主义,坚决纠治作风漂浮、庸懒散拖、摆拍造假等不作为、慢作为、乱作为、假作为问题。时刻紧盯享乐主义、奢靡之风,运用大数据精准查处异地违规吃喝、"化整为零"等隐形变异问题②。

(二)坚持人民至上,不断提升服务质量

始终坚持以人民为中心的发展思想,让"幸福感"成为苏式生活最真切的诠释。人民群众对美好生活的向往,就是城市发展的价值取向。苏州在补齐民生短板上持续用力,精准提供更加优质均衡的公共服务,落实"我为群众办实事"实践活动要求。2021年5月,苏州市委党史学习教育领导小组对社会公布20项"我为群众办实事"重点项目,贯彻落实苏州市委关于在党史学习教育中开展"我为群众办实事"实践活动的要求。苏州市围绕贯彻新发展理念、推进乡村全面振兴、保障和改善民生、提供优质高效政务服务、加强和创新基层治理五个方面的重点内容,共推出了首批1 526项"我为群众办实事"项目,并确定了20个项目作为市级重点项目,对社会进行公布。这20个项目涉及人才乐居、行政审批、便民服务、公共就业等③。

---

① 苏州4万个基层党组织汇聚高质量发展走在最前列磅礴力量[EB/OL].https://baijiahao.baidu.com/s?id=1620351416016631188&wfr=spider&for=pc,2018-12-20.
② 2021年苏州市深化全面从严治党工作综述[EB/OL].https://www.suzhou.gov.cn/szsrmzf/szyw/202201/335f2e9d9c024e95aa961b366d3718c8.shtml,2022-01-27.
③ 苏州公布"我为群众办实事"20项重点项目[EB/OL].https://baijiahao.baidu.com/s?id=1699995214127444332&wfr=spider&for=pc,2021-05-17.

# 第三节 "把党建设得更加坚强有力"的显著成效

党的十八大以来，苏州坚持党中央集中统一领导，聚焦"把党建设得更加坚强有力"这一目标要求，从加强政治建设等多个维度进行了广泛而深刻的实践，取得了全面提升党的领导力、执政成效更加明显，坚定党员理想信念、思想引领力显著增强，党的组织体系更加健全、基层组织力显著增强，党群关系更加和谐、基层执政基础更加巩固等显著成效。

## 一、全面提升党的领导力、执政成效更加明显

党的十八大以来，苏州市委高举习近平新时代中国特色社会主义思想伟大旗帜，认真贯彻习近平总书记关于坚持党的全面领导重要论述，自觉带头旗帜鲜明讲政治，维护党中央权威，保持正确政治方向，着力把党的领导优势转化为区域高质量发展成果，取得显著执政成果。

### （一）自觉带头旗帜鲜明讲政治，维护党中央权威

一是旗帜鲜明讲政治，以实际行动践行党中央集中统一领导。党的十八大以来，苏州市委始终在思想上、行动上与以习近平同志为核心的党中央保持高度一致，坚决捍卫"两个确立"，增强"四个意识"，坚定"四个自信"，做到"两个维护"，严守政治纪律和政治规矩，确保党中央令行禁止，发挥党总揽全局、协调各方的领导核心作用。与此同时，苏州市委自觉把坚持党的集中统一领导落实到具体领导实践中来。坚决执行党中央全面从严治党、国民经济发展、生态环境保护等重大路线方针政策和决策部署，坚决不搞变通、不打折扣，确保中央政令畅通，有令必行、有禁必止，确保党中央大政方针和省委决策部署落地见效。

二是把党的全面领导要求自觉落到实处。苏州市委坚持、加强和改进党领导人大、政府、政协、监察机关、审判机关、检察机关、武装力量、人民团体、企事业单位、基层群众性自治组织、社会组织等工作，贯彻到经济建设、政治建设、文化建设、社会建设、生态文明建设等具体领域，确保人大、

政府等主体坚决贯彻党中央决策部署，自觉落实市委要求，确保市委决定得到有效贯彻落实，确保苏州经济社会发展各领域自觉贯彻党中央要求。

（二）把党的全面领导优势转化为苏州高质量发展成果

苏州坚持和善于把党的全面领导优势转化为苏州经济社会高质量发展优势，高水平全面建成小康社会，全面开启建设社会主义现代化强市新征程。

从"经济强"角度看，苏州坚持以习近平经济思想为指导，坚持加强党对经济工作的集中统一领导，保证全市经济沿着正确方向发展；苏州地区生产总值历史性迈上2万亿元新台阶、位列全国第六，高水平全面建成小康社会。从"百姓富"层面看，苏州坚持树牢以人民为中心的发展思想，推动共同富裕取得显著成效，城乡人均可支配收入年均分别增长7.1%和8%，均高于同期地区生产总值增速；2020年分别达7.1万元和3.76万元，收入比为1.889∶1，成为全国城乡居民收入差距最小的地区之一。城乡低保标准由每人每月810元提高至1 095元，保障水平全省最高。从"环境美"层面看，苏州自觉以习近平生态文明思想为指导，牢固树立"绿水青山就是金山银山"理念，坚决打好污染防治攻坚战，建成首个国家生态园林城市群、首批国家生态文明建设示范市。从"社会文明程度高"层面看，苏州坚持大力培育和践行社会主义核心价值观，实现全国文明城市"五连冠""满堂红"。

这些重大发展成就初步打造向世界展示社会主义现代化的"最美窗口"，为高水平建设令人向往的创新之城、开放之城、人文之城、生态之城、宜居之城、善治之城奠定了重要基础。

**二、坚定党员理想信念、思想引领力显著增强**

革命理想高于天。党的十八大以来，苏州坚持以习近平新时代中国特色社会主义思想为指导，不断提高党员马克思主义理论看家本领，补足精神之"钙"，党的思想引领力显著增强。

（一）掌握看家本领，补足精神之"钙"

坚定理想信念是共产党员的显著标志。党的十八大以来，苏州市委高度重视加强党员理想信念教育，补足精神之"钙"。

一是掌握马克思主义理论看家本领，提升理论素养。党的十八大以来，苏州市委坚持把加强党员马克思主义理论学习教育作为重中之重，发挥市委理论学习中心组示范作用，带头大兴学习之风，健全各级党组织集体学习制度，更加自觉地用习近平新时代中国特色社会主义思想解放思想、统一思想，认真学习贯彻习近平总书记视察江苏重要讲话精神，在党员冬训、"三会一课"等中注重加强对马克思主义基本原理和马克思主义中国化重大理论的学习教育。持续深入学习贯彻习近平新时代中国特色社会主义思想，围绕党史、新中国史、改革开放史、社会主义发展史等专题开展集中教育培训，教育引导党员系统掌握马克思主义基本原理，提升马克思主义理论素养。

二是加强理想信念教育，补足精神之"钙"。苏州紧密结合党的群众路线教育实践活动、"两学一做"学习教育、"不忘初心、牢记使命"主题教育、党史学习教育等，切实加强党员理想信念教育，进一步破除党员错误思想认识、廓清思想迷雾，消除信仰迷茫、精神迷失问题，坚定共产主义远大理想和中国特色社会主义共同理想，坚定共产党员精神追求，筑牢共产党员经受住各种风险挑战的精神支柱。与此同时，把坚定党员理想信念与更加自觉坚持和践行全心全意为人民服务的根本宗旨有机统一起来，使其树立正确的世界观、人生观、价值观和权力观、地位观、利益观，引导广大党员能够做到吃苦在前、享受在后，在抗击新冠肺炎疫情等急难险重任务面前勇挑重担，用实际行动为坚持和发展中国特色社会主义，加快建设社会主义现代化强国、强市不懈奋斗，真正做到不忘初心、牢记使命。

（二）党的思想引领力显著增强

思想是行动的先导，科学思想是成功实践的前提。党的十八大以来，以习近平同志为核心的党中央不断推进马克思主义中国化、时代化，形成了习近平新时代中国特色社会主义思想。苏州市委坚持以习近平新时代中国特色社会主义思想为指导，坚持用科学理论武装全党、引领社会，不断增强党的思想引领力。

充分发挥党的创新理论引领作用，推动科学理论"飞入寻常百姓家"。

苏州市委坚持把学懂、弄通、做实习近平新时代中国特色社会主义思想作为重大政治任务，坚持不懈用马克思主义中国化最新理论成果武装全体党员思想，进一步增强对党的科学理论的思想认同、理论认同。与此同时，苏州扎实推动习近平新时代中国特色社会主义思想大众化，通过举办"众说学习"等品牌节目，进一步筑牢苏州人民共同的思想基础，凝聚起全体人民建设社会主义现代化强市的强大合力。

牢牢掌握意识形态工作领导权，推动社会主义核心价值观入脑、入心、入行。苏州坚持和贯彻"意识形态工作是党的一项极端重要的工作"的重要指示，坚持党对意识形态工作的全面领导，旗帜鲜明地坚持马克思主义在意识形态领域的指导地位不动摇，围绕"举旗帜、聚民心、育新人、兴文化、展形象"的使命任务，创新思想舆论宣传方式方法，切实做好宣传思想工作，增强社会主义意识形态的凝聚力和吸引力；在全社会大力培育和弘扬社会主义核心价值观，使之像空气一样无处不在、无时不有，增强苏州发展文化软实力，提升苏州文化竞争力，不断凝聚起社会主义现代化强市建设强大精神力量。

### 三、党的组织体系更加健全、基层组织力显著增强

党的十九大报告明确提出，要提升基层党组织的组织力。苏州市委坚决贯彻党中央决策部署，全面提高基层组织力建设水平。在苏州市委坚强领导下，苏州各级党组织紧扣"把基层党组织建设成为宣传党的主张、贯彻党的决定、领导基层治理、团结动员群众、推动改革发展的坚强战斗堡垒"的目标定位，不断锻造优秀干部队伍，着力提升不同类型党组织的组织力。

（一）基层党组织的组织力显著提升

苏州坚定不移树牢大抓基层鲜明导向，以组织体系建设为重点，坚持政治功能与服务功能相统一，坚持分类施策与整体推进相结合，扎实推进各领域党的建设全面进步、全面提升。

坚持品牌引领，把特色做得更特，把优势做得更优。聚焦党建引领、服务聚心，全面推进"海棠花红"先锋阵地群建设，实现全市2 780个党群服

务中心全面达标,打造起"15分钟党建服务圈",推动"海棠花红"成为苏州红色文化新名片。创新支部设置和活动方式,全面推行"行动支部"工作法,在行动一线建支部、让支部在一线行动,先后围绕"一带一路"、自贸片区建设、疫情防控等重大任务新建"行动支部"5 000多个,让党旗在一线高高飘扬①。当前,全面推进"美美与共·海棠花红"党建品牌建设,大力实施党建引领基层治理"根系工程",持续深化新时代"美美乡村"新接力专项计划、"美美社区"行动计划,基层党组织的群众凝聚力、社会号召力、发展推动力等显著增强。

(二) 锻造一批新时代好干部队伍

苏州认真落实好干部标准,立足苏州发展实际,坚持把严格政治标准贯穿始终,把坚持事业为上贯穿始终,把激励担当作为贯穿始终,着力打造一支与苏州高质量发展相匹配的高素质专业化干部队伍。坚决把好选人用人"政治关",深化推进经常性"政治体检",全面开展"德"的正反向测评,考准考实干部政治表现。坚持实践实干实效,注重从基层一线、关键岗位选用干部,统筹推进年度考核、平时考核、专项考核,选树80位"担当作为好干部",让实干者得实惠、受激励,形成"用好一个人、激励一大片"的良好效果。紧紧围绕市委"年轻化、专业化"要求,始终把年轻干部培养选拔作为重大战略工程,全面实施四级梯队建设"3525"计划,全新出台更大力度培育优秀年轻干部"10条措施",全方位打造比武、练兵、培优、护航、统配和监测"六大平台",创新构建"高质量发展攻坚专班"体系,数量充足、质量优良的梯队结构进一步形成。真诚关怀、真情关爱,以组织担当促进干部担当。认真落实习近平总书记"三个区分开来"的重要要求,制定鼓励激励、容错纠错、能上能下"三项机制",创新出台激励干部担当"1+N"系列政策,集成推出56条激励措施,释放"为担当者担当、为干事者撑腰"的最强信号。坚持"在岗使用就是最大激励",全力推进干部跨部门、跨条

---

① 苏州组织工作这五年[EB/OL].https://www.sohu.com/a/491849109_121106832,2021-09-24.

块、跨领域大交流，率先破题推动沪苏干部跨区域交流任职。目前，已有多名市管干部走上新岗位，有效激活干部队伍"一池春水"。

## 四、党群关系更加和谐、基层执政基础更加巩固

苏州市委始终贯彻落实以人民为中心的发展思想，持之以恒正风肃纪，不断解决人民群众关心的现实利益问题，切实优化区域发展生态，不断巩固党的执政基础。

### （一）持续改进工作作风，增强人民群众获得感

● 全方位构建干部关爱激励体系

苏州坚决贯彻落实中央"八项规定"精神以及省委关于改进工作作风、密切联系群众的十项规定，结合苏州实际，市委制定出台了"十二项规定"，明确规定要加强民意沟通，坚持问政于民、问需于民、问计于民，就社会普遍关心的热点、难点问题与群众进行多层次、多渠道的沟通。

用心用情维护群众切身利益。聚焦教育医疗、养老社保、生态环保等重点领域，着力解决群众急难愁盼。监督推动古城保护工作，开展物业领域专项整治，巩固拓展营商环境监督成果，助力打造宜居宜业环境。加强对各项惠民利民、安民富民等政策落实情况的监督检查，深化农村集体"三资"监管成效。近五年来，苏州不断加大民生投入，城乡公共服务支出占一般公共预算支出比重提高到79.2%。城乡居民人均可支配收入年均分别增长7.2%和8.4%，收入倍差缩小至1.85。打造劳动者就业创业首选城市，五年新增城镇就业94.2万人。新建和改扩建中小学幼儿园361所，增加学位35.1万

个，普通高中录取率提高16.1个百分点，高等教育毛入学率达到70.1%。公共卫生服务体系进一步健全，新增三甲医院6家，市公共医疗中心等一批优质医疗卫生资源投入使用。基本建成城乡"10分钟文化圈"和"10分钟体育健身圈"，人均体育场地面积达到3.81平方米。保障体系更加健全，城乡低保标准由每人每月810元提高到1 095元，基本医疗保障范围和保障水平持续保持全省领先，长期护理保险制度全面实施。平均期望寿命超过84岁，位居全国大中城市第一。同时，完善住房保障制度，新增公积金缴存职工84.1万人，筹建保障性租赁住房4.6万套（间），完成棚户区改造1.45万套。做好"一老一小"服务，发放尊老卡192.4万张，开工建设区域性养老服务中心10家，新增养老机构床位1 418张、家庭夜间照护床位2 796张；新增普惠性托育机构36家、托位数2 600个。

（二）依规治党深入推进，持续净化政治生态

苏州坚持以零容忍态度惩治腐败，科学运用"四种形态"加强党风廉政建设和反腐败斗争。自苏州市十二次党代会以来，全市纪检监察机关共立案11 969件，其中，县处级干部161人、乡科级干部931人，给予党纪政务处分10 288人，移送检察机关402人。运用"四种形态"批评教育帮助和处理29 168人次，第一、二、三、四种形态分别占63.5%、28.2%、3.0%、5.3%。同时，十二届市委开展11轮常规巡察，巡察115个党组织，对12个党组织开展巡察"回头看"，实现一届任期内巡察全覆盖。五年来，市、县巡察共发现问题18 105个，移交问题线索2 450件；全市共查处违反中央八项规定精神问题1 470起，给予党纪政务处分1 652人，通报曝光典型案例907起，持续释放越往后执纪越严的强烈信号，"四风"新发生问题逐年下降①，政治生态更加风清气正。

---

① 苏州市纪委监委在党风廉政建设和反腐败工作中贡献"苏州经验"[EB/OL].https://www.suzhou.gov.cn/szsrmzf/szyw/202109/76eae7d73bea4d8eb1f230404d57819d.shtml,2021-09-21.

# 第三章 经济强

党的十八大以来，习近平总书记以马克思主义政治家、思想家、战略家的深刻洞察力、敏锐判断力、理论创造力，深刻总结并充分运用我国经济发展的成功经验，直面新时代的新目标、新问题，提出一系列新理念、新思想、新战略，形成和发展了习近平经济思想，为做好新时代经济工作指明了正确方向、提供了科学指引。苏州立足新的历史方位，适应新的要求和任务，贯彻落实中央和省委决策部署，加强经济决策和布局，为实现经济国际化和城市现代化，紧紧围绕"五位一体"总体布局和"四个全面"战略布局，全面贯彻和落实新发展理念，主动适应经济发展新常态，建设现代化经济体系，产业结构不断优化，质量效益持续提高，探索和实践了一条高质量的经济发展之路。苏州着重围绕在率先建设经济体系更具国际竞争力的现代化上走在前列，全力打响"苏州制造"品牌，不断提升苏州的经济发展创新能力、竞争力和综合实力。苏州"经济强"的优势成为苏州高水平全面建设小康社会的重要基础，也为苏州全面推进社会主义现代化强市建设打下坚实的基础。

# 第一节 "经济强"的重要意义

党的十八大以来,我国经济社会发展的阶段性特征更为明显,外部发展环境更加复杂严峻,处在发展的重要转折关头,苏州全面增强经济发展能力和经济综合实力显得至关重要。苏州"经济强"是适应社会主要矛盾变化以满足人民对美好生活需要的要求,是促进产业转型升级以提高经济发展竞争力的要求,是适应经济发展新常态以保持经济持续健康发展的要求,是构建新发展格局以赢得国际竞争主动权的要求,是遵循经济发展规律以确保经济高效运行的要求。"经济强"成为新时代、新阶段苏州经济社会发展的必然要求,是苏州实现更远更大目标的必由之路。

## 一、适应社会主要矛盾变化以满足人民对美好生活需要的要求

中国特色社会主义进入新时代,我国社会主要矛盾转化为人民日益增长的美好生活需要和不平衡不充分的发展之间的矛盾,发展不平衡不充分是主要矛盾的主要方面。在这样的情况下经济发展要重视量的发展,但更要重视解决质的问题,要求转变发展方式,实现有效、高效的增长。"总体上我国产能很大,但其中一部分是无效供给,而高质量、高水平的有效供给又不足。"① 解决这一主要矛盾,必须要把经济发展质量摆在更为突出的位置,着力提升经济发展质量和效益,推动经济高质量发展,以满足人民日益增长的美好生活需要。应该看到,随着经济发展水平的逐步提高,我国高收入、中收入群体在日益扩大,对中高端产品和服务的需求日益增长。但过去我们大多数的生产要素长期集中于中低端产业,中高端产业发展相对滞后,这就出现了中低端产品过剩而中高端产品短缺的现象。这要求我们必须及时扭转供需结构失衡的局面,在经济发展上实行供给侧结构性改革,推进产业基础高级化和产业链现代化。

---

① 中共中央文献研究室. 十八大以来重要文献选编(中)[M]. 北京:中央文献出版社,2016:828.

同时，随着人民经济收入和生活水平的提高，城市化带来的人口集聚和消费方式多样性、多层次化，人们追求更为多元化的生活方式、高层次的生活品质，消费需求增加、消费观念更新和消费结构升级成为必然趋势，而现有的供给偏重的仍然是数量而不是质量。"我们要重视量的发展，但更要重视解决质的问题，在质的大幅提升中实现量的有效增长。"① 就苏州来看，苏州原有的产业发展更多地把注意力放在发展第二产业上，而人民群众需求要求高的服务业发展则相对滞后，这不仅不利于其他产业的发展，而且不能很好地满足人民群众对美好生活的需要。提高经济发展综合能力，不断提高产品和服务质量，构建优质、高效、多样化的供给体系，才能适应人民群众的新需要和社会的新进步，才能不断满足人民群众个性化、多样化和优质化的需求。

**二、促进产业转型升级以提高经济发展竞争力的要求**

2012 年，习近平总书记提出，要把党领导经济工作的立足点转到提高发展质量和效益、加快形成新的经济发展方式上来。2013 年 4 月 25 日，在中央政治局常委会会议上，习近平总书记强调要立足提高质量和效益来推动经济持续健康发展，追求实实在在的生产总值，追求有效益、有质量、可持续的经济发展。在党的十九大报告中，习近平总书记做出中国经济已由高速增长阶段转向高质量发展阶段的科学判断，强调要坚持质量第一、推动质量变革、建设质量强国、增强质量优势。苏州经济发展多年来取得巨大成就，经济增速始终保持稳中有进，经济结构逐步优化，但经济转型升级、产业发展结构优化调整也面临着诸多挑战。虽然苏州的经济总量位居全国大中城市前列，但是苏州在经济发展中还存在一些不足，主要表现为：产业层次总体上还不高、传统产业所占比重较高、高端产业占比不够高；对外依存度比较高，对外贸易的质量和结构有待优化，加工贸易占比大，苏州制造业的不少企业还处在全球产业价值链的低端层次；科技创新的支持度不够，相当一部分高

---

① 中共中央党史和文献研究院. 十九大以来重要文献选编（上）[M]. 北京：中央文献出版社，2019：139.

新技术企业缺乏核心发明专利,自主品牌的终端产品依然缺乏,自主创新体系有待加快完善,自主创新能力须大力提升;在生产过程中还有相当部分生产要素聚集在产能过剩、效率不高的产业中,这制约着经济转型和经济效率的提高,产业结构和产业发展质量还须进一步提高。

苏州经济发展总体上缺乏核心竞争力的现状,要求苏州着重提高经济发展质量,改变过多依赖增加物质资源消耗、过多依赖规模粗放扩张、过多依赖高能耗高排放产业的发展模式,把发展的基点放到创新上来,塑造更多依靠创新驱动、更多发挥先发优势的引领型发展。只有经济发展能力增强了,才能从依赖外部技术、外部要素的外向型发展,转变成靠内生发展、靠内需发展、靠自我创新发展,真正实现转型升级,提高经济发展竞争力。苏州要增强新兴产业区域协同效应,市内各板块新兴产业要形成良好的分工协作。长三角一体化发展已经上升为国家战略,苏州应充分利用与周边城市的合作,利用长三角核心城市上海的溢出效应,与周边城市共同发展新兴产业。强大的拉动力能够使苏州全面优化升级产业结构,加快推进产业智能化改造和数字化转型,聚焦战略性新兴产业持续发力,提升苏州制造的核心竞争力,从以低端制造业为主的"世界工厂"向以高端制造业和服务业为主的"创新高地"转型,从要素拉动向创新驱动转型,由引进外资转向引进创新资源,实实在在地增强苏州经济发展新的竞争优势。

### 三、适应经济发展新常态以保持经济持续健康发展的要求

习近平总书记于2014年5月提出经济发展新常态的判断,要求从我国经济发展的阶段性特征出发,适应新常态,保持战略上的平常心态。2014年12月9日,习近平总书记在中央经济工作会议上强调,我国经济进入新常态后,经济发展方式正从规模速度型粗放增长转向质量效率型集约增长,经济结构正从增量扩能为主转向调整存量、做优增量并存的深度调整,经济发展动力正从传统增长点转向新的增长点;[①] 并强调"认识新常态,适应新常态,引

---

① 中共中央文献研究室. 十八大以来重要文献选编(中)[M]. 北京:中央文献出版社,2016:245.

领新常态，是当前和今后一个时期我国经济发展的大逻辑"①。这是对我国经济发展的规律性认识和判断。在经济发展进入新常态的背景下，必须要加快发展方式转变，推动高质量发展，使供求在新的水平上实现均衡，经济才能保持健康发展。我国正处于转变发展方式的关键阶段，劳动力成本上升、资源环境约束增大、粗放的发展方式难以为继，经济循环不畅问题十分突出；②在经济生活中还存在片面追求速度规模、发展方式粗放等问题，资源瓶颈约束问题依然严峻，经济结构性、体制性矛盾不断积累，发展不平衡、不协调和不可持续的问题仍然十分突出。

随着经济发展进入新常态，苏州面临着支撑制造业快速增长的成本优势日趋弱化，资源和环境的约束状况不断趋紧，科技创新能力和技术人才资源呈现不足等问题，传统粗放型发展模式已经难以为继。"我们要的是有质量、有效益、可持续的发展，要的是以比较充分就业和提高劳动生产率、投资回报率、资源配置效率为支撑的发展。"③苏州必须要适应经济发展新常态，更加注重经济发展质量，要依靠要素资源的优化配置和以创新、科技等带动要素结构的升级，从而实现生产要素投入少、资源环境成本低、经济社会效益好的发展。走高质量发展之路，才能实现苏州制造业转型升级、提质增效，向价值链中高端跃升，实现发展方式的根本性转变；从根本上解决自身经济的结构性矛盾，解决经济结构中外资比重过高、加工制造业附加值偏低的问题，以及内部面临的环境资源问题。

**四、构建新发展格局以赢得国际竞争主动权的要求**

2020年4月，习近平总书记在中央财经委会议上强调，要构建以国内大循环为主体、国内国际双循环相互促进的新发展格局。新发展格局明确了我

---

① 中共中央文献研究室.十八大以来重要文献选编（中）[M].北京：中共文献出版社，2016：245.

② 中共中央党史和文献研究院.十九大以来重要文献选编（上）[M].北京：中央文献出版社，2019：138.

③ 中共中央文献研究室.十八大以来重要文献选编（中）[M].北京：中央文献出版社，2016：245-246.

国经济现代化的路径选择,强调要立足国内,充分发挥我国超大规模市场优势,在内需主导、内部可循环基础上通过发挥内需潜力,使国内市场和国际市场更好联通。通过全面提高对外开放水平,建设更高水平开放型经济新体制,形成国际合作和竞争新优势。必须认识到,构建新发展格局,实行高水平对外开放,必须要具备强大的国内经济循环体系和稳固的基本盘,形成对全球要素资源的吸引力和国际竞争力。在经济实力比较强大的基础上才能更好地实行高水平开放,在商品、服务、资金、人才等要素流动方面把握主动,赢得更多机会和发展条件。

苏州"十三五"规划提出,要建立双向互动的开放型经济体系,大力实施开放提升战略,坚持区域协调、内外联动,更好地统筹国际国内两个市场、两种资源、两类规则。积极争创开放创新转型新格局,加快建立起双向互动与深层融合的开放型经济体系。苏州"十四五"规划强调,要深刻把握世界经济格局调整演变趋势,率先开展更深层次改革、实行更高水平开放,实现高质量"引进来"和高水平"走出去",构建陆海内外联动、东西双向互济的开放新格局。实现既定目标,苏州首先要拥有高质量开放型经济的基础,具备与对方建立双向开放型经济体系、实施合作战略的产业基础、制度机制、良好环境等发展条件,这样才能主动对接国家对外开放战略布局,更好地面向全球、互利共赢、优进优出,实施国际国内双向开放战略,切实提高国际竞争力水平。同时,充分利用完备的工业体系,发挥国内巨大的市场优势和创新潜能,稳定产业链、创新链,保持良好的经济运行,有效防御日益增长的国际风险,为经济发展和产业升级提供更大空间。当前,苏州的产业在全球产业链中的位置并不高,部分产业缺少龙头企业和核心技术,产品附加值不高,未能形成本地化的紧密产业协作和配套链条,这导致其在全球供应链上的主导权与话语权较弱。这迫切要求苏州在打造跨区域世界级产业集群、提升全球价值链能级中,发挥其制造业优势。

**五、遵循经济发展规律以确保经济高效运行的要求**

经济发展必须要遵循固有的内在规律,"经济发展是一个螺旋式上升的过程，上升不是线性的，量积累到一定阶段，必须转向质的提升，我国经济发展也要遵循这一规律"①。经济发展达到一定阶段，必须从高速增长向高质量发展转变，从量的扩张为主向质的提高为主转变；经济发展到一定阶段，如果保持原有的方式，还是主要依靠要素投入规模的扩张拉动经济高速增长，那么必然会带来多方面的问题，经济发展的良好态势就不能持续。因此，必须要转变发展方式，转变为主要依靠要素效率和全要素生产率的提升，在增强动力的基础上拉动经济增长。2014 年，习近平总书记对这种变化做出过全面概括，从消费需求、投资需求、出口和国际收支、生产能力和产业组织方式、生产要素相对优势的变化、市场竞争特点的转化、资源环境约束等方面做出了系统阐释，指出这些变化既是系统性的，也是趋势性的；既是经济新常态的外在特征，也是其内在动因。苏州顺应经济发展内在规律，充分发挥制造业优势，对制造业加以优化提升，不失时机地改变经济发展方式，着重打造具有战略性意义的先导产业，在此带动下形成产业协同发展的良好局面，由此激活和催生相应的新产业、新业态、新模式，促进产业健康发展。苏州要进一步适应经济条件的深刻变化，遵循经济发展的内在规律，依靠创新驱动和提高生产要素效率的作用，保证生产、流通、分配、消费的循环通畅，以实现经济真正的稳步增长，促使经济发展进入良性循环的正常轨道。

---

① 中共中央党史和文献研究院. 十九大以来重要文献选编（上）[M]. 北京：中央文献出版社，2019：139.

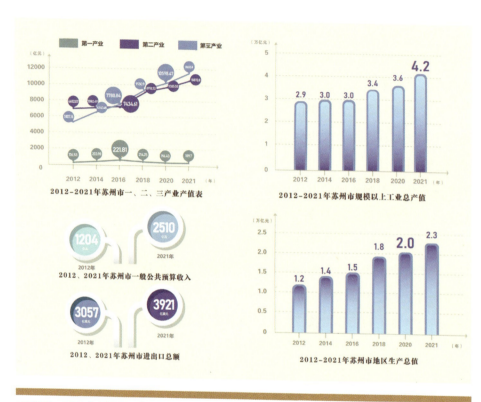

●2012—2021年苏州经济发展相关数据

## 第二节 "经济强"的苏州实践路径

习近平经济思想强调实现更高质量、更有效率、更加公平、更可持续、更为安全的发展。苏州在经济发展的决策和布局方面，牢牢把握经济社会发展趋势和高质量发展的要求，更加自觉地坚持以提高经济发展质量和效益为中心，把握经济工作主线和着力点，大力推进经济结构的战略性调整，加快建设现代经济体系，全方位推进经济高质量发展。苏州做大做强实体经济以筑牢现代化经济体系坚实基础，推进供给侧结构性改革以提高供给体系质量效率，建设现代化产业体系以牢固现代化经济体系重要支撑，着力发展开放型经济以提高经济发展国际竞争力，大力发展数字经济以打造经济高质量发展重要引擎，开发打造全新动能以增强经济发展持久动力。苏州在发展过程中培育经济新优势、新动能和新活力，不断增强经济发展的创新力、竞争力和可持续性，加快建设具有国际竞争力的现代产业名城。

### 一、做大做强实体经济以筑牢现代化经济体系坚实基础

习近平总书记指出，实体经济是一国经济的立身之本，是财富创造的根本源泉，是国家强盛的重要支柱。党的十九届四中全会强调要健全推动发展先进制造业、振兴实体经济的体制机制。实体经济是现代化经济体系建设的着力点，没有实体经济的高质量发展，现代化经济体系就没有支撑。苏州作为制造业大市，十年来，始终紧盯实体经济这一基本主业，坚守实体经济的发展方向和路径，集中力量发展实体经济，增强经济质量优势。以战略性新兴产业为重点，加快发展先进制造业这一苏州经济发展的突出优势，持续加大对传统制造业的科技化改造，实施智能化改造和数字化转型，把制造业做精、做细、做好，使制造业不断向产业链高端发展。着力引进产业链关键环节项目，优化畅通资源要素流通渠道，推动形成先进制造业集群，打造先导产业创新集聚区，全力打造生物医药、航空航天、高端装备等综合实力国际先进、国内领先的先进制造业集群，积累起新的现代产业和实体经济优势。

为深度调整经济结构，振兴实体经济，苏州制定、完善相关政策和措施。2015年，苏州市出台《中国制造2025苏州实施纲要》，对制造业近十年发展规划做出总体安排，随后制定政策文件，提出要把苏州建成具有国际竞争力的先进制造业基地、具有全球影响力的产业科技创新高地。苏州在"十三五"规划中提出，要推动制造业高端化发展，全面推动苏州制造业转型升级，向高附加值化和服务化发展。围绕新技术、新产业、新业态、新模式，注重布局移动互联网、机器人、智能制造、生命科学等产业发展新领域，大力发展新兴产业，做优做强一批新兴产业基地和特色产业基地。"十三五"时期，苏州引导制造业转型升级，汇聚全球高端资源要素，培育壮大战略性新兴产业，全面打响"苏州制造"品牌，走出了一条具有苏州特色、体现苏州水平的高质量发展之路。2020年苏州规模以上工业总产值达到3.48万亿元，实现工业增加值9 379.26亿元，为全市地区生产总值突破2万亿元大关做出了重要贡献。

苏州将加快发展现代服务业作为发展实体经济的重要方面，重点是大力发展与制造业相配套的金融、现代物流、商务服务、创意设计等生产性服务业。苏州早在"十二五"工业发展暨转型升级规划中就提出，要跨越发展生产性服务业，鼓励制造业分离现代服务业，重点发展金融、现代物流、商务服务、软件与服务外包等产业，做大做强生产性服务业。为积极融入长三角一体化发展战略，更好地优化提升生产性服务业重点产业，2019年4月通过《关于优化提升苏州市生产性服务业的实施意见》（以下简称《意见》）。《意见》明确，要按照建设自主可控现代产业体系的总体要求，以构建产业生态圈、创新产业生态链为方向，坚持高起点谋划，促进苏州生产性服务业与先进制造业在更高水平上实现融合互动发展，重点在信息技术服务、研发设计、金融服务、检验检测认证、知识产权服务、节能环保服务、人力资源服务、现代供应链管理、商务服务等九大领域提升优化。苏州加快数字产业化发展，做大做强高端软件、云计算、大数据、物联网、人工智能等重点方向生产性服务业。苏州通过增强实体经济，全力打响"苏州制造"品牌，全方位持续向产业链中高端攀升，不断提升竞争力和可持续发展能力，着力打造全球高端制造基地。

## 二、推进供给侧结构性改革以提高供给体系质量效率

2015年12月，习近平总书记在中央经济工作会议上指出，"推进供给侧结构性改革，是适应和引领经济发展新常态的重大创新……是适应我国经济发展新常态的必然要求"①。构建新发展格局的关键是要面对低端供给过剩、中高端供给不足、经济结构出现瓶颈等问题，保证经济循环畅通。"供给侧结构性改革，重点是解放和发展社会生产力，用改革的办法推进结构调整，减少无效和低端供给，扩大有效和中高端供给，增强供给结构对需求变化的适应性和灵活性，提高全要素生产率。"② 苏州紧紧围绕供给侧结构性改革的要义深入推进，从生产端入手，重点是促进产能过剩有效化解，破除无效供给，增加有效产品和服务供给，同时进行产业优化重组，"推动更多产能过剩行业加快出清，淘汰关停环保、能耗、安全、质量等方面不达标的企业，减少无效和低端供给，扩大有效和中高端供给"③。不断释放实体经济活力，供给侧结构性改革成为产业优化升级的前提条件。

苏州对供给侧结构性改革进行精心布局和安排。2014年提出三年行动计划，每年腾退万亩土地、关闭超过700家企业，淘汰低端低效落后产能，加快推动产业绿色转型。《苏州市供给侧结构性改革总体方案（2016~2018年）》提出，要着力加强供给侧结构性改革，重点任务包括努力化解过剩低效产能，推动产业优化升级；逐步降低房地产库存，保持房地产市场健康平稳；积极推进金融去杠杆，维护良好金融生态环境；切实帮助企业降低成本，营造良好生产经营环境；全面补齐发展短板，提高城市综合竞争力。《苏州市供给侧结构性改革去产能行动计划（2016~2018）》提出，重点针对产能

---

① 中共中央文献研究室. 十八大以来重要文献选编（下）[M]. 北京：中央文献出版社，2018：76-77.
② 中共中央文献研究室. 十八大以来重要文献选编（下）[M]. 北京：中央文献出版社，2018：173.
③ 坚持深化供给侧结构性改革（专题深思）[N]. 人民日报，2021-08-05.

过剩企业、低端低效企业、生存困难和"僵尸企业"、产业转移及"走出去"发展企业四种类型，分行业各明确一批目标企业，按照"分类施策、稳步推进、注重实效"的原则，确定三年工作总目标和年度分解目标，以推动发展方式加快转变，增强企业的活力和竞争力。2016—2018年，苏州共完成关停及实施低效产能淘汰企业（作坊）3 730家，化工企业入园进区率超过65%。

苏州坚决淘汰落后产能，促进空间集约高效，在企业退出过程中腾退土地、节能减排等成效显著，为发展新兴产业腾出资源空间，促进了先进制造业的健康发展。苏州还坚持农业的多功能定位，实施多渠道战略，推动农村供给侧结构性改革，大力提升农业产业层次和农产品质量，提高产供销一体化进程，以市场需求为导向合理规划、指导农业生产的规模和方向，丰富农产品附加值。近年来，苏州强化农业生产、生活、生态功能定位，落实"四个百万亩"产业布局，现代农业建设取得明显成效。苏州通过推进供给侧结构性改革，重点行业的供求关系发生明显变化，传统产业加快转型升级。开放型经济显著的苏州在推进供给侧结构性改革中坚持开放引领理念，积极用好国际、国内两种资源，发展更高层次的开放型经济，为供给侧结构性改革蓄积强大的发展势能，为长远发展塑造竞争新优势。

**三、建设现代化产业体系以牢固现代化经济体系重要支撑**

经济高质量发展需要破解产业结构调整的瓶颈，要求构建起现代化产业体系，大力改造提升传统产业，加快企业转型升级步伐，推动工业化与农业现代化、服务业高端化协调发展，加快新兴产业发展，全面构建比较发达的制造业、比较稳固的现代农业基础以及高水平的现代服务业。十年来，苏州致力于建设以现代经济为特征的高端产业城市，优化产业要素、产业结构和产业功能，聚焦优势领域建设产业创新集群。2012年，苏州提出的经济社会发展的预期目标是形成以服务经济为主导的产业结构。提出要加快优化经济结构，构建高水平现代产业体系，跨越发展现代服务业，壮大提升先进制造业，精心培育优质高效农业，重点发展金融、物流、商务等生产性服务业。苏州"十三五"规划明确以质量效益为中心推进"经济强"，产业迈向中高端水平，进一步完善以高新技术产业为主导、服务经济为主体、先进制造业为支撑的现代产业体系。明确要建立双轮驱动的现代产业体系，坚持"工业强基"理念，按照"调高、调轻、调优、调强、调绿"的目标取向，积极营造符合产业转型导向的政策环境，优化布局结构，拓展发展空间，提高层次能级，提高全要素生产率。苏州注重谋划布局，产业定位明确，在工业整体规划中先后确立电子信息、装备制造、冶金、化工、纺织、轻工六大传统支柱产业，以及生物医药及高端医疗器械、航空航天等11个综合实力较强的先进制造业集群，逐步构建起"特色片区、集群协作、网状联动"的产业空间布局，制造业高质量产业体系更加鲜明。大力扶持新材料、新能源、节能环保等生态产业，使其发展成为苏州工业新的支柱产业。大力培育创新型企业，鼓励龙头企业以品牌资源优势开展产业链垂直整合和兼并重组，实现实体产业的高端化发展。

集群化体现了产业发展的基本规律，是制造业向中高端迈进的必由之路。苏州按照建设先导产业创新集聚区的要求，培育发展特色产业集群，带动地方经济提档升级，做强、做大高科技产业、高科技服务业的产业集群。以新能源、生物技术和新医药、高端装备制造为代表的高技术、高附加值产业集群，成为引领苏州经济发展和产业升级的主力。2018年2月，苏州市政府公布《关于加快推进先进制造业集群发展的实施意见》，强调要加快培育竞争力强的先进制造业集群，努力推动苏州建立自主可控的先进制造业体系，重点工作包括着力构建企业主导的自主创新体系、大力推进企业技术改造升级、重点培育行业龙头骨干企业、持续提高开放合作水平、促进"制造+服务"融合发展、建立协同推进和保障机制等。2022年年初，苏州发布《苏州市推进数字经济时代产业创新集群发展的指导意见》，在产业政策方面出台《关于支持产业创新集群建设的若干政策（试行）》，围绕大力提升产业创新集群策源能力、着力增强产业创新集群竞争优势、持续扩大产业创新集群人才供给等三个方面提出了20条120项政策。2022年5月，苏州通过《苏州市生物医药产业创新集群建设实施方案》等意见，提出了实施数字技术融合、大

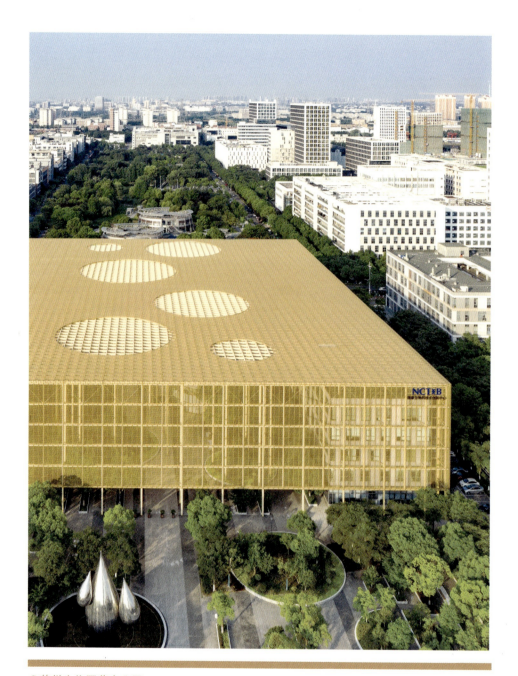

◉ 苏州生物医药产业园

◉苏州人工智能产业园

中小融通发展、核心技术突破、体制机制创新等十大工程40条举措，到2025年形成生物医药产业创新集群。

苏州建设现代化产业体系不断取得新突破、新进展。"十三五"期间，苏州产业结构实现"三二一"战略性转变，服务业增加值占地区生产总值比重达到52.5%，持续推进现代服务业集聚区提档升级。高新技术产业、战略性新兴产业产值占比分别达到50.9%和55.7%，分别比"十二五"末提高0.5个和0.7个百分点。2017年，昆山小核酸及生物医药产业基地获批国家火炬计划特色产业基地；2018年，苏州成为首批国家服务型制造示范城市；2019年，苏州启动建设国家级工业互联网平台应用创新体验中心；2020年，苏州全市高新技术企业达到9 772家，装备制造业产值首次迈入上万亿元新台阶，成为继电子信息产业之后第二个万亿级产业。生物医药产业入选国家战略性新兴产业集群，生产性服务业增加值占服务业比重达到54.3%。苏州在产业升级中积极融入长三角区域一体化，融入全球城市的网络，借势发展，努力提升城市能级。

苏州还注重构建现代农业产业体系，早在"十二五"工业发展暨转型升级规划中就提出，要积极发展现代高效农业，坚持农业中"生态、生产、生活、生物"的功能定位，大力发展设施农业、精准农业、有机农业、休闲农业、都市农业等现代高效农业，提高农业发展水平。"十三五"时期，苏州提出推动现代农业建设迈上新台阶，实现产业优化升级。苏州抓住转方式、调结构这一关键环节实现产业优化升级，使苏州产业结构转型进入良性循环阶段，为苏州经济发展到更高层次夯实基础。苏州"十四五"规划提出要优化农业生产结构和区域布局，大力发展农产品加工业，加快转变农业生产方式，提升农业质量效益和竞争力等目标任务。

**四、着力发展开放型经济以提高经济发展国际竞争力**

打造国内国际双循环发展新高地，必须要提高对外开放的质量和内外联动性，"完善对外开放区域布局、对外开放贸易布局、投资布局，形成对外开放新体制，发展更高层次的开放型经济，以扩大开放带动创新、推动改革、促进发展"①。党的十八大以来，苏州不断推动开放型经济转型升级，提高经济国际化水平，进一步加快开放步伐，突出创新在发展开放型经济中的地位。苏州开放型经济"十二五"规划指出，要把扩大开放优势、推动转型发展作为这一时期开放型经济的战略任务。基本原则是要更加注重转型升级、更加注重开放创新、更加注重内外联动、更加注重可持续发展。重点任务是加快转变外贸发展方式、提升优化利用外资的质量结构、实施积极稳妥的"走出去"战略、全力推动开发区转型升级。党的十八届三中全会后，苏州提出"三化一机制"目标，全面提升市场化程度，持续加快国际化进程，不断完善法治化保障，有效发挥市场与政府作用的协同机制基本形成，激发了全社会创新创造活力，同时也成为推进开放型经济高质量发展的"看家本领"。②苏州"十三五"规划提出要深度融入区域经济一体化发展，加快融入长三角经济一体化进程，参与国家长江经济带建设，实现优势互补、共同发展。加快对接中国（上海）自由贸易试验区、上海全球科技创新中心和上海国际航运中心，共同打造全球城市区域，积极谋求创新转型新格局。

苏州对于开放型经济要发展到更高层级做出前瞻性、战略性的安排和布局。2019年3月，苏州发布《关于开放型经济高质量发展的实施意见》，强调要深度融入"一带一路"建设、长江经济带发展、长三角区域一体化发展等重大国家发展决策部署，加快构建开放新格局、培育开放新动能、形成开放新优势、搭建开放新平台、创建开放新环境，推动苏州开放型经济高质量发展走在全国、全省前列。通过全面落实外资准入前国民待遇加负面清单管理制度、进一步放宽市场准入等迈出扩大开放新步伐，通过加大境外园区建设支持、建设对接"一带一路"通道网络、拓宽"一带一路"合作领域和渠道等强化"一带一路"交汇点建设新支撑，通过提高市场多元化水平、积极

---

① 中共中央文献研究室. 十八大以来重要文献选编（中）[M]. 北京：中央文献出版社，2016：826.
② 群众杂志社，苏州市委研究室联合调研组. 苏州：开放包容托起古韵今风的现代化、国际化名城 [J]. 群众，2018（23）：23-26.

扩大进口、加快出口品牌建设等增创外贸竞争新优势,通过完善引资引智引技相结合的招商机制、加大高层次人才引进和激励力度等培育开放发展新动能。

苏州开放型经济在逐步深入的决策和布局中顺利推进,并不断取得新突破。2013年,苏州被列为国家跨境贸易电子商务服务试点,昆山深化两岸产业合作试验区和太仓港综合保税区获国务院批准设立。2016年,苏州成为国家跨境电子商务综合试验区、服务贸易创新发展试点城市。2017年,苏州外资投资苏州新兴产业的占比超过50%,服务业占比达40%。"建设中国(苏州)新时代对外开放示范区,做强城市的开放平台,将进一步增强苏州开放型经济的抗风险能力。"[①] 踏上新征程,苏州坚持高水平开放,用更广的区域发展空间育新机,在构建双循环的新发展格局中勇于探路。党中央高度重视自由贸易区战略,我们要加快实施自由贸易区战略,发挥自由贸易区对贸易投资的促进作用,更好帮助我国企业开拓国际市场,为我国经济发展注入新动力、增添新活力、拓展新空间。苏州自贸片区自2019年9月挂牌以来,牢牢把握"打造开放型经济发展先行区、实体经济创新发展和产业转型升级示范区"的战略定位,担负起"探路、引领、突围"的使命,在广泛、深入的国际竞争中发挥更为重要的作用。

十年来,苏州大力发展开放型经济成就卓著。在外贸方面,2012年,苏州年进出口额为3 057亿美元,2021年上升至3 921亿美元,向4 000亿美元台阶攀升;2012年,苏州进出口企业数为1.7万家,2021年增至2.9万家,进出口规模保持全国前四。在使用外资方面,2012年以来,苏州累计实际使用外资近700亿美元,占改革开放以来使用外资总量的46%,实际使用外资年均达70亿美元;2020年服务业实际使用外资较2012年占比提升了29.9个百分点,其中,2012年科学研究和技术服务业使用外资占比3.9%,2021年为14.7%。在对外投资方面,这十年,苏州对外投资稳居全省第一。近十年,

---

[①] 开放再出发 打造"无限苏州"[N]. 光明日报,2020-08-14.

苏州累计境外投资项目约 2 000 个，中方协议投资额约 240 亿美元，年均增长率达 11.6%。苏州外资外贸结构持续优化，开放创新经验走向全国。这十年，作为开放大市，苏州持续深化商品、服务、资金、人才等要素流动型开放，稳步拓展规则、规制、管理、标准等制度型开放，加快建设更高水平开放型经济新体制。①

**五、大力发展数字经济以打造经济高质量发展重要引擎**

党的十八大以来，以习近平同志为核心的党中央高度重视发展数字经济，将发展数字经济上升为国家战略。我国数字经济蓬勃发展，日益融入经济社会发展的各领域、全过程，已经成为产业发展新高地和经济增长的重要力量。十年来，苏州积极抢抓发展战略机遇，抓住数字技术、数字经济这一科技革命和产业变革的先机，以数字化、网络化、智能化为动力，积极发展数字经济，加快推动数字产业化和产业数字化，推动制造业、服务业、农业等产业数字化，对传统产业进行全方位、全链条的改造。苏州研究制定大数据产业规划，建设好大数据特色产业园、产业孵化基地，培育大数据龙头企业，实现大数据企业集群式发展，大力打造数字经济在苏州加快发展的示范区。着重打造数字经济时代产业创新集群，加速形成产业集聚优势，促进创新主体广泛聚合、创新活动高效协同、创新效益充分显现，推动产业经济向创新经济跃升。苏州市政府以及各个县（市、区）针对数字经济的发展制定一系列的相关政策。2018 年，苏州出台《苏州市深化"互联网+先进制造业"发展工业互联网的实施意见》，提出要逐步打造"工业互联网看苏州"品牌，促进制造业智能化转型，加快构建全市工业互联网体系。布局的重点任务包括强化基础支撑、构建平台体系、推进融合应用、加强产业支撑等。2021 年年初，苏州响应和落实江苏省《深入推进数字经济发展的意见》精神，发布《苏州市推进数字经济和数字化发展三年行动计划（2021—2023 年）》和 8 个专项工作方案，加快建设更具影响力的数字科创中心、数字智造中心和数字

---

① 苏州开放型经济"铸强聚优"［N］.苏州日报，2022-09-13.

文旅中心，打造领先水平的数字融合先导区、数字开放创新区和数字政府样板区，以打造全国数字化引领转型升级标杆城市。

苏州大力发展数字创新集群取得显著成效。苏州苏南国家自主创新示范区核心区建设已取得阶段性成效，形成了多个大数据产业集聚区，崛起了一大批增长快、带动力强的大数据相关企业，建立了苏州大数据产业联盟。苏州工业园区已经基本形成"以游戏和动漫为主、以研发制作为核心"的数字内容创新产业集群，开创了数字化文化新业态。苏州正在贯彻实施《关于推进制造业智能化改造和数字化转型的若干措施》，落实《加快推动全市制造业智能化改造和数字化转型工作方案》等政策举措，以智能化改造和数字化转型为抓手，完成全市规上工业企业智能化改造和数字化转型全覆盖。同时，加快提升数字技术基础研发能力，形成深厚、稳定的数字经济规划和实力，拥有数字经济自主权，进一步提振"苏州制造"品牌形象。建设高水平的数字经济成为驱动经济社会发展变革的核心力量。

**六、开发打造全新动能以增强经济发展持久动力**

经济增长和转型升级需要必要的动力，当经济发展到一定阶段和一定程度，必须要有新的更强劲的发展动能才能推动经济持续发展。"新动能既来自于新技术、新业态、新模式等新兴产业的成长壮大，也来自于'老树发新芽'的传统产业改造升级。"① 苏州及时转换动能，不断开发挖掘新动能，加快重点技术和产品创新生态体系建设，加快制造业高端化、智能化、绿色化发展。从最初的传统加工制造，到高新技术产业、战略性新兴产业蓬勃发展，不断优化升级的产业结构为苏州跨越式发展提供强力支撑。"十三五"期间苏州的产业结构成功实现由"二三一"向"三二一"转变，这是苏州经济新旧动能转换的关键节点。2020年，材料科学姑苏实验室挂牌成立，深时数字地球国际大科学计划启动实施。创新企业集群不断壮大，净增高新技术企业2720家，获评国家专精特新"小巨人"企业20家，认定独角兽培育企业

---

① 中共中央文献研究室. 十八大以来重要文献选编（下）[M]. 北京：中央文献出版社，2018：715.

102家。高技术、高附加值产业,成为引领苏州经济发展和产业升级的主力。

  在空间格局规划上,苏州布局重大科技创新平台,全面拓展环中环科技创新走廊、沿太湖科技研发创新带、沿江接沪科技产业创新带为主体架构的"一环两带"科技创新格局。高水平规划建设太湖科学城,打造科技创新策源中心、国家技术创新中心和产业成果转化中心。深入推进苏南国家自主创新示范区建设,支持苏州工业园区建设世界一流高科技园区,大力提升苏州高新区国家创新型科技园区引领效能,推进特色科技园区建设,打造高水平、具有引领作用的"创新矩阵"。以创新为鲜明标识的高新区、开发区、科创区、创业园等载体的崛起,确立了高层次的产业新格局,整体提升了苏州经济发展能级。苏州加快培育壮大新兴动能,成为经济发展进一步转型升级的强大力量。

◉ 至 2021 年,苏州港开辟 30 余条"一带一路"沿线国家和地区的国家直达海运航线。苏州港成为世界第一大内河港口

第三章 经济强

## 第三节　实现"经济强"的经验启示

苏州准确把握时代脉搏，从本地实际出发，充分发挥本地优势，遵循正确的价值理念，实现"经济强"、加快建设社会主义现代化强市的目标，其中带给我们许多有益的经验启示，主要包括：实现"经济强"就要推进经济发展与实现共同富裕的相互促进，以科技创新为驱动有力推动经济发展，持续深化改革激活强大发展动力，促进经济发展与生态环境保护的协同共进，转变政府职能引导经济有序发展，坚持党的全面领导统领经济工作大局。苏州经济发展强调加强党对经济工作的集中统一领导，强调以人民为中心的发展思想，强调坚持新发展理念，强调坚持稳中求进的工作总基调，强调决策和布局、规划和实施的重要作用；正确处理好经济发展与根本宗旨、改革创新、生态治理、政府引导、党的领导等方面的关系，发挥各个方面的积极作用，真正实现经济发展、社会进步、人民幸福的有机统一。

### 一、推进经济发展与实现共同富裕的相互促进

2021年8月17日，习近平总书记在中央财经委员会第十次会议上的讲话中强调，共同富裕是社会主义的本质要求，是中国式现代化的重要特征，要坚持以人民为中心的发展思想，在高质量发展中促进共同富裕。促进共同富裕是关系党的执政基础的重大政治问题，高质量发展必须要与共同富裕结合起来。在经济增长过程中要保证公平和效率的统一，更好地为实现共同富裕服务。苏州不仅聚精会神地抓好经济发展，同时注重解决公平公正和共同富裕问题。苏州通过经济高质量发展，积累更多的社会财富，夯实共同富裕的物质基础。苏州推进产业创新转型发展，提升企业发展效益，鼓励支持创新创业，以提高低收入行业群体收入，扩大中等收入群体比重。苏州完善科学的公共政策体系和人人享有的合理分配格局，在经济发展和财力可持续的基础上不断加大保障和改善民生力度，重点加强基础性、普惠性、兜底性民生保障建设。自觉把社会保障事业放在发展大局中来谋划推进，全面实施参

保扩面提质行动，加快健全完善覆盖全民的社会保障体系。打破体制机制束缚，实现公共服务优质均等共享。

苏州着重加强城乡统筹，推动以城乡融合发展和全面推进乡村振兴，实现城市发展与农村发展相融合，补齐农民收入增长的短板、农业农村现代化的短板。大力发展农业特色产业，壮大农村集体经济，提高农村集体经济经营质效，让农民富起来，让农业强起来。完善政策制度框架，持续增加公共财政对"三农"的投入，吸引更多资本、技术、人才等生产要素，有效落实强农惠农政策，让广大农民平等参与现代化进程，共同分享现代化成果。2015年，苏州制定出台新型城镇化与城乡发展一体化规划。2018年，苏州乡村振兴战略全面实施，农村土地制度、集体产权制度改革不断深化。2020年，苏州在全国率先发布基本实现农业农村现代化指标体系，并启动实施三年行动计划。农业农村现代化为实现共同富裕做好深厚铺垫。

苏州经济发展围绕在率先建设全体人民共同富裕的现代化上走在前列，深入践行以人民为中心的发展思想，推动人民生活品质进一步提升。苏州的实践表明，经济发展与共同富裕是相互依存、相互促进的关系。在经济发展的基础上，不断增加人民群众的收入，提高人民群众的生活水平，进一步完善公共政策体系和社会保障制度，能更好地实现共同富裕的目标。同时，尽快实现全体人民共同富裕，要在经济实力增强的过程中坚定人民立场，一心一意走群众路线，着力解决经济发展不平衡不充分问题，不断提高和满足人民的经济水平和物质需求，为全体人民共同富裕取得更为明显的实质性进展奠定物质基础，同时也从根本上调动广大人民群众参与经济活动、促进经济发展的伟力。

**二、以科技创新为驱动有力推动经济发展**

推进我国社会主义现代化建设，必须要把创新摆在核心地位，高度重视全面提升科技创新能力。党的十九大把坚持新发展理念作为新时代坚持和发展中国特色社会主义的基本方略之一。科技创新在经济发展全局中居于核心地位，为经济发展提供有力的战略支撑，没有科技创新就没有产业变革，就不会有现代化经济体系。苏州进入新发展阶段，要实现经济高质量发展，必须要把投资驱动型经济转化为创新驱动型经济，要依靠科技力量大幅提升技术创新和自主创新能力。苏州这十年来，始终坚持向创新要生产力，多管齐下地实施创新驱动战略，通过创新实现新旧动能转换，通过创新实现产业结构优化。苏州在以科技创新推动经济发展方面持续进行决策和布局。从2012年开始，苏州就坚持创新引领，增强科技、人才对经济社会发展的支撑能力和带动作用。集聚创新资源，完善以企业为主体、市场为导向、产学研紧密结合的自主创新体系，促进更多创新成果加速转化为现实生产力。苏州"十二五"工业发展暨转型升级规划中强调在科技创新方面，要不断优化创新环境，明显提升科技对经济发展的支撑作用。苏州"十三五"规划提出要加快科技创新平台建设，着力打造产业技术创新高地，瞄准世界科技前沿，加快建设国家重大科技基础设施，开展原创性、系统性科学研究，以建设苏南国家自主创新示范区核心区为目标，优化空间布局、强化协同创新，打造有国际影响力的产业技术创新高地。苏州优化创新空间布局，推动创新要素在市区之间、园区之间的合理流动和高效组合，加快形成一体化创新发展格局。"十三五"时期，苏州全社会研发经费支出占地区生产总值比重由2.61%增长到3.78%，科技进步贡献率达到66.5%。

苏州持续完善科技创新政策体系，科技创新载体建设成效突出，科技创新策源能力持续提升，重大创新平台不断涌现，为经济发展强力赋能。2012年，苏州实施高新技术产业倍增工程，苏州纳米城首期建成使用，苏州生物医学工程技术研究所纳入中国科学院（以下简称"中科院"）序列，使苏州拥有了继苏州纳米技术与纳米仿生研究所之后的第二所中科院直属研究院所，长三角地区首个国家科技成果转化服务示范基地也落户苏州。2013年，国家重大科技基础设施纳米真空互联实验站和中国医学科学院系统医学研究所启动建设。2014年，苏州高新区成为全国科技创新服务体系建设试点单位。2015年，苏州与清华大学签署创新行动计划合作协议，与北京大学合作共建独墅湖创业大学。2016年，苏州着力建设苏南国家自主创新示范区核心区。

● "一区两中心"建设推进大会

● 2022年"赢在苏州·创赢未来"国际创客大赛全球总决赛颁奖仪式

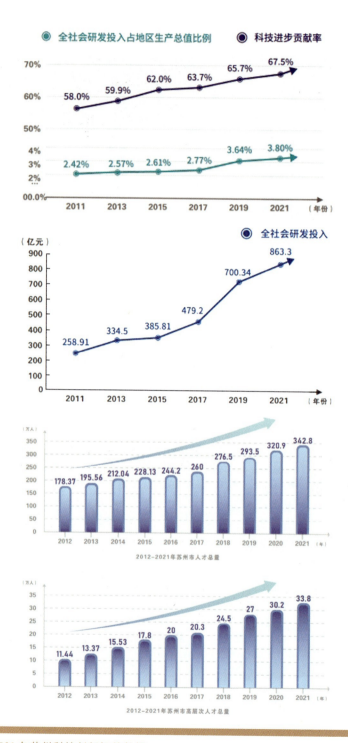

● 2011—2021 年苏州科技创新相关数据

所苏州研究院、北京大学分子工程苏南研究院等落户苏州。2018年，张家港、常熟、昆山入围国家首批创新型县（市）建设名单。2019年，苏州新增国家级企业技术中心和工业设计中心各2个。创新是苏州未来发展的主基调，苏州"十四五"科技发展规划明确，苏州将锚定"争创国家区域科技创新中心"，着力建设具有全球影响力的综合性产业创新中心、重要领域创新策源地和世界一流创新型城市，努力打造"创业者乐园，创新者天堂"。

苏州坚持创新驱动发展战略，创新政策体系更完善，企业创新能力更强，产业创新水平更高，创新生态环境更优。苏州的实践充分证明，在新发展格局下经济要得到高质量发展，必须要深入实施创新驱动发展战略，坚持依靠全面科技创新塑造经济发展新优势，进一步加强原创性、引领性科技攻关，强化企业创新主体地位，形成以企业为主体的科技创新体制，构建各类新科技创新主体相互协同的创新联合体，推进科技成果转化。要加快构建产业创新体系，布局重大创新平台、创新中心，围绕国家重大基础科学研究课题和前沿领域，布局重大科技基础设施和前沿性交叉平台。要进一步推进科技体制改革，激发科技人才创新活力，构筑人才科研创新高地。要营造新科技创新驱动发展氛围，加强科技创新制度建设，为科技创新导向机制提供保障。要加强科技创新能力建设，加快打造创新发展基地和创新型城市建设，形成规模化、集群化的科技创新发展高地。

### 三、持续深化改革激活强大发展动力

实现经济高质量发展要深化经济体制改革，构建市场机制有效、微观主体有活力、宏观调控有度的经济体制，解决经济发展中面临的突出难题和关键性环节。要坚持问题导向，持续把改革推向深入，以提升发展质量、开创发展新局面。党的十八大以来，苏州持续走解放思想、改革创新之路，坚决破除一切不合时宜的思想观念和体制机制弊端，为高质量发展增添强大动力。完善国有资产管理体制，优化国有经济战略布局，加快国有企业股份制改造步伐。进一步转变政府职能，深化简政放权，创新监管方式，构建"亲""清"政商关系，营造更加透明、便利、公平的市场环境和营商环境。清理

废除妨碍统一市场和公平竞争的各种规定和做法，支持民营企业发展，引导和支持民营经济做大做强。苏州民营企业中的佼佼者，沙钢集团于2009年、恒力集团于2017年、盛虹集团于2019年先后跻身《财富》世界500强企业榜，之后3家企业的排名不断争先进位，在2022年8月出炉的最新榜单中，恒力、盛虹、沙钢分列第75位、241位和291位，占据了江苏3个世界500强的全部名额。构建面向全球的贸易、投融资、生产、服务网络，更好发挥苏州在长江经济带、长三角世界级城市群和扬子江城市群建设中的积极作用。苏州承担起先行使命，积极争取、主动承担重大改革试点任务，包括苏南国家自主创新示范区、江苏自贸区、长三角生态绿色一体化发展示范区建设。苏州支持高新区建设国家创新型科技园区，发挥苏州工业园区的辐射带动作用，加快建设苏州工业园区—相城区合作经济开发区，海峡两岸（昆山）商贸合作区和中德（太仓）中小企业合作示范区。苏州坚持正确的改革方向，实行积极主动的开放战略，不断增强国际经济竞争力。

苏州经济发展针对问题的根本和关键出台相应的解决办法和方案，通过改革创新的方法一一加以破解，体现了深化改革在促进经济发展中的重要作用。苏州的实践告诉我们，立足新发展阶段，构建新发展格局，必须坚持全面深化改革，为经济持续、健康发展，以及全面建设社会主义现代化国家提供不竭动力。要注重改革的系统性、整体性、协同性，促进各项改革举措在政策取向上相互配合、在实施过程中相互促进、在改革成效上相得益彰做到统筹协调，使相关改革协同配套、整体推进。同时，深化改革的关键是要贯彻落实，实施方案要抓到位，抓住突出问题和关键环节，找出体制机制症结，拿出解决办法，重大改革方案制定要确保质量。

**四、促进经济发展与生态环境保护的协同共进**

人与自然和谐共生是我国建设社会主义现代化的重要特征，注重同步推进物质文明建设和生态文明建设是实现永续发展的必然要求。要正确处理好生态保护与经济发展的关系，实现产业发展与生态绿色的融合。苏州以高度的生态自觉，在经济发展中建设人与自然和谐共生的现代化，在保持经济快速发展的同时，保持生态环境"高颜值"和经济发展"高质量"齐头并进，实现"经济强""环境美"的和谐统一。苏州高度重视绿色低碳发展，早在2012年就将低碳建设作为调结构、促转型的重大机遇和重要抓手，分解碳排放强度下降指标，排定各年度工作任务。苏州不断打通生态保护的"堵点""痛点"，制定、完善和落实各项发展、建设规划。调整产业结构，推进供给侧结构性改革，加快新旧动能转换，淘汰落后产能，建设节能工程，推行合同能源管理，建设循环经济重点工程，广泛推行清洁生产，推进绿色发展、循环发展、低碳发展，力促资源能源消耗明显下降、污染排放持续削减，建设国际能源变革典范城市。苏州大力抓好节能减排，淘汰落后产能，单位地区生产总值能源消耗不断下降、主要污染物排放量不断削减。2014年，苏州开始落实"关停不达标企业、淘汰落后产能、改善生态环境"三年专项行动计划。2017年，苏州大力开展"两减六治三提升"专项行动暨沿江化工行业优化提升整治专项行动。2020年，苏州出台《关于进一步深化工业企业资源集约利用综合评价改革的实施方案》，不断提高企业资源集约利用水平。2021年，苏州在全省首创推出"绿色助企十四条"，促进企业治理能力和水平再提高。2022年，苏州制定出台《"服务企业绿色发展 促进环境持续改善"实施方案（2022年度）》，突出重点、精准结对，助力更多优质企业成为绿色高质量发展的示范样板。

绿色发展是当今世界的潮流，是经济社会可持续发展的内在要求，苏州在进入生态环境高水平保护、经济社会高水平发展的新阶段，坚持走生产发展、生活富裕、生态良好的可持续发展之路，给了我们诸多启示。推动经济发展要顺应当代科技革命、产业变革的生态化、绿色化方向，以精细周到的管理、服务和监督，推进经济、能源、产业结构转型升级；要提高战略思维能力，加快建立健全绿色低碳循环发展经济体系，大力发展节能环保产业和循环经济，形成节约资源和保护环境的产业结构、生产方式、生活方式、空间格局；要在全社会进一步树立绿色发展理念，加快形成促进绿色发展的政策导向、体制机制和法律法规，使绿色发展和绿色生活成为普遍形态，切实提高发展质量，更好满足人民对美好生活的需要。

**五、转变政府职能引导经济有序发展**

推动经济高质量发展，建设现代化经济体系，要"牢牢把握制度保障，构建市场机制有效、微观主体有活力、宏观调控有度的经济体制"[①]。经济体制改革的核心问题是要正确处理好政府和市场的关系，使市场在资源配置中起决定性作用，同时更好地发挥政府的作用。苏州经济发展之所以取得显著成效，其中一个重要的因素就是充分发挥政府职能。苏州政府尊重经济规律，强化市场意识，履行市场监管职责，促进市场发育。营造良好创新发展环境，出台关于产业创新集群的相关制度和政策。苏州以及时、有效的政策保障助力智能制造快速发展，先后出台加快建设国家智能制造示范区、加强智能制造生态体系建设等一系列针对性强、覆盖面广、含金量高的政策措施，以前瞻性的战略眼光积极吸纳科技和先进制造业落户，顺应产业发展规律提供配套支持，推动苏州实现从"制造"到"智造"的跃升。苏州政府设立产业投资基金、政府投资基金等，支持重点产业领域，助推产业转型升级和创新发展。高效统筹疫情防控和经济社会发展，想方设法疏通堵点、稳定发展，全力为企业纾困解难。出台《苏州市优化营商环境创新行动 2020》政策，全面落实减税降费政策，不断擦亮"苏州最舒心"的营商服务品牌，全力打造最优营商环境、最强比较优势，有力推动复工复产和经济企稳回升。2022 年 3 月，苏州贯彻落实江苏省政府有关精神，结合本地统筹抓好疫情防控和经济社会发展需要，提出加大财税支持力度、继续强化金融支持、加大清费减负力度等方面的政策措施。

同时，苏州政府抓好自身建设，不断强化服务意识，创新服务方式，加快转变职能，努力提高行政办事效率，打造人民满意的政府，不断提高政府服务效能。深化行政审批制度改革，规范审批行为，优化审批流程，提高审批效率。深化作风效能建设，积极创建服务品牌，维护社会主义市场经济秩

---

① 中共中央党史和文献研究院. 十九大以来重要文献选编（上）[M]. 北京：中央文献出版社，2019：140.

序。持之以恒地加快行政审批制度改革，削减行政审批事项，2017年，苏州市场监管信息平台上线运行，事中、事后监管得到加强。2018年，苏州"不见面"审批标准化全面融入江苏政务服务"一张网"。2019年，苏州全面实行"证照分离"改革。苏州自贸片区提出建设现代化治理示范区，就是要以制度创新的"硬"实力，高标准打造最舒心的营商"软"环境，为地区发展创造最优质生态。

苏州的实践表明，经济健康发展要求始终处理好政府和市场的关系，推动有为政府和有效市场的更好结合，为经济发展和经济体制改革创造有利的环境条件。政府要打造一流营商环境，做好制度机制、公共服务工作，营造法治化、规范化、国际化的营商环境；要进一步强化精准服务，提高服务企业的效能，实现最优政策和最大的政策效果。而市场方面，重点是进一步完善市场机制建设，促进市场公平竞争，培育多元化有竞争力的市场主体，规范市场主体行为，最大限度地释放市场主体活力，促进社会主义市场经济有序、高效发展。

**六、坚持党的全面领导统领经济工作大局**

办好中国的事情，关键在党。党的十八大以来，正是因为始终坚持党的全面领导，充分发挥各级党组织的战斗堡垒作用和全体党员干部的先锋模范作用，苏州经济发展才能取得如此显著的成就。苏州各级党组织从经济发展全局和战略高度，把握发展方向，及时提出政策措施。根据不同发展阶段的实际情况，研判分析经济发展形势，加强经济运行分析调度，研究制定实施政策部署。苏州各级党组织及党员干部发挥引领和组织作用，不断调整及找准产业发展方向，长期规划、合理布局，实施选择性产业政策。苏州每年组织市领导和市级机关开展重大课题调研，形成众多成果，转化为促进高质量发展的引导政策及措施。苏州发挥全体党员干部在促进经济发展中的执行力、战斗力，着眼全面提升组织力，深入实施基层党建"五个先锋"行动，建设"海棠花红"先锋阵地群，创新推广"行动支部"工作法。苏州坚持五级书记一起抓、党政一把手亲自抓，发展壮大村级集体经济，"始终坚持和加强村党组织领导发展壮大村级集体经济，持续深化富民强村先锋行动，常态推动市级机关部门和企事业单位挂钩结对薄弱村、选派第一书记、搭建'红色心桥'村企联建平台等，不断提升乡村振兴的幸福指数"①。苏州民营企业也高度重视党建工作，促进党建工作和生产经营的相互融合、相互促进。各级党组织和党员干部在各条战线上带领群众完成壮大实体经济、产业转型升级、经济秩序整治、市场经济发展等任务。苏州党史学习教育引导党员干部在推动经济发展上力行，抢抓国家战略叠加机遇。苏州各级党组织在领导经济发展中，发挥强大的领导力、组织力、执行力，不仅有正确的思想和政策，而且有科学的工作策略和方法，正确处理经济发展与政治稳定、社会治理、民主保障等多方面的关系。在处理好疫情防控和经济发展的关系中，坚持问题导向，认清形势、主动作为，全面梳理经济运行各环节存在的矛盾和问题，确保任务和项目顺利推进。

苏州各级党组织充分认识到党是总揽全局、协调各方的，加强党对经济工作的全面领导是我国经济发展的根本保证。在带领人民发展经济、实现奋斗目标中，要加强党对经济工作的战略谋划和统一领导，完善党领导经济的工作体制机制，做好顶层设计、总体布局、统筹协调等工作，把党的全面领导贯穿到经济工作的全过程、各领域，有效集中和利用资源，调动各方面的积极性。苏州各级党员领导干部提高经济治理的能力本领，提升工作能力，树立系统思维、坚持系统观念、运用系统方法，善于在挑战中创造机遇、在机遇中赢得发展。这启示在我们党领导经济工作时，各级领导干部要加强经济规律学习，参与经济活动实践，不断深化对经济发展规律的认识、把握和运用，提高驾驭经济工作的能力。

在新的历史起点上，苏州正全面贯彻习近平新时代中国特色社会主义思想，把习近平经济思想贯彻落实到经济工作各领域、全过程，进一步增强推动经济发展的自觉性和主动性，树立战略思维、全球视野，充分利用长三角

---

① 江苏苏州：领跑全国农村党建工作第一方阵［N］. 苏州日报，2021-08-14.

一体化、长江经济带、共建"一带一路"等多重国家发展决策部署在苏叠加实施的重大历史机遇。在经济决策和布局上坚持与时俱进、求真务实，着力解决制约经济社会发展深层次的体制机制问题，营造良好的政策环境、制度环境和创新环境，不断提高经济治理能力和水平，激发经济发展潜能，不断开拓发展局面，形成发展新优势，持续增强经济发展动力，引领经济发展走向更加光明的未来。在经济发展中进一步坚定价值立场、加强政治保障、强化发展理念、优化战略策略、改进方式方法、彰显特色亮点，担起"在率先实现社会主义现代化上走在前列"的职责使命，为新时代进一步探索中国特色社会主义道路创造更多可复制、可推广的实践经验。

# 第四章

## 百姓富

党的十八大以来，习近平总书记先后对江苏做出重要讲话指示，不但擘画了建设"经济强、百姓富、环境美、社会文明程度高"新江苏的宏伟蓝图，还赋予了江苏"在改革创新、推动高质量发展上争当表率，在服务全国构建新发展格局上争做示范，在率先实现社会主义现代化上走在前列"的光荣使命。这一目标任务与历史使命奠定了江苏率先为全国发展探路的重要地位，苏州作为江苏发展速度快、发展质量好、发展程度高的城市之一，理应当好"强富美高"新江苏的排头兵。近十年来，在以习近平同志为核心的党中央的坚强领导和习近平新时代中国特色社会主义思想的指引下，苏州以高站位精密决策部署。作为邓小平同志最早印证"小康构想"之地，苏州在推动经济高质量发展的基础上，因地制宜，切实有效推进百姓共同富裕，成为新时代共同富裕、现代化建设的鲜活样本。

## 第一节 "百姓富"的重要意义

"富裕"一词在汉语词典中释义为财物充足和丰富宽裕,本意是人的需求得到满足。随着生产力发展和社会的进步,富裕也不再仅仅局限于物质生活富裕,往往包含着更深层次的含义,即物质生活的富足满意和精神生活的充实满足。"百姓富"更是代表着人民群众物质丰富、精神富足和生活宽裕的程度,逐渐成为现代化建设进程中检验一个地区发展的直接标准,在一定程度上反映了一个地区的经济社会发展水平。党的十八大以来,习近平总书记为江苏经济社会发展提出建设"百姓富"的新要求,苏州作为苏南地区现代化建设的探路者,立足自身独特实践实现百姓共同富裕,彰显出了发展的探索性、创新性、引领性,是中国式现代化新道路的城市发展范例。

### 一、实现"百姓富"是坚持中国特色社会主义的本质要求

"治国之道,富民为始。"自古以来,实现共同富裕就是中华民族的理想和夙愿,也是全体中国人民共同的价值追求,更是中国特色社会主义的本质要求。2014年12月,习近平总书记来到江苏视察调研,高瞻远瞩地为江苏勾画了"经济强、百姓富、环境美、社会文明程度高"的美好蓝图,既体现了社会主义的一般价值追求,又是立足于中国实际基础上对社会主义基本价值理念的继承和发展。

马克思主义经典作家基于唯物史观基础上关于共产主义社会的设想是实现"百姓富"的理论来源。恩格斯在《社会主义从空想到科学的发展》中阐释,通过促进生产力的高度发展,促进社会化大生产从而保证一切社会成员有富足的和一天比一天充裕的物质生活,在此基础上,也能够保证人们的体力和智力能够获得充分的自由发展和运用。由此可以看出,共产主义社会的到来必然伴随着物质资料的极大丰富,这也正是我们今天所提倡的实现百姓富裕。马克思、恩格斯指出,未来共产主义社会将使"所有人共同享受大家

创造出来的福利"，① 指出了富裕的前提一定是主体力量的发挥，是基于人民群众共同奋斗劳动所得到的财富，是在共建基础上的共享共富。列宁继承了马克思、恩格斯关于共产主义社会实现富裕的价值思想，在俄国领导革命胜利后开启社会主义建设时期，列宁尤为重视农村生产力的发展，提出生产力发展是提高人民生活水平的重要条件，同时他也进一步论述了社会主义的根本目的，就是为了保证人们日益增长的物质文化需要能够得到满足。无论是马克思、恩格斯对未来共产主义社会的设想，还是列宁在实践中领导俄国社会主义建设，都突出了物质资料生产、实现富裕、提高人民群众生活水平的重要性，这些马克思主义经典作家关于共产主义和社会主义的诸多论述也为明确中国特色社会主义本质奠定了基础，指明了方向。

实现百姓共同富裕是社会主义的本质要求，中国特色是社会主义本质要求在当代中国的具体体现和生动实践。党的百年奋斗历程也是人民不断追求富裕美好生活的奋斗史。新民主主义革命时期与社会主义革命和建设时期，我国遭遇战争巨大创伤，物质资料一度匮乏，百姓面临着穷苦的悲惨命运；中华人民共和国成立后，中国人民自力更生、艰苦奋斗为的就是吃饱饭、有所居，过上富裕的生活。自十一届三中全会以来，以邓小平同志为核心的党中央做出了实行改革开放的伟大决策，开辟了中国特色社会主义道路，改革开放的一个显著标志就是实现了中国富起来的历史飞跃。正如邓小平同志提出的，社会主义的本质，是解放生产力，发展生产力，消灭剥削，消除两极分化，最终达到共同富裕。这一论述指出了社会主义的基本原则，坚持发展生产与共同致富两手抓。改革开放四十多年来，我国的国民生产总值翻了五番，一跃成为世界第二大经济体，历史和实践业已证明，人民富裕成为检验发展的直接标准，也是坚持发展中国特色社会主义的根本价值取向。党的十八大以来，以习近平同志为核心的党中央坚持推进中国特色社会主义道路，创造性提出中国特色社会主义就是要推进实现中国式现代化，中国式现代化

---

① 中共中央马克思恩格斯列宁斯大林著作编译局. 马克思恩格斯文集（第一卷）[M]. 北京：人民出版社，2009：689.

一定是以物质文明高度发达为基础的现代化。习近平总书记指出，消除贫困、改善民生、逐步实现共同富裕，是社会主义的本质要求，是我们党的重要使命。苏州长期以来坚持以习近平新时代中国特色社会主义思想为指导，深入贯彻习近平总书记对江苏工作系列重要讲话指示精神，实行一系列保障改善民生的政策方针，为国家发展大局、区域协调发展、打赢脱贫攻坚战做出了重要贡献，使百姓富裕、人民安居乐业变为现实。苏州率先推进社会主义现代化建设、实现百姓富的系列举措是坚持中国特色社会主义道路的生动实践，只有始终坚持不渝地走中国特色社会主义道路，才能不断推进全体人民的共同富裕。

**二、实现"百姓富"是夯实中国共产党执政基础的有力保障**

保障和改善民生是中国共产党一切工作的出发点和落脚点，是中国共产党执政基础的关键一步。中国共产党自诞生以来就承担起了救国救民、保障和改善民生的历史责任与使命，团结带领中国人民结束了近代以来中国国家蒙辱、人民蒙难、文明蒙尘的悲惨命运，实现了国家独立富强、人民幸福安康、民族团结复兴、文明繁荣昌盛的欣欣向荣的光明图景，踏上了建设富强、民主、文明、和谐美丽的社会主义现代化强国的伟大征程。

保障和改善民生，实现人民共同富裕夯实了中国共产党长期执政的经济基础、政治基础、群众基础和组织基础。其一，发展经济、夯实经济基础是保障和改善民生，实现中国共产党长期执政的客观必需。中国解决所有问题的关键是要靠自己的发展，通过发展经济能够直接让广大人民群众富起来，从而解决好人民群众衣食住行、养老就医、子女教育等民生问题，是推动科学发展的重要着力点。因此习近平总书记提出的"强富美高"新江苏将"经济强"摆在首位，"经济强"是"百姓富"的重要基础，只有经济发展高质量才能直接改善人民群众的生活。党的十八大以来，苏州也充分利用好外向型经济优势和高新技术产业的优势，进一步提升产业竞争力，产业发展了，就业就有了保证，从而进一步实现百姓富裕。其二，实现"百姓富"事关党执政的合法性基础，进而关系到党长期执政的政治基础。政党的合法性判断是我们党执政政治基础的根本依据，只有人民认可一个政党的执政资格，才会认可其执政地位，服从、拥护其领导，否则就会出乱子，就会失去执政的合法性，从而失去政权。为此中国共产党必须把为人民谋利益、谋幸福作为党的执政目标，始终把全心全意为人民服务作为党的执政宗旨。"百姓富"直接体现出党始终把人民作为工作的出发点和落脚点，让广大群众确信中国共产党是我国唯一具有合法性的执政党，从而更加坚定不移地坚持党的领导，进而巩固党的政治基础。其三，"百姓富"是维护最广大人民群众的利益的直接手段，能够夯实我们党长期执政的群众基础。群众路线是我们党的生命线和根本工作路线，也是我们党立于不败之地的重要法宝。通过汲取党百年奋斗的历史经验，我们党把改善民生的每一项工作做深、做实、做细、做好，最终能凝聚民心、集中民智、发挥民力，从而使人民幸福安康。苏州牢记习近平总书记"希望大家日子都过得殷实""像抓经济建设一样抓民生保障，像落实发展指标一样落实民生任务"等谆谆嘱托，奋力推动高质量发展走在前列。"百姓富"不仅体现在口袋里，也体现在优质均衡的公共服务方面。多年来，苏州城乡公共服务支出占一般公共预算支出比重保持在70%以上，以切实有效的措施保障改善民生，夯实党执政的群众基础。其四，实现"百姓富"极大加强了人民群众对基层党组织的认同感，巩固了我们党长期执政的组织基础。党组织的战斗堡垒作用和党员的先锋模范作用只有在推动现实工作中才能够得到彰显。"百姓富"体现出基层党组织建设的价值指向是团结带领人民为国家和集体利益而团结奋斗，促使人民群众既要富口袋，又要富脑袋，从而提升基层党组织在人民群众中的吸引力。苏州在现代化建设进程中突出党建引领，将高质量发展作为共同富裕的基础工作，积极动员各级党组织和广大党员干部在努力打造均衡发展、共同富裕典范中争先创优、争当模范。

**三、实现"百姓富"是坚持人民至上历史经验的价值取向**

党的十九届六中全会通过的《中共中央关于党的百年奋斗重大成就和历史经验的决议》，将"坚持人民至上"作为我们党百年奋斗的十大经验之一，强调"人民是党执政兴国的最大底气"。实现共同富裕是人的全面发展的重要基础，关系到人民群众的切身利益，我们党自成立以来就把为人民谋幸福作为初心与使命。中国共产党之所以"能"，很重要的一个原因在于人民群众的拥护与支持，基于此也必然得出"百姓富"是坚持人民至上历史经验的价值取向。

人民立场是我们党的根本政治立场，百年来党领导的一切事业都坚持以人民为中心，把人民群众的利益放在第一位。新民主主义革命时期，中国共产党看到了土地对于中国人民的重要性，认识到土地问题是关系最广大人民群众的根本性问题，于是大力实行土地改革，使人民群众获得实实在在的利益，从而开辟了农村包围城市、武装夺取政权的革命道路，为革命胜利奠定了基础。社会主义革命和建设时期，我们党自力更生，在一穷二白的国家内不断推进工业化生产，通过制订五年计划，发展中国的工业，为人民过上好日子奠定了良好的工业基础。改革开放以来，中国把握时代机遇，大力实行改革开放，最终实现我国从温饱不足到总体小康的巨大进步。党的十八大以来，在以习近平同志为核心的党中央的带领下，我国如期完成全面建成小康社会的总目标，历史性解决绝对贫困问题，从脱贫攻坚走向全面乡村振兴，为扎实推动共同富裕打下了坚实基础。观察不同历史时期我们党推进共同富裕的政策举措，可以清晰地看到其目的就是为了实现耕者有其田、全面建成小康社会等老百姓几千年来所想所盼的梦想，就是坚持人民至上的最鲜活的诠释。

习近平总书记在2021年"七一"讲话中指出，江山就是人民、人民就是江山，打江山、守江山，守的是人民的心。实现百姓富裕首先要注重发展性这一基础问题，这样才能保证物质财富的丰富。苏州也一直把坚持发展摆在首要位置，自改革开放以来，以苏锡为中心的"苏南模式"，带动苏南地区经济的崛起，二十世纪九十年代以来的开发区工业园模式又在招商引资、服务企业中大放异彩，苏州始终是中国经济的重要一支力量。其次要彰显正义性，不仅要千方百计地做大"蛋糕"，还要着力解决发展不平衡不充分问题和人民群众急难愁盼问题，努力在幼有所育、学有所教、劳有所得、病有所医、老有所养、住有所居、弱有所扶上持续取得新进展，通过有效的制度安排，来分好"蛋糕"。近年来苏州在改善民生福祉方面也正加快由满足基本需求向满足美好生活需要转变，不断提升农民的生活质量和水平，将人民利益放在第一位，积极为高质量发展和现代化试点。值得注意的是，坚持人民至上同时又要紧紧依靠人民，人民是最具活力的主体力量，通过发挥人民群众首创精神，着力解决发展不平衡不充分的问题，最终实现共建共享共富。

**四、实现"百姓富"是经济社会发展和谐稳定的重要基石**

"百姓富"不仅是衡量经济繁荣发展的重要标准，而且也是促进社会和谐稳定的内在要求。我们要进一步认识这个"富裕"是追求共同富裕，实现百姓共同富裕才是中国特色社会主义道路下经济社会发展的必然，是全面建成小康社会的核心内容，更是构建社会主义和谐社会的重要基石。

我国实现"百姓富"区别于西方资本主义社会，从而更有利于促进经济社会发展和谐稳定。一方面，资本主义国家的百姓富裕是少数人的富裕，必然导致贫富差距，增加社会不稳定的因素。资本主义国家经过几百年的工业发展早已迈入了发达国家行列，自然已实现了国民富裕，但是资本主义国家的富裕是少数人的富裕，主要是为实现资本主义的经济稳定服务的，是为大大小小的资产阶级发财致富创造有利的环境。尽管西方国家为了缩小贫富差距，实现福利国家制度，但西方学者诺尔曼·金斯伯格认为，国家福利为积累资本的持续的斗争做出了贡献，因为从物质上帮助把劳动和资本有利地结合在一起，并控制工人阶级的必然反抗和革命的潜力。实行福利国家制度仅仅是起到了缓和贫困和提供收入保障的作用，不能动摇资本主义的统治。这也恰巧说明了资本主义国家不可能真正保障广大劳动人民的利益，必然会有大量的流浪者等贫民阶层，这批人群也为经济社会稳定安全发展埋下了隐患。另一方面，中国所推进实现的共同富裕，是基于人民享有当家作主的权利，并真正按照人民的意愿、人民的利益最大限度地保障改善民生。党和政府带头过"紧日子"，做好保障和改善民生的工作，可以增进社会消费预期，有利于扩大内需，促进社会稳定，通过推进就业创业，发展社会事业，全面推进脱贫攻坚，有助于经济发展和社会稳定相得益彰。这些都体现了党和政府对百姓生活水平和质量的重视程度进一步加深，也为经济社会稳定发展奠定了重要基石。进入新时代，党中央一直把推进共同富裕作为一项重点工作，江苏是习近平总书记"勾画现代化目标"之地，有责任、有条件在实现共同富裕上加快探索，切实履行习近平总书记赋予我们"争当表率、争做示范、走在前列"的重大使命。2021年，国家统计局苏州调查队对苏州市525户居民家庭开展了专题调研，结果显示，苏州共同富裕基础较好，老百姓物质生活富足、精神生活充实，在所有的调查对象中，可以看到家庭年收入在10万元以下的占36.0%，10万元至50万元之间的占62.7%，50万元以上的占1.3%，总体来看，苏州居民收入水平较高，中等收入人口比重较大，物质生活基础较为扎实。近年来，苏州也在通过提高公共服务水平来促进百姓富裕，加快转变政府职能、加速推进服务型政府建设，居民对政府公共服务满意度越来越高。民生是最大的政治，要像抓经济建设一样抓民生保障，创造品质生活，努力为"强富美高"新江苏做出更大的贡献。

●张家港市南丰镇永联村

## 第二节 "百姓富"的苏州实践探索

苏州拥有悠久革命传统和光辉发展历程,是中国共产党百年奋斗史诗的生动缩影。党的十八大以来,苏州市委、市政府瞄准人民群众关心的热点难点问题,持续兴办民生实事,加快补齐民生短板,着力提高中等收入群体比重,扩大公共服务优质均衡供给,不断筑牢高质量发展的民生根本,使苏州人民在共同富裕方面呈现出一系列积极性、关键性变化。苏州日益成为高质量发展的动力源,苏州百姓富裕程度、人民生活水平的普遍提高对推动全省实现"百姓富"发展目标具有举足轻重的意义。苏州发展的十年,是苏州市委、市政府团结全市人民奋力拼搏、始终走在全国发展前列的十年;是在中央领导的亲切关怀下,在省委、省政府的正确领导下,苏州市委、市政府坚持从本地实际出发创造性开展工作的十年。苏州自觉把习近平总书记重要讲话指示精神和党中央决策部署体现到工作的方方面面,确保苏州发展始终沿着总书记指引的方向奋勇前进,奋力在实现新时代共同富裕中打造"苏州样板",提供苏州经验,走出一条新时代苏州共同富裕之路。

### 一、城乡居民收入结构逐渐多样化

保障民生、改善民生是一切工作的基础,必须放在优先位置,其中收入反映的是一个地区居民的富裕程度。《中共江苏省委关于制定国民经济和社会发展第十三个五年规划的建议》提出"百姓富"发展的首要目标是:"居民收入结构不断优化,收入差距缩小,中等收入人口比重上升。[①]"十年来苏州全市着力稳增长、调结构、惠民生、促就业,如期超额完成国民经济和社会发展的两个五年规划,苏州老百姓的钱袋子越来越鼓了,苏州居民人均可支配收入稳步增长、城乡收入差距逐年缩小、城乡居民收入结构逐渐多样化。苏州市"十三五"时期实现"百姓富"主要指标完成情况如表4-1所示。

---

[①] 中共江苏省委关于制定江苏省国民经济和社会发展第十三个五年规划的建议[N]. 新华日报,2015-11-25.

表 4-1 苏州市"十三五"时期实现"百姓富"主要指标完成情况

| 指标 | "十三五"规划目标 | 实际完成情况 |
| --- | --- | --- |
| 城镇居民人均可支配收入年均增速 | 高于 GDP 增速 | 完成 |
| 农村居民人均可支配收入年均增速 | 高于 GDP 增速 | 完成 |
| 人均预期寿命达到/岁 | 83 | 83.82 |
| 城镇调查失业率/% | 5 左右 | 市级不统计 |
| 五年新增城镇就业/万人 | 75 | 85 |
| 城乡基本社会保险覆盖率/% | 99 以上 | 完成 |
| 新增保障性住房完成率/% | 100 | 100 |
| 耕地保有量/万公顷 | 19.86 | 23.99 |

共同富裕是社会主义的本质要求，是人民群众的共同期盼。通过对相关政策文件和调研报告的研读能够发现，十年来苏州经济持续平稳发展，共同富裕基础较好，整体处于全国中上游水平，同时老百姓物质生活富足，对共同富裕的认同度较高，实现共同富裕的优势较为明显，苏州已经成为江苏全面建成小康社会和基本实现现代化的先行军。对苏州居民收入状况进行分析，具体可表现为以下三个方面：其一，苏州城乡居民可支配收入稳步增长。居民可支配收入是衡量人民生活水平的重要指标，苏州按照中央、省委部署要求，大力度落实城乡居民收入六年倍增计划，努力实现居民收入增长和经济发展同步、劳动报酬增长和劳动生产率提高同步。党的十八大以来，习近平总书记先后三次到江苏视察，多次对江苏工作做出重要指示，为江苏擘画了建设"经济强、百姓富、环境美、社会文明程度高"新江苏的宏伟蓝图，迈进新征程，还赋予了江苏"争当表率、争做示范、走在前列"的光荣使命。在这一目标和使命的指引下，苏州先后出台了一系列改革政策，为经济发展注入了新活力，同时，苏州敏感捕捉到国际资本向长三角转移的历史机遇，紧抓长江经济带国家战略，通过招商引资，以"外向型经济"拉动整个区域经济增长，苏州经济得到了全面发展，城乡居民收入高速增长。截至 2021 年，城镇和农村居民人均可支配收入分别达到 7.6 万元和 4.1 万元，收入增

速与经济增长保持同步。其二,城乡居民收入差距逐步缩小。新时代共同富裕是中国特色社会主义的本质要求,苏州市委、市政府统筹城乡发展,逐步形成以城带乡、城乡一体化的发展格局。尽管城乡居民生活水平存在一定差异,但通过一系列改革保障措施,城乡居民收入比由2016年的1.962∶1缩小到2021年的1.853∶1,是全国发达地区城乡发展最为均衡的城市之一。一方面,苏州建立了完善的工业体系,并聚焦"智能化改造和数字化转型",推动经济高质量发展带动收入迅速增长。另一方面,苏州加快推进农业农村现代化,扎实推进乡村振兴,拓展农民增收渠道。苏州乡村利用好区位优势和资源优势,既推进机械化农业发展,大幅提升农业生产效率和农民增收速率,又大力发展休闲农业和乡村旅游,发挥农文旅优势,积极打造特色小镇和发展乡镇企业,拓展收入渠道,全面增加农村居民收入,缩小城乡收入差距。其三,居民收入结构不断优化,人民群众收入水平和生活质量普遍提高。苏州城镇和农村居民工资性收入是收入的主要来源,工资性收入对城镇和农村居民收入水平均具有决定作用,也是城镇居民人均可支配收入增长的主导因素。与此同时,苏州当地居民也逐渐提高财产性收入和转移性收入比重,在居民财务自由度提升后,居民不断提升投资能力,利用好金融市场投资机会逐步提高财产性收入。五年来,全体居民人均财产净收入从2016年的6 994元增长至2021年的11 435元,累计增长63.5%,年均增长10.3%,占比从2016的15.0%扩大至2021年的16.8%。除此之外,由于城乡一体化的有效推进,受城乡低保、养老保险和居民医疗保险"城乡社保三大并轨"及逐年提升的影响,转移性收入也在居民收入结构中占据一席之地。五年来,全体居民人均转移净收入从2016年的5 123元增长至2021年的8 133元,累计增长58.7%,年均增长9.7%。其中,农村居民人均转移净收入从3 017元增长至5 503元,年均增速12.8%;城镇居民人均转移净收入从5 987元增长至8 989元,年均增速8.5%,农村居民人均转移净收入年均增速快于城镇居民4.3个百分点。苏州经济高质量发展带动居民收入稳步增长,将党中央的方针政策落地生根并取得实效,不断满足人民对美好生活的需要。

2012-2021年，苏州城镇、农村居民人均可支配收入情况表

● 近十年苏州城乡居民人均可支配收入增长图

**二、社会保障和就业水平稳步提高**

促进就业和实现保障是居民增收重要措施，是建好"富民"工程的关键举措。不同地区建立和完善社会保障的目的和方法不同，但基本都把社会保障作为促进发展经济、维护社会稳固发展的一项社会制度，把就业和社保视为民生工作的重点领域。苏州市委、市政府始终坚持以人民为中心的发展思想，按照人人参与、人人尽力、人人享有的要求，认真落实为民办实事长效机制，逐步提高就业水平，加大社会保障力度，聚焦群众急难愁盼"关键小事"，维护社会公平正义，实现民生共建共享，不断提升群众获得感和满意度。

就业是最大的民生，实现更加充分、更高质量就业是践行以人民为中心发展思想、扎实推进共同富裕的重要基础。一方面，就业的总体稳定和就业质量的稳步提升，能够让更多民众获得稳定、可预期的收入，为居民增收提供坚实保障。另一方面，实现更加充分、更高质量的就业，有助于不断满足人民对美好生活的向往。对广大劳动者而言，获得感、幸福感和安全感主要通过就业来实现，更加充分、更高质量的就业，能够给劳动者带来体面和尊严，实现工作、生活的平衡。党的十八大以来，苏州始终将就业置于"六稳"工作和"六保"任务之首，坚持把稳定和扩大就业作为宏观调控的重要目标，大力实施就业优先战略，创新劳动者自主择业、市场调节就业、政府促进就业和鼓励创业的新机制，着力培育大众创业、万众创新的新引擎，实施更加积极的就业政策，以创业创新带动就业，努力实现充分就业和高质量就业。"十三五"期间，苏州进一步营造鼓励创业浓厚氛围、做好重点群体就业工作、不断优化创新创业服务体系、健全就业创业培训机制，保就业、增就业成效显著。"十三五"期间苏州籍高校毕业生就业率始终保持在98%以上，城镇登记失业率控制2%以内，五年新增城镇就业人口85万人。"十四五"期间，苏州将继续推动更稳定和更高质量就业，发展新经济扩大就业，促进劳动者多渠道灵活就业，支持和规范发展新就业形态。充分发挥失业保险金保生活、促就业作用，为高校毕业生、退役军人、农民工和城镇困难人员等重点群体拓宽就业渠道。着力打造青年发展型城市，更好地促进青年人才就业创业。优化就业创业服务，深化公共就业创业服务智能化平台和市场化机制建设，建设成为劳动者就业创业首选城市，打造"就在苏州"公共服务品牌，以稳就业来保障居民基本收入来源。

社会主义的本质决定了社会主义社会是维护公平和正义的社会，是保证最广大人民根本利益的社会，是为广大人民谋发展、求幸福的社会。社会保障制度运行的目标是促进经济增长和社会公平，在和谐社会建设中发挥社会保障的效率和公平的激励功能，充分体现了社会主义制度的优越性。苏州不断提高社会保障水平是缩小城乡收入差距、促进共同富裕的重要方式。苏州市委、市政府坚持按照"建设更加公平可持续的社会保障制度"的要求，把社会保障作为民生之基，坚持全覆盖、保基本、多层次、可持续方针，健全城乡一体社会保障制度，建设社会保障制度更加公平可持续发展先行区，进一步完善全民、公平、多元、均等、安全的社会保障体系。"十三五"期间，苏州社会保障兜底有力，城乡低保标准由"十二五"期末每人每月750元提高至1 045元，保持全省首位。"全民参保登记"计划持续推进，职工医保和居民医保政策范围内住院医疗费用基金支付比例分别达到90.9%、76.8%，保障范围和保障水平全省最高、全国前列。保障性安居工程开工建设1.61万套，超额完成省政府下达的目标任务。建成健身步道2 700公里，城乡居民达到《国民体质测定标准》合格以上人数比例超95%。"十四五"规划中，苏州将进一步提高优质医疗和教育资源供给能力和

● "就在苏州"一体化服务平台

覆盖水平，优化多层次社会保障体系，织牢覆盖全民的多层次社会保障网，在推动社会保险全覆盖、完善社会救助体系、推动重点群体共享发展、健全基本住房体系方面下功夫。

**三、持续推进城乡发展一体化建设**

党的十八大提出要"推动城乡发展一体化"，形成以城带乡、城乡一体的新型城乡关系，坚持以城市带动乡村的发展。十九大提出乡村振兴战略，坚持农业农村优先发展，把乡村发展提高到了和城市同等发展的地位，并将城市和乡村逐渐作为一个有机整体，促进城乡融合发展，城乡发展进入了新的发展阶段。面对农村发展的短板，国家提出实施乡村振兴战略，健全城乡融合发展体制机制和政策体系，促进城乡融合发展。苏州作为"苏南模式"现代化建设的先行者，具有雄厚的经济基础和较高的城镇化水平，为推进城乡发展一体化创造了有利条件，并先后被省、国家确定为城乡发展一体化改革试点城市，经过十年的艰苦探索，取得了令人瞩目的显著成效。其一，加快构建完善的政策制度体系，健全城乡产业融合发展体制机制。苏州在实施乡村振兴战略这一契机下，高质量推进乡村产业发展，利用苏州独特的地区优势和资源优势，转变农业发展方式，提高农业创新力、竞争力和全要素生产率，走质量兴农之路，特别是利用苏州农业科技贡献率高的优势，整合农业科技创新资源，培育农业创新团队，加快形成了一批农业科技原始性和自主性创新成果。其二，深入实施"三集中、三置换"，城乡空间布局不断优

化。苏州在实践中积极推进"三集中",使农民向小区集中居住,工业企业向园区集中,土地向规模经营集中,改变长期以来土地资源分散造成的土地利用率低、集聚效应不高、污染环境等问题;推进"三置换",农民将集体资产所有权、土地承包经营权、宅基地及住房置换成股份合作社股权,有效促进了要素资源在城乡之间的大发展、大流动。其三,坚持以生活富裕为根本,健全城乡居民收入均衡体制机制。苏州通过优化营商环境,活跃民营经济等措施来扩大农民就业机会,巩固农民增收主渠道作用,不断增加工资性收入。同时挖掘经营性收入增长潜力,农民创业,不仅可以增加收入,还可以发展当地经济,以创业带动就业,加快实施农村创业富民行动计划,积极落实各类创业扶持政策,带动农民就业增收。一系列改革措施使苏州城乡低保标准由"十二五"期末每人每月750元提高至1 045元,保持全省首位。与此同时,苏州累计承担国家级农村改革试点任务18项,在全国率先发布了《苏州市率先基本实现农业农村现代化评价考核指标体系(2020—2022年)(试行)》,城乡融合发展和区域协调发展水平继续领跑全国,中心城市服务带动能力显著增强,县域经济综合实力最强市(县)地位稳固,全市下辖的4个县级市均位列全国百强县前十,其中昆山市连续18年位列第一,率先实现高水平农业农村现代化。

中共中央国务院印发的《长江三角洲区域一体化发展规划纲要》,明确要求长江三角洲地区要走出一条具有自身特色的科学发展、和谐发展、率先发展、一体化发展的新路子,率先建成全面小康社会和基本实现现代化。苏州城乡一体化改革发展实践具有四个方面的指导意义:一是在工业化、城镇化过程中农业的基础地位始终保持,并且呈现现代化特征;二是没有出现城市的发展对农村过度剥夺、农村凋敝的局面;三是没有出现"半城市化"问题——失地农民不能真正享受城镇的公共服务和各个方面的社会福利的现象;四是没有出现中心城市过度膨胀,苏州从中心城市到县级市、再到中心镇及农村,是协调发展的。[①] 苏州推动城乡一体化的发展历程启示我们,城乡一

---

① 韩振武. 苏州城乡一体化发展的启示[EB/OL].中国共产党新闻网:http://theory.people.com.cn/n1/2016/0804/c401815-28611816.html.

体化成功的前提是切实保护生态，尊重民意，保障民生。在"十四五"期间，苏州将继续加快农业农村现代化建设，协同推进新型城镇化和乡村振兴，促进城乡资源要素自由流动，打造精致水乡田园村落，率先建成农业农村现代化示范区，通过引导要素城乡双向流动、推动城乡经济有机融合、开展新型城镇化补短板行动，全方位促进城乡融合发展，塑造新时代城乡融合发展典范。

**四、有效实现基本公共服务均等化**

基本公共服务均等化是指在一个区域内全体人民都能享受到与经济发展水平相适应的公共服务。新时代强调从量的增长到质的提升，注重人的城镇化；从物质层面追求上升到精神、文化领域的自信和满足感，注重内涵与品质；从先富带动到共享发展，注重维护社会公平正义。这些都要求地方政府不仅要注重经济的发展，更要提供好社会基本公共服务。提高基本公共服务水平关系实现人民富裕这一总体目标中的社会公平正义和人的全面发展。推动实现基本公共服务均等化作为扎实推进共同富裕的重要举措之一，其意义在于实现共建共享共富这一目标，既可夯实共同富裕的公共事业基础、激发共同富裕的公共分配效能，又能缓解源于"发展不平衡不充分"的社会利益矛盾的紧张或冲突。

苏州自觉践行以人民为中心，以增进民生福祉为出发点和落脚点，坚持普惠性、保基本、均等化、可持续方向，以标准化推动均等化，力求把基本公共服务作为公共产品向全民提供，着力保障人民群众的生存权和发展权，进一步提高广大人民群众的获得感，以不断推进基本公共服务均等化保证苏州居民有更好的教育、更稳定的工作、更满意的收入、更可靠的社会保障、更高水平的医疗卫生服务、更丰富的文体活动，以及更宜居的生活环境。在苏州市委、市政府的领导下，全市上下不懈努力，"十二五"和"十三五"期间在社会公共服务方面取得了历史性成就。在教育方面，不断提高教育资源供给能力和覆盖水平，新建、改扩建学校528所，新增学位52.43万个，获评全国首个义务教育基本均衡地级市，独墅湖科教创新区被教育部列为全国首个高等教育国际化示范区。在医疗保障方面，全市登记注册的各类卫生

◉2021年底建成投用的苏州市中医院二期

机构、实际开放床位分别较"十二五"期末增长22.43%、25.97%。在养老方面,全面实现养老保险市区统筹,设立全国首个养老服务业发展引导基金,人均预期寿命达83.82岁,较"十二五"期末提高了0.95岁;社区养老服务设施的覆盖率、机构养老护理型床位占比分别由"十二五"期末的29%、49.1%提高到93.1%、92%,并且不断完善困难家庭特殊对象入住养老机构补贴机制,提高社会救助精准度。在住房保障方面,苏州在"十三五"期间,新增保障性住房完成率100%,不断稳定房地产市场,推进全国城镇老旧小区改造和政策性租赁住房试点,开工建设各类保障房2.05万套,筹集政策性租赁住房5.3万套。新增缴存住房公积金职工76.1万人,缴存覆盖面提高5.3个百分点,推出3.5万套政策性租赁住房,扩大住房公积金制度受益面,新增住房公积金缴存职工40万人。在公共交通方面,"十三五"期间,建成沪苏通铁路和沪苏通长江公铁大桥,开工建设南沿江等5条铁路,城市轨道交通运营里程166公里、在建里程187公里,注重改善市内交通便利程度，新辟优化公交线路91条，绿色货运配送示范城市创建通过验收。推动停车便利化，新增停车泊位14万个。苏州在满足人民群众精神文化需求方面也率先探索，利用苏州作为独具特色的江南水乡这一区位优势和文化优势，不断拓展文化旅游项目，满足人民群众的精神文化需要，一方面，大力发展独具特色的文化产业。2021年，苏州市成功入选首批国家文化和旅游消费示范城市，苏州元和塘文化产业园区获得国家级文化产业示范园区创建资格。苏州市顺应文化和旅游消费提质转型升级新趋势，从供需两端发力，建立了一整套刺激文旅消费的政策体系、工作机制和具体举措，构建了精准补贴的文旅消费大数据平台，树立了苏州文旅消费月活动品牌，形成了可借鉴、可复制、可推广的文旅消费"苏州模式"，获得广泛认可。在"十四五"期间，苏州市将围绕国家、省、市关于激发文旅消费潜力的文件精神，进一步丰富消费产品和服务、优化消费环境和结构、完善消费设施和布局，全面提高文旅消费水平，打造文旅消费新标杆。另一方面，推动公共文化事业持续性发展，建立政府、市场、社会良性互动、共同参与的公共文化产品生产和供给体制机制，鼓励民间资本、社会力量和人民群众参与公共文化产品和服务供给，增强公共文化供给的有效性。在实现城乡公益性文化设施全设置基础上，合理规划服务人口和服务半径，完善公共文化服务网点，加快推进城乡"十分钟文化圈"建设。

苏州致力于打通公共服务"最后一公里"，不断实现公共服务均等化，就是要把群众满意作为工作标准，实现公平、有效、广覆盖，能够精准地对接老百姓的需求，高质高效办好重点民生实事，推动教育、医疗、体育、幼育、养老等城乡公共服务优质均衡。扎实推进乡村振兴，大力改善人居环境，加大古城有机更新保护力度，积极擦亮大运河文化名片，推动苏州"江南文化"更多更好地走出去，提升城市价值和知名度，打造共同富裕的示范样板，也会为未来苏州经济社会的高质量发展迈上新台阶形成很好的支撑和保障作用。

# 第三节　推动"百姓富"的经验启示

江苏在全国发展大局中具有重要地位，争当表率、争做示范、走在前列，为国家社会主义现代化建设探路是中央对江苏的一贯要求，江苏各地区立足自身实际，担当起全面建设社会主义现代化国家的使命和责任。苏州作为苏南现代化发展的标杆城市，围绕"在率先建设全体人民共同富裕的现代化上走在前列"，深入践行以人民为中心的发展思想，实现富民增收全国领先、公共服务优质均衡、社会保障托底有力，推动人民生活品质进一步提升。立足新发展阶段，苏州在贯彻新发展理念下，紧扣共同富裕内涵特征和苏州实际，谋划了路径清晰、特色鲜明、重点突出的路线图和任务书，体现了先行先试的优势，具有普遍意义和推广价值。

## 一、"百姓富"要以坚持党的领导为坚强保证

党政军民学，东西南北中，党是领导一切的。"经济强、百姓富、环境美、社会文明程度高"新江苏是以习近平同志为核心的党中央进入新发展阶段为贯彻落实新发展理念、构建新发展格局、推动高质量发展、提高人民群众生活水平、实现人民共同富裕所擘画的宏伟蓝图。办好苏州的事情，关键在党，必须要坚持党对推动共同富裕这一事业的领导。"十三五"时期，苏州人民在市委、市政府的正确领导下，自觉践行习近平新时代中国特色社会主义思想，坚定贯彻党中央、国务院大政方针，全面落实省委、省政府决策部署，深刻把握习近平总书记视察江苏重要讲话精神，破解了一系列发展难题，办好了一系列民生实事。党的十九届六中全会上确立了习近平同志党中央的核心、全党的核心地位，确立习近平新时代中国特色社会主义思想的指导地位，是中国特色社会主义进入新时代最大的政治成果、最重要的历史结论，对推进中华民族伟大复兴历史进程具有决定性意义。"十四五"期间，苏州率先建设充分展现"强富美高"新图景的社会主义现代化强市要遵循的首要基本原则就是坚持党的全面领导，坚持和完善党全面领导经济社会发展

的体制机制，深入贯彻党的路线方针政策，巩固和发挥社会主义制度显著优势，不断提高服务构建新发展格局的能力和水平，为实现高质量发展提供根本保证。

推动百姓共同富裕，让中国人民过上好日子关乎中华民族伟大复兴中国梦的实现，是新时代中国特色社会主义在基层的伟大实践。在实现共同富裕的过程中，要始终坚定不移地坚持党的核心领导。打铁必须自身硬，要力争把全市各级党组织建设得更加坚强有力，在服务全省、全国发展中做出更多贡献。加强党的全面领导也要注重从基层党组织、基层党支部书记、基层党员队伍、群众等方面展开工作，选强配好党支部的书记，充分发挥基层党组织书记的带头作用；建强建好基层党组织，充分发挥基层党组织的战斗堡垒作用；强化基层党员的理想信念和本领担当，发挥党员联系群众、听取群众意见、积极团结和带领广大群众参与到社会主义现代化建设中去，发挥亿万人民群众的积极性、主动性和创造性，带领群众为创造美好生活奋斗不止。

## 二、"百姓富"要以夯实经济基础为重要保障

经济发展是实现小康、实现共同富裕的基础，只有加快经济发展，人民才能过上富裕的生活。改革开放之初，邓小平同志指出，我们的生产力发展水平很低，远远不能满足人民和国家的需要，这就是我们目前时期的主要矛盾，解决这个主要矛盾就是我们的中心任务。在邓小平同志看来，贫穷不是社会主义，百姓富裕一定是以生产力发展为基础的，因此改革开放四十年来，我国一直坚持以经济建设为中心，大力发展生产力。通过发展生产力，增加人民收入，体现出了社会主义制度的优越性。党的十八大以来，我国社会主要矛盾发生变化，一方面，人民群众物质生活极大丰富，对精神文化需求程度逐渐提升；另一方面，贫富差距客观存在，区域经济发展和城乡经济发展的不平衡性逐渐暴露。习近平同志指出，消除贫困、改善民生、逐步实现共同富裕，是社会主义的本质要求，是我们党的重要使命。因此党和国家提出一系列发展战略，区域重大战略包括京津冀协同发展、长江经济带发展、粤港澳大湾区建设、长三角一体化发展、黄河流域生态保护和高质量发展等。

"十四五"规划和2035年远景目标纲要指出下一步方向,即推进西部大开发形成新格局、推动东北振兴取得新突破、开创中部地区崛起新局面、鼓励东部地区加快推进现代化、支持特殊类型地区发展。同时,党和国家不断推进乡村振兴战略,缩小城乡发展差距,助力城乡协调发展。由此可见经济发展与百姓共同富裕是相辅相成的关系。

具有坚实的经济基础是苏州"促进共同富裕上走在全省全国前列"的最大底气。苏州作为国家发展战略的受惠者,充分利用江苏区位优势、资源优势,并将其转变为发展优势,"一带一路"、长江经济带、长三角区域一体化发展三大国家决策部署在江苏交汇叠加,整体提升了苏州区域发展能力和核心竞争力。苏州是江苏最大的经济中心,首先,苏州拥有4.1万亿的工业总产值,规模全球第一,强大工业奠定苏州强大综合实力。其次,苏州拥有22 700亿元经济总量、2 500亿元财政收入,强大的经济和财政实力推动苏州高质量发展。苏州虽然是地级市,但是它的经济总量超过了中国除广州以外的所有省会城市。最后,人工智能、生物医药、纳米技术行业在苏州蓬勃发展,科创板上市企业的数量全国第一,苏州科技发展助力经济高质量发展。改革开放以来,苏州经济社会发展一直名列全国前茅,GDP多年稳居全省第一,2021年,苏州GDP达到了2.27万亿元,增长8.7%,位居全国城市第六位,人均GDP位居全国第五位;此外,苏州上市企业数量已经突破200家,强大的经济综合实力,强劲的市场主体活力,也为苏州促进共同富裕打下坚实的物质基础。苏州的发展模式与富民模式充分说明了经济发展对百姓共同富裕的基础性作用,站在实现"两个一百年"奋斗目标的历史交汇点上,苏州也将不断激发干事创业的巨大热情,以改革创新精神奋力书写实现中国特色社会主义共同富裕的新篇章。

### 三、"百姓富"要以共建共享共富为目标指向

"百姓富"的富,应是共同富裕的富。在奔向共同富裕的大道上,苏州始终没有忘记困难群众和弱势群体,以"共建共享共富"为目标指向,走出一条独具特色的共同富裕之路。首先,实现共同富裕要做到发展依靠人民、

尊重人民群众主体地位，充分发挥人民群众首创精神。马克思主义是我们的指导思想，其中指出人民群众是历史的创造者，强调人民群众在历史发展中的重要地位，这也为中国人民群众是改革发展进步的推动主体奠定了理论基础。实现共同富裕一定是广大人民群众依靠劳动、依靠奋斗得来的，以"昆山之路""张家港精神""园区经验"为核心的苏州"三大法宝"就是苏州人民奋斗致富的象征，是开拓进取、争先创优精神的体现。张家港从"苏南的北大荒"发展为全国文明之城并连续17年稳居全国综合实力百强县前三名；昆山从苏州"小六子"成长为闻名的科创之城并连续17年稳居全国综合实力百强县榜首；苏州工业园区从无到有建设成为国内一流的现代化、国际化、园林化新城，这些巨大成就都是依靠苏州人民艰苦奋斗，不断创造出的让世人瞩目的"苏州奇迹"。其次，实现共同富裕要努力做到发展为了人民，大力实施民生优先战略，不断缩小贫富差距。通过对苏州实现百姓富裕的一系列措施进行考察，能够发现苏州在推动高质量发展进程中在实现共享共富方面已吹响号角。一方面，苏州市委、市政府进一步增强发展成果平等共享的战略意识，加快推进公共服务均等化和社会治理创新步伐，全面提高社会保障水平和社会管理能力，建立经济发展与民生福祉同步改善的体制机制。另一方面，苏州加强基础性、普惠性、兜底性民生保障建设，建立完善初次分配、再分配、三次分配协调配套的基础性制度，不断扩大中等收入群体比重，增加低收入群体收入。更大力度引进优质资源，加快补齐教育、医疗、养老等民生领域短板，促进基本公共服务达到优质均衡共享。除此之外，实现共同富裕的薄弱点在农村，关键在于做好"三农"工作，苏州扎实推进城乡融合发展，深入实施乡村振兴战略，加快推动集体经济转型升级、农文旅产业发展等重点工作，促进农民增收致富，涌现出了常熟蒋巷村，张家港永联村、吴中区旺山村、东吴村等先进发展典型，成为社会主义新农村建设的典型代表，不仅在理念上树立了致富、共富的发展目标，在实践中也不断探寻实现共同富裕的发展方向。最后，实现共同富裕要做到发展成果由人民共享，让广大老百姓都能享受到经济发展的红利。苏州坚持把解决群众切身利益问题作为各级干部最重要的政绩，全面落实执政为民的发展理念，把经济发展的成果更多地用于保障和改善民生，不断推进教育、医疗卫生、社会保障等社会事业稳步发展，继续做好就业创业、乡村振兴等重点民生工程，让老百姓得到实实在在的好处，不断提升获得感和幸福感。

**四、"百姓富"要以强化顶层设计为重要手段**

顶层设计关于要做什么、要达到什么样的目标、要实现什么样的目的。历史和实践证明，改革开放初期"摸着石头过河"的改革发展方式已难以适应新时代国家及地区发展的实际需求。苏州市委、市政府从苏州具体实际出发，坚持具体问题具体分析，以走在最前列的视野和担当，站在宏观层面谋划设计苏州城市发展的战略蓝图，为实现城市高质量发展锚定方向。党的十八大以来，苏州先后制定《苏州市国民经济和社会发展第十二个五年规划纲要》《苏州市国民经济和社会发展第十三个五年规划纲要》，围绕国家战略、历史文化、宜居民生、产业创新、完善交通等多个方面，制定六大发展策略。苏州紧抓"一带一路"、长江经济带、长三角一体化等多重叠加的机遇，提出加强区域协同，共建长三角世界级城市群核心区，加快推进沪苏同城化发展，坚持生态优先、绿色发展，共建长三角生态绿色一体化发展示范区；规划设计"两湖两线"特色田园乡村跨域示范区，提出了工作任务目标，出台了系列实施方案，全市"两湖两线"有关工作即将全面开启深化设计和项目落地的崭新阶段。苏州将高水平配置公共服务设施，建设"市级、区级、片区、社区"城市公共服务设施体系，增强教育、医疗、养老、住房、文化等生活保障服务供给，形成多层次、全覆盖、人性化的公共服务网络，切实增强居民的获得感、幸福感和安全感，体现出苏州政策部署措施的全面性与阶段性更为明确。在开启社会主义现代化建设新征程上，苏州市委、市政府制定《苏州市国民经济和社会发展第十四个五年规划和二〇三五年远景目标纲要》，系统阐明"十四五"时期发展思路、主要目标、重大举措和政策导向，宏观展望2035年基本实现社会主义现代化目标愿景。正是凭借顶层设计的指导和明确，苏州才能够始终坚守改革发展正确的价值立场，坚持以人民为中心的发展思想，把维护和实现好最广大人民的根本利益体现在领导科学发展的各项工作中。

苏州在推动实现百姓共同富裕的探索过程中注重发挥顶层设计的引导作用，围绕产业发展、民生保障、文化建设方面倡导规划先行，坚持以习近平新时代中国特色社会主义思想为指引，在规划政策中体现出习近平总书记的重要讲话精神，确保改革发展方向的正确性。除此之外，做好顶层设计要坚持因地制宜，从当地发展的实际出发，尽可能地体现出地区发展特色，彰显地区发展的独特优势，从而能够在全国现代化发展中起到样本的作用。最后，在促进百姓共同富裕方面，加强顶层设计必须强化政策落实的能力，这就需要基层党组织、基层党员干部能够在政策上行下效的过程中充分发挥作用，切实保障人民群众的利益。

**五、"百姓富"要以"五位一体"整体性建设为关键支撑**

实现百姓共同富裕要突出新发展理念的引领作用，习近平总书记强调，共同富裕是社会主义的本质要求，是人民群众的共同期盼；我们推动经济社会发展，归根结底是要实现全体人民共同富裕，这为我们扎实推动共同富裕走在前列指明了思路、方向和着力点。苏州物质基础雄厚、城乡发展协调、收入差距较小、对外开放度高、发展势头好，加之千万级人口城市规模适中，具有实现共同富裕的一定条件和广泛的示范意义。正因如此，扎实推动共同富裕，苏州理应成为"争当表率、争做示范、走在前列"的"最美的窗口"。推进百姓共同富裕，苏州应更加坚持全面协调发展的价值取向，自觉坚持经济建设、政治建设、文化建设、社会建设、生态文明建设"五位一体"整体性建设。就经济建设而言，经济建设是为百姓创造物质财富的首要条件，推进百姓共同富裕必须要以新发展理念引领下的高质量经济建设来创造更多物质财富。苏州的发展，尤其是改革开放以来的三次华丽转身，即"农转工""内转外""量转质"都是不同发展阶段自觉追求高质量发展的过程。下一阶段，促进百姓共同富裕必须在新发展理念的指引下，找准充分发挥本地优势的发展路子，使经济社会发展潜能得以进一步发挥。就政治建设而言，实现共同富裕既是经济问题，也是重大政治问题。发展依靠人民,要发展全过程的人民民主,依靠人民群众投身于共同富裕的实践,人民的财富由人民自己奋斗创造。就文化建设而言,文化实力是一个城市乃至一个国家综合实力的重要组成部分,苏州是历史文化名城,苏州持续推进古城保护、大运河文化带建设,全力打响"江南文化"品牌,就是要推进文化强市建设,不断满足人民群众精神文化需求。共同富裕还需要加强社会建设,提高社会治理水平,苏州的探索实践也证实了要把社会治理现代化作为建设"善治之城"的重要抓手,努力走出一条特大城市社会治理现代化的新路子,为现代化建设提供重要保障。最后,坚持共同富裕还需要协调好人与自然的关系,注重生态保护,苏州出台的《苏州市生态文明建设规划(2021—2025年)》中针对生态环境建设、生态经济建设、生态生活建设、生态文化建设等主要规划措施,提出重点工程项目56项,总投资1 033.47亿元,以绿色发展引领苏州经济社会可持续发展,让"美丽苏州"成为"强富美高"最直接、最可感的实践范本,谱写"美丽中国"苏州范本。

党的十八大以来,苏州共同富裕取得了显著成效,无论是经济总量还是城乡居民收入,无论是物质生活还是精神文化生活,无论是政治文明还是社会文明、生态文明,都一直走在全国前列。实践证明,推动高水平共同富裕,苏州有基础,更有追求。"十四五"时期,苏州将始终坚持"发展是第一要务",办好自己的事,准确识变、科学应变、主动求变,在促进百姓共同富裕、"强富美高"新江苏现代化建设再出发中继续当好先行军和排头兵。十年来,苏州实现百姓共同富裕的实践与探索将为各地进一步创新发展思路,因地施策探索新型创收富民模式,引导和激励探索发展新路提供良好的借鉴。

# 第五章 环境美

  2014年12月,习近平总书记在江苏调研时强调,要将"环境美"作为"新江苏"建设的重要内容。"环境美"关乎国家永续发展、关乎百姓生态福祉、关乎后代发展利益。中共江苏省委对"环境美"有着形象的刻画:建设"环境美"的新江苏,不仅要有自然环境之美、景观特色之美,而且要有文化交融之美、城乡协调之美;不仅要有清新空气、清澈水质、清洁环境,努力实现城市融入自然,现代融入村庄,让人们望得见山、看得见水、记得住乡愁,还要让江苏的自然之美与人文之美、传统之美与现代之美交相辉映,让诗画美景展现在江苏大地,让江苏人民拥有美好的生活家园。① 党的十八大以来,苏州市委、市政府在党中央、国务院和省委、省政府的坚强领导下,以习近平生态文明思想为指引,自觉践行"绿水青山就是金山银山"理念,把生态环境"高颜值"与经济发展"高质量"当作"双面绣"来精心绣制,切实解决生态保护"难点""痛点"问题,厚植绿色发展新优势,增强绿色

---

① 切实扛起建设"环境美"新江苏的责任[N]. 新华日报,2018-06-18.

发展新动能,悉心守护诗意栖居的"美丽苏州",谱写"美丽中国"的苏州范本。①

| 苏州生态文明建设荣誉榜 | |
|---|---|
| 2013年 | 苏州市获评全国首批地级国家生态市 |
| 2016年 | 张家港市被授予首届中国生态文明奖先进集体 |
| 2017年 | 苏州市获评首批国家生态文明建设示范市 |
| 2017年 | 苏州市获评首批美丽山水城市 |
| 2018年 | 常熟市成为全球第一批国际湿地城市 |
| 2019年 | 苏州建成全国首个"国家生态园林城市群" |
| 2020年 | 太仓市、昆山市获评第四批国家生态文明建设示范县市 |
| 2021年 | 吴江区、常熟市获评第五批国家生态文明建设示范区 |

●苏州生态文明建设荣誉榜

---

① 苏州:铺陈"环境美"底色,延伸全面小康力度[N].新华日报,2020-12-28.

# 第一节 "环境美"的理论阐释

"环境美"是"强富美高"新江苏的重要内涵。要想了解"环境美"的苏州实践,首要之务就是要明确把握"环境美"的基本内涵、实践遵循与重大价值。

## 一、"环境美"的基本内涵

何谓"环境美"?"环境美"是习近平总书记对新江苏建设的期盼与要求,更是习近平生态文明思想的具体表现。可以从目标、功能、审美三个维度来认识"环境美"的概念。

### (一)"环境美"的目标内涵

从来源上看,习近平总书记明确提出"环境美",并将之与"经济强""百姓富""社会文明程度高"一同视为新江苏建设的新定位。从这一意义上讲,"环境美"实质上就是作为目标而存在的,它是江苏迈上新台阶、建设"新江苏"的重要目标之一。有学者这样概括"环境美"的目标内涵:环境美,首先应是环境清洁,看不到暴露垃圾、黑臭河流;其次应是环境质量好,大气、水、土、人居环境等质量有显著的改善和提升,宜居乐居;再次就是污染排放少、浓度低、稳定达标,单位国土面积污染排放强度持续下降;从次应是生态环境优,青山绿水,生物多样,生态系统维持稳定、生态服务功能有所改善;最后应是群众认同度高,对环境质量的改善认同度高,对生态文明建设的成果满意。[①] 结合江苏省"十四五"生态环境保护规划,我们可以进一步将"环境美"的目标内涵概括为:以绿色发展动力强、环境质量全面改善、环境风险低、生态系统服务功能强、生态环境治理体系完善为核心内容的目标体系。围绕这一目标体系,江苏省以2025年为时间节点,设置了"十四五"时期生态环境保护规划指标体系,将"环境美"量化为具体的指

---

① 李宁宁. 江苏环境美:目标内涵与对策措施[J]. 唯实,2015(05):62-63.

标：一是就环境质量指标而言，地级及以上城市环境空气质量优良天数比率达到82%左右，地级及以上城市$PM_{2.5}$浓度控制在33微克/立方米，地表水省考以上断面达到或优于Ⅲ类比例达89%，近海岸域水质优良（一、二类）面积比例符合国家标准，地下水质量Ⅴ类比例符合国家标准；二是就绿色低碳发展指标而言，单位地区生产总值能源消耗五年累计降低14.5%，非化石能源占一次能源消费比重符合国家标准，单位地区生产总值二氧化碳排放下降符合国家标准；三是就环境治理指标而言，重点工程减排量符合国家标准，城市污水集中收集率苏南地区88%、苏中地区75%、苏北地区70%，农村生活污水治理率符合国家标准，受污染耕地安全利用率符合国家标准，重点建设用地安全利用率符合国家标准，放射源辐射事故年发生率<1起/万枚；四是就生态保护指标而言，国家级生态保护红线占陆域国土面积比例≥8.21%，生态空间管控区域占陆域国土面积比例≥14.28%，林木覆盖率达24.1%，生态质量指数保持稳定，自然湿地保护率达60%，大陆自然岸线保有率≥35%，重点生物物种种数保护率达90%；五是就满意度指标而言，公众对环境质量改善满意度≥90%。[①]

（二）"环境美"的功能内涵

"环境美"归根到底是以人为本位的。"环境"之"美"是为了更好地满足人们不断提升的生活需求。要想实现这一目的，第一步要明确环境的具体指称。从人类有意识以来，人类对环境的最为朴素的认识是指人类生活领域之外的一切，将环境视作一种疏离于人类生活领域的异域空间，环境与人类生活领域之间存在鲜明的界限；但随着人类活动范围的不断扩大以及人类多元形式嵌入自然，环境与人类生活领域之间的界限逐渐模糊，越来越多的人开始采用"大环境观"理念来看待环境，将之视为"由充满价值评判的有

---

① 省政府办公厅关于印发江苏省"十四五"生态环境保护规划的通知[EB/OL].http://www.jiangsu.gov.cn/art/2021/10/29/art_46144_10091249.html,2021-09-28.

机体、观念和空间构成的浑然整体"①。此时，环境已经实现了自然世界与人类世界的联通，兼具了自然因素与人文因素，完成了人类生活家园的构筑。那么，作为人类的生活家园，环境的首要功能自然就是居住。第二步要揭示"环境"之"美"是居住功能的品质彰显。有学者曾将环境的生活品质分成宜居、利居和乐居三个层次——其中，"宜居就是适宜人的居住"，"宜在生存"；"利居就是利于人的居住"，"利在发展"；"乐居……在精神上对人的满足"，"重文化品位、重城市魅力、重生活品质、重情感归依"。② 可以说，宜居、利居和乐居实质上是"环境"之"美"在不同层次上的品质彰显：宜居是"环境"之"美"的初阶品质彰显，表现为人的生存环境质量好等；利居是"环境"之"美"的中阶品质彰显，表现为在高质量生存环境的基础上对人的发展的全方位支持等；乐居是"环境"之"美"的高阶品质彰显，表现为在宜居、利居基础上满足人的精神生活需求等。第三步要落脚于居民对"环境美"的现实感受。无论是宜居、利居，还是乐居，它们最终都要落脚于居民的具体感受。宜居以其注重对人的生存环境质量的保障，为居民提供居住的舒适感与安全感；利居以其注重对人的发展的全方位支持，为居民提供居住的获得感；乐居以其注重对人的精神需求的满足，为居民提供居住的幸福感。通过"环境美"由宜居到利居再到乐居的渐次提升，实现城市之美与乡村之美、自然之美与人文之美、传统之美与现代之美的交相辉映的美好生活家园的构筑。

（三）"环境美"的审美内涵

无论是目标的定量达成，还是功能的定性实现，都是人们对"环境美"的客观描述。不过，"环境美"并非仅仅呈现为一种客观的目标、功能，还会以一定的审美经验持存于人们的精神世界。习近平总书记在江苏提出"环

---

① [美] 阿诺德·伯林特. 环境美学 [M]. 张敏，周雨，译. 长沙：湖南科学技术出版社，2006：8，11.
② 陈望衡. 乐居——环境美的最高追求 [J]. 中国地质大学学报（社会科学版），2011（01）：120-124.

境美"及其在江苏得到迅速落实的一个重要原因在于：生态环境保护以及对绿色发展的追求已经在社会精神层面上达成共识。正是在这一共识的支持下，"环境美"才能迅速深入人心。在这里，这种共识的达成及其深入人心，并不能纯粹依靠外在的目标、功能的支撑，还需要人们的主观审美体验的确证。具体讲，首先，"环境美"指向对环境进行审美而获得的体验。"环境美"的字面意思就是以"美"的感受来描绘环境。在这里，对环境进行审美，并不是对环境的所有部分，而是对环境中能引发人的"美"的感受的元素，这才是审美的主要对象。进而言之，人们作为审美者将注意力集中于环境内蕴的"美"的元素，对这些元素进行阐释，从而获得审美体验。其次，对环境的审美重在发现"美"的价值。在人们的精神世界中，审美体验往往是以审美经验的形式存在的。在审美经验的背后蕴含着丰富的"美"的价值。"美"的价值不仅体现于自然环境之美对于人类生存的重要价值，也体现于人文环境之美对于人类发展的重要价值，还体现于自然与人文交融之美对于人类全面自由发展的重要价值。最后，"环境美"是时刻在场的审美体验。[①] 作为审美体验，"环境美"在人们的精神世界中时刻在场，并且能够持续性地为人们的精神世界提供源源不断的审美经验。从这一意义上讲，"环境美"的审美内涵应当是指向一种时刻在场的审美体验。

## 二、"环境美"的实践遵循

《中共中央关于党的百年奋斗重大成就和历史经验的决议》指出，党的十八大以来，党中央以前所未有的力度抓生态文明建设，全党全国推动绿色发展的自觉性和主动性显著增强，美丽中国建设迈出重大步伐，我国生态环境保护发生历史性、转折性、全局性变化。[②] 其间，习近平总书记提出的"环境美"，从实质意义上指明了生态文明建设的具体表现形态，为高质量推

---

[①] [美] 阿诺德·伯林特. 环境美学 [M]. 张敏，周雨，译. 长沙：湖南科学技术出版社，2006：21.

[②] 中共中央关于党的百年奋斗重大成就和历史经验的决议 [N]. 人民日报，2021-11-17（01）.

进生态文明建设进行精准指导。它不仅是对江苏省生态文明建设的期盼与要求，更是对全国生态文明建设的期盼与要求。苏州在这一实践进程中，要以习近平生态文明思想为根本遵循，以习近平视察江苏重要讲话精神为基本遵循，以省委、省政府的决策部署为具体遵循，为构筑美好生活家园提供规约力量，走出一条"生产发展、生活富裕、生态良好的文明发展道路"[1]。

（一）以习近平生态文明思想为根本遵循

党的十八大以来，习近平总书记"以高度的历史使命感和强烈的责任担当精神，不断探索生态文明建设规律，深刻回答了为什么建设生态文明、建设什么样的生态文明、怎样建设生态文明的重大理论和实践问题，形成了习近平生态文明思想"[2]。习近平生态文明思想的基本架构，包括战略地位、总体目标、基本框架、核心原则、重大任务、政治领导等。其中，就战略地位而言，生态环境是我国持续发展最为重要的基础，建设生态文明是关系人民福祉、关系民族未来的大计。生态文明建设是统筹推进"五位一体"总体布局和协调推进"四个全面"战略布局的重要内容，必须摆在全局工作的突出位置。就总体目标而言，到 2020 年，资源节约型和环境友好型社会建设取得重大进展，生态文明建设水平与全面建成小康社会目标相适应；到 2035 年，生态环境领域国家治理体系和治理能力现代化基本实现，美丽中国目标基本实现；到 21 世纪中叶，生态环境领域国家治理体系和治理能力现代化全面实现，美丽中国建成。就基本框架而言，生态文明体系是由生态文化体系、生态经济体系、目标责任体系、生态文明制度体系、生态安全体系构成的有机体系。就核心原则而言，坚持"人与自然和谐共生""绿水青山就是金山银山""良好生态环境是最普惠的民生福祉""山水林田湖草是生命共同体""用最严格制度最严密法治保护生态环境""共谋全球生态文明建设"。就重

---

[1] 中共中央关于党的百年奋斗重大成就和历史经验的决议［N］. 人民日报，2021 - 11 - 17 (01).

[2] 许先春. 习近平生态文明思想的科学内涵与战略意义［J］. 人民论坛，2019（33）：98-101.

大任务而言，将"坚决打好污染防治攻坚战"作为推动我国生态文明建设迈上新台阶的重大目标任务，并提出了"加快构建生态文明体系""全面推动绿色发展""把解决突出生态环境问题作为民生优先领域""有效防范生态环境风险""加快推进生态文明体制改革落地见效""提高环境治理水平"六个方面环环紧扣的重大任务。就政治领导而言，"加强党对生态文明建设的领导"，各部门各地区要"坚决担负起生态文明建设的政治责任""落实党政主体责任，严格实行党政同责、一岗双责""建立科学合理的考核评价体系""实施最严格的考核问责""建设一支生态环境保护铁军"。① 由此观之，习近平生态文明思想将我党对生态文明建设的基本认识与实践经验提高到了规律层次，为我国生态文明建设提供了理论指导，自然，也成为"环境美"的苏州实践的根本遵循与行动指南。

（二）以习近平视察江苏重要讲话精神为基本遵循

党的十八大以来，习近平总书记三次来到江苏视察。2020年11月，习近平总书记深入长江和运河岸线、水利枢纽、文物保护单位等地进行调研，强调了处理好经济发展和生态文明之间的关系的重要性。在南通市五山地区滨江片区，习近平总书记感慨于五山地区的变化，强调"建设人与自然和谐共生的现代化，必须把保护城市生态环境摆在更加突出的位置，科学合理规划城市的生产空间、生活空间、生态空间，处理好城市生产生活和生态环境保护的关系，既提高经济发展质量，又提高人民生活品质"，并深入分析了"生态环境投入"这一课题，指出"生态环境投入不是无谓投入、无效投入，而是关系经济社会高质量发展、可持续发展的基础性、战略性投入"，要求"坚决贯彻新发展理念，转变发展方式，优化发展思路，实现生态效益和经济社会效益相统一，走出一条生态优先、绿色发展的新路子，为长江经济带高质量发展、可持续发展提供有力支撑"；在扬州考察大运河期间，习近平总书记强调"要把大运河文化遗产保护同生态环境保护提升、沿线名城名镇

---

① 参见习近平. 推动我国生态文明建设迈上新台阶[J]. 求是，2019（03）. 许先春. 习近平生态文明思想的科学内涵与战略意义[J]. 人民论坛，2019（33）.

保护修复、文化旅游融合发展、运河航运转型提升统一起来,为大运河沿线区域经济社会发展、人民生活改善创造有利条件";考察江都水利枢纽时,习近平总书记走进抽水站,察看抽水泵运行情况和提取的水样,关心当地水源地生态保护情况,明确要求"继续推动南水北调东线工程建设,完善规划和建设方案,确保南水北调东线工程成为优化水资源配置、保障群众饮水安全、复苏河湖生态环境、畅通南北经济循环的生命线"。① 2020年11月,中共江苏省委常委会传达学习贯彻习近平总书记视察江苏重要讲话精神,研究部署贯彻落实工作,重点强调:"我们要深刻理解总书记对江苏长江生态环境整治成效的肯定和要求,深入践行新发展理念,努力走出一条经济发展和生态文明相辅相成、相得益彰的路子,建设人与自然和谐共生的现代化……深刻理解总书记对大运河文化带建设的殷切期望,继续推进大运河文化的保护传承利用。深刻理解总书记对推动南水北调东线工程建设的重要指示,更好地发挥江苏在全国一盘棋中的重要作用,促进南北方均衡发展、可持续发展……我们要从长江经济带发展取得的阶段性成效中,更加主动深入地用新思想解放思想、统一思想,进一步强化生态优先、绿色发展的思想认识,增强'共抓大保护、不搞大开发'的行动自觉,增强系统治理、协调发展的担当作为,坚持打持久战,以钉钉子精神推动我省长江大保护和绿色发展尽早实现量变到质变的飞跃。要以总书记对长江经济带高质量发展提出的总体要求为方向指引和行动遵循,深入研究谋划,把握客观规律,坚持系统推进,推动我省长江生态环境和发展质态实现新的飞跃。要狠抓主要任务落实,细化政策举措,加强生态环境系统保护修复,推进畅通国内大循环,构筑高水平对外开放新高地,加快产业基础高级化、产业链现代化,大力发展高效农业和都市农业,保护传承弘扬长江文化,广泛凝聚力量,把新时代的长江之

---

① 小细节大内涵,习近平江苏之行蕴含深意[EB/OL].http://www.xinhuanet.com/politics/xxjxs/2020-11/15/c_1126743030.htm,2020-11-15.

歌唱得更加嘹亮。"① 习近平视察江苏重要讲话精神以及省委常委的贯彻落实要求为"环境美"的苏州实践指明了重点方向，提供了基本遵循。

（三）以省委、省政府的决策部署为具体遵循

江苏省委、省政府的决策部署集中体现于江苏省国民经济和社会发展"十二五""十三五""十四五"规划纲要中关于生态文明建设内容以及配套的"十二五""十三五""十四五"环境保护和生态建设规划。具体讲，"十二五"时期，省委、省政府以"加强生态文明建设，发展循环经济、推广低碳技术、推动绿色增长"为核心目标，系统推进了包括"深入开展污染减排，促进发展方式转变""着力解决突出问题，持续改善环境质量""有效防范环境风险，切实维护环境安全""大力实施综合整治，改变农村环境面貌""全面推进生态建设，逐步恢复生态功能""加强环保能力建设，提升监管服务水平"等任务的实施。"十三五"时期，省委、省政府以"生态环境质量明显改善，实现生态省建设目标"为核心目标，系统推进了"强化源头管控，推动绿色发展""实施三大行动，提升环境质量""深化污染减排，推进综合整治""加强风险防范，维护环境安全""深化制度改革，规范环境秩序""引导全民行动，推动社会共治""完善监测体系，提升监管能力"等任务的实施。基于此，省委、省政府专门于2020年出台了《关于深入推进美丽江苏建设的意见》，以深入推进美丽江苏建设，更好推动高质量发展，满足人民群众美好生活需要。"十四五"时期，省委、省政府以"基本建成美丽中国示范省份，美丽江苏展现新面貌"为核心目标，系统推进了"加强源头治理，推动经济社会全面绿色转型""强化协同控制，持续改善环境空气质量""坚持水陆统筹，巩固提升水环境质量""坚持系统防控，加强土壤和农村环境保护""统筹保护修复，提升生态系统服务功能""加强风险防控，保障环境安全""加强共保联治，助力区域协调发展""深化改革创新，健全生

---

① 省委常委会扩大会议传达学习贯彻习近平总书记视察江苏重要指示和全面推动长江经济带发展座谈会重要讲话精神［N］. 新华日报，2020-11-16.

态环境治理体系""加强补齐短板，提升生态环境治理能力""强化宣传教育，构建全民行动格局"等任务的实施。① 由此可见，自"十二五"时期至今，省委、省政府对生态文明建设的重视程度与目标站位不断提升，与国民经济和社会发展规划纲要匹配的环境保护和生态建设规划朝系统化、精细化、规范化、时代化方向发展，为"环境美"的苏州实践提供了具体遵循。

### 三、"环境美"的重大价值

"环境美"建设价值重大，有利于凝聚全民生态环保共识，有利于普及绿色低碳生活方式，有利于推动经济发展绿色转型。

#### （一）有利于凝聚全民生态环保共识

"环境美"的目标要求可以借助培训、系列丛书、研学活动、环境日等形式或者渠道，有计划、有目的地将自身的理念与主张推向全社会、传递给广大人民群众，使广大人民群众充分认识到"环境美"蕴含着的对生态文明的美好期待以及生态文明建设对于自身及其子孙后代的重要意义；促进生态文明理念深入人心，切实提升生态环保意识，凝聚生态环保共识，形成广大人民群众关心生态文明建设、支持生态文明理念、参与生态环境保护的局面，为持续改善生态环境和建设"美丽中国"营造良好社会环境，奠定坚实社会心理基础。"环境美"的宣传与传播，以更为形象生动、更为直截了当的形式宣介生态文明建设的核心内容，帮助广大人民群众更为全面、深入地认识生态文明建设的基本要求、重要价值，切实增强广大人民群众的生态环保意识，凝聚广大人民群众的生态环保共识。

#### （二）有利于普及绿色低碳生活方式

"环境美"在广泛的社会传播过程中，广大人民群众心中逐渐将生态环保与经济社会发展紧紧地联结在一起，并认识到：生态环保是经济社会永续

---

① 参见江苏省人民政府网《江苏省国民经济和社会发展第十二个五年规划纲要》《江苏省国民经济和社会发展第十三个五年规划纲要》《江苏省国民经济和社会发展第十四个五年规划和二〇三五年远景目标纲要》《江苏省"十二五"环境保护和生态建设规划》《江苏省"十三五"生态环境保护规划》《江苏省"十四五"生态环境保护规划》。

发展的一大助力,只有过上绿色低碳的生活,才能有大踏步推进经济社会永续发展的底气与实力。苏州被誉为中国"最强地级市",无论是经济基础,还是文化上层建筑,其实力都非常雄厚。在这种城市里普及绿色低碳生活方式,关键就在于将共识导向行动的自动化机制。"环境美"的唤起功能的出场,扮演了自动化机制的角色。也就是说,当"环境美"在人民群众心中落地生根之后,群众一看到"环境美"就能迅速联想起生态环保,并自觉要求自身乃至他者过一种绿色低碳的生活。同时,"环境美"会不断肯定群众所做出的生活选择,形成思想潮流,产生规模化效应,达成普及绿色低碳生活方式之目的。

(三)有利于推动经济发展绿色转型

凝聚全民生态环保共识有助于推动经济模式迭代更新,普及绿色低碳生活方式有助于倒逼产业体系升级换代,它们最终都要落脚于建立绿色、高效、低碳的经济体系、能源体系和资源利用体系,推动经济发展的绿色转型。"环境美"不仅能够在主观层面上营造崇尚与推动绿色发展的社会舆论,为经济发展的绿色转型创造民心基础与舆论优势,还能够在客观层面上严格规约经济发展的幅度与底线,为经济发展的绿色转型规定时间进度与前进方向。苏州拥有丰富的生态资源,但是,飞速发展的工业对生态环境安全造成了威胁。如何平衡经济发展与生态环保之间的关系,成为考量苏州未来发展的重要因素。"环境美"传递的并非以牺牲经济发展来成全生态环保,而是追求经济发展与生态环保的相得益彰。这一理念将有助于帮助苏州打开格局,探寻经济发展的绿色转型之路,打造"美丽中国""美丽江苏"的苏州范本。

## 第二节 "环境美"的苏州实践

党的十八大以来,苏州市委、市政府深入贯彻习近平生态文明思想,全面落实习近平视察江苏重要讲话精神,紧紧围绕打造向世界展示社会主义现代化"最美窗口"的发展定位,加快推进生态环境质量根本改善,促进经济社会高质量发展与生态环境高水平保护协同并进。在苏州市委、市政府的坚强领导下,通过全面推进绿色低碳发展、积极开展污染综合防治、持续强化生态修复保护、加强区域环境风险防范、不断健全环境监控体系、完善生态环境治理体系,充分推进"环境美"的系统实践,让优美生态环境成为苏州高质量发展的一张亮丽名片。

**一、全面推进绿色低碳发展**

苏州市以布局优化、结构调整和效率提升为着力点,积极推进绿色低碳发展,全面提升经济社会发展的"绿色含金量",增强绿色发展韧性、持续性、竞争力。

（一）全面推进国土空间开发保护格局的优化

一是统筹国土空间布局。坚持实施"东融上海、西育太湖、优化沿江、提升两轴"的空间发展战略,不断优化"两轴三带"城镇发展空间。优化提升以"四个百万亩"为主体的农业空间布局,大力发展生态农业、循环农业,强化"四个百万亩"生态效应。以划定生态红线、建设生态廊道、构筑生态屏障为重点,优化生态空间,结合生态文明示范市建设要求,构建"四带双环"为主体的生态空间格局。二是强化生态空间管控。根据《苏州市主体功能区实施意见》和《苏州市生态红线区域保护规划》要求,明确不同类型功能区的生态环境管理目标和空间管制要求,实施分区分级管控,切实做到"应保尽保"。按照《苏州市生态红线区域保护监督管理考核暂行办法》《苏州市生态补偿条例》的要求,加强对生态红线区域保护的监督管理和评估考核工作,评估结果与生态补偿转移支付补助资金相挂钩。各县（市、

**生态红线区域保护分布图**

● 苏州市生态红线区域保护分布图

区）编制本辖区生态红线区域保护规划和工作方案，并制定本级生态红线区域保护监督管理考核办法、生态补偿办法等配套政策。

（二）全面推进产业结构绿色转型升级

一是全面推动制造业转型升级。大力推动传统产业改造升级，全面提高产品技术、工艺装备、能效环保等水平，促进纺织、冶金、化工等传统行业向价值链高端发展。二是推进关停不达标企业、淘汰落后产能专项行动，完善淘汰落后产能公告制度和目标责任制，建立主动提标淘汰落后产能激励机制。对未按期完成省、市淘汰任务的区域，暂停该地区相关行业建设项目的核准、审批和备案。三是大力发展新兴产业，将新一代电子信息、高端装备制造、新材料、软件和集成电路、新能源与节能环保、医疗器械和生物医药等产业培育成为推动苏州新一轮发展优势主导产业，打造具有国际竞争力的先进制造业基地。四是提速发展现代服务业。加快建立与创新驱动发展相适应、与制造业发展相融合、与城市发展相配套的现代服务业体系。五是转型发展现代都市农业。加大现代农业园区建设力度，突出科技强农和农业信息化，加快农业基础设施改造提升，建成集中连片高标准农田，加快农业与二、三产业融合协调发展。

（三）全面推进节能减排低碳精细管理

一是大力推动苏州国家低碳试点城市建设，加速新技术、新工艺、新方法的推广应用，全面推动国家循环经济示范城市建设。比如，依据《苏州市园区整体循环化改造实施方案》，深入推进工业园区生态化循环化改造，提高生态工业示范园区建设水平。二是严格新建项目总量前置审批，完善污染物减排统计监测体系，推动污染源数据调查常态化。三是严格落实国家、省、市重点行业许可准入条件。比如，沿江地区禁止新建排放"两高一难"污染物的项目。四是建立以排污许可证制度为核心的环境管理体系，有效链接排污许可和环境标准、环境监测、环境影响评价、"三同时"验收、排污收费等环境管理制度。比如，在张家港、常熟、昆山等市进行排污许可证改革试点，推进刷卡排污，开展排污权储备、租赁、融资试点，提升苏州环境能源交易中心的公共服务功能和水平。五是构建清洁高效现代能源体系，落实能源消耗总量和强度"双控"制度，优化能源供给结构，提升能源利用效率。

**二、积极开展污染综合防治**

苏州市坚持防治结合、预防为主，强化污染源头控制，注重环境协同治理，有效改善环境质量，提高空气、水环境、土壤、声环境的综合治理水平。

(一)积极开展大气污染的综合治理

一是强化煤炭消费总量控制,落实《苏州市削减煤炭消费总量专项行动实施方案》,优化集中供热布局,加大天然气供应,优化天然气使用方式,合理开发利用风能、太阳能、生物质能、地热能等清洁能源。二是通过整治燃煤锅炉、实施重点行业提标改造、整治挥发性有机物,来推动工业废气污染协同治理。三是推进交通运输低碳发展,构建以轨道交通为骨架、有轨电车为次骨架、常规公交为主体、出租汽车为补充、慢行交通为延伸、信息系统为手段、交通枢纽为衔接的城市公共交通服务体系。四是严格控制扬尘污染,包括认真执行《苏州市贯彻落实〈江苏省散装水泥促进条例〉的实施意见》《苏州市扬尘污染防治管理办法》以严格控制施工扬尘污染,严格执行《苏州市建筑垃圾(工程渣土)运输管理办法》《苏州市建筑垃圾(工程渣土)处置管理办法》和建立人机结合清扫保洁机制以严格控制道路扬尘污染,积极开展码头、堆场扬尘治理行动。五是借助推广使用高效净化型家用吸油烟机、餐饮行业污染专项治理等,强化油烟污染防治。六是加大对秸秆露天焚烧的监管力度,形成以秸秆机械化全量还田为主,肥料化、能源化、饲料化、原料化、基料化等为辅的秸秆多元化综合利用体系。七是完善大气污染防治专项工作领导小组工作机制,建设区域联动的重污染天气应急响应体系。

(二)积极开展水污染的综合治理

一是全过程监管饮用水安全,定期监测、检测和评估饮用水水源、供水厂出水、用户水龙头水质等饮水安全状况。二是以水环境质量改善为核心,实施控制单元精细化管理。三是通过加大工业污染治理力度与提高生活污水处理水平,全面削减水污染物排放。四是深化重点流域水环境治理,包括推进太湖流域水环境综合治理、深化阳澄湖生态优化行动、加强小流域水环境综合整治、加强长江水污染防治。五是全面深入开展城市河道综合整治工作,通过截污、清淤、活水、保洁、生态修复等工程措施,对苏州市黑臭河流开展系统治理。同时，完善城市水环境综合治理工作体系，建立苏州市区城市建成区黑臭水体档案，向社会公布黑臭水体名称、责任人及达标期限，定期通报黑臭水体治理进展。六是严格落实省人大《关于在苏锡常地区限期禁止开采地下水的决定》，组织实施《江苏省地下水污染防治方案》，切实加强地下水保护。

（三）积极开展土壤污染的综合治理

一是建立调查评估制度，调查评估结果向所在地环境保护、城乡规划、国土部门备案。二是加强污染场地的环境管理。严格污染场地开发建设和流转的审批。污染场地在开发利用时，有关责任主体负责开展污染场地的环境调查、风险评估、治理与修复，未按规定开展场地环境调查、场地土壤环境质量不能满足新的用地要求，且未完成整改，规划、国土等部门不得办理任何相关手续。加强被污染地块的再利用管理和工矿企业土壤污染的预防，启动土壤环境质量监测和预警体系，严格防止新增土壤污染。三是推动污染土壤修复治理，建立污染地块名录与土壤污染责任追溯制度，实行污染土壤分区分级分类修复治理，确保土地转换用途后的安全利用，避免环境风险和社会纠纷。四是防治农用地污染。优先保护农用地土壤环境，划定农用地土壤环境质量类别，强化安全利用类耕地农产品质量检测，加强对严格管控类耕地的用途管理。

（四）积极开展声污染的综合治理

贯彻执行《苏州市市区环境噪声标准适用区域划分规定》，全面实施区域噪声管理，积极开展"宁静城市""宁静社区"等示范建设，加强交通噪声污染防治，强化城市禁鸣、限速管理，加强社会生活、建筑施工和工业企业等重点噪声源监管，禁止营业性文化娱乐场所边界噪声超标，推进城镇人居声环境质量改善工程示范，积极开展乡村噪声监测和噪声污染防治工作，努力降低夜间噪声。

**三、持续强化生态修复保护**

苏州市坚持尊重、顺应、保护自然，积极促进生态安全体系构建、提升生态系统修复能力、加大生态系统保护力度，借此强化生态系统稳定性、提升苏州城市生态韧性、促进人与自然和谐共生。

（一）持续促进生态安全体系构建

一是优化市域生态安全格局。统筹自然生态空间协调保护，充分发挥苏州山水环绕、襟江带湖的自然禀赋，以"三核四轴四片"为主体，以多廊多源地为支撑，连通湖泊、河流、湿地、山体、森林、农田等生态廊道和板块，着力构建由山林生态屏障、江河湿地团块、水生态廊道与农田生态基质组成的江河湖联动的网络化生态空间格局，提升生态系统质量和稳定性。二是严格实施生态空间管控。围绕"功能不降低、面积不减少、性质不改变"的总体要求，对生态空间保护区域实施分级分类管控措施，生态保护红线原则上按禁止开发区域的要求进行管理，生态空间管控区域要以生态保护为重点，原则上不得开展有损主导生态功能的开发建设活动。逐步建立完善遥感监测和地面监测相结合的生态空间管控区域监测网络体系，建立常态化巡查、核查制度，严格查处破坏生态空间违法行为。三是加强自然保护地管理体系建设。持续完善全市自然保护地资源统一动态监管体系，提升数字化监管能力，精确反映全市勘界定标工作成果。

（二）持续提升生态系统修复能力

一是实施山水林田湖草系统治理。统筹考虑自然地理单元的完整性、生态系统的关联性、自然生态要素的综合性，开展山水林田湖草多自然要素整体保护、系统修复、综合治理。二是加强湿地生态系统保护修复。贯彻执行《苏州市湿地保护条例》，严格各级重要湿地和一般湿地的占用管理，确保全市湿地面积总量不减少，逐步建立分级管理、分类保护和恢复的湿地保护管理体系。以太湖、长江、阳澄湖等自然湿地保护为重点，以保护动植物生存环境为原则，优先在湖滨带、入湖河口等湿地功能关键区域和重要湿地沿线等生态功能特殊区域开展湿地恢复。实施盛泽荡、漕湖、淀山湖、肖甸湖、东太湖、阳澄湖等湿地保护工程，高质量建设实施张家港"江海交汇第一湾"、常熟铁黄沙生态岛等生态示范亮点。三是推进生态安全缓冲区建设。

坚持系统性思维，以自然生态保护和修复为核心，在太湖、长江沿岸、城市近郊等区域整合湿地、水网等自然要素，因地制宜建设生态安全缓冲区，提升水环境承载能力，构建区域生态安全屏障。四是重点推进农业农村生态修复。优化养殖业布局、加强畜禽废物综合利用、落实"种养结合、以地定畜"的要求以强化畜禽养殖污染治理；调整渔业产业结构、大力压缩湖泊养殖规模以加强生态渔业建设；全面推广农业清洁生产、减少农药化肥使用量、推广使用高标准农膜、净化农田排水及地表径流以控制种植业污染；推进村庄环境整治和覆盖拉网式农村环境综合整治试点工作、加快农村生活污水处理基础设施建设以推进农村环境综合整治。

（三）持续加大生态系统保护力度

一是大力推进"绿色苏州"建设。优化城乡绿化结构，完善"二带三环五楔"的绿化结构，发挥城市绿化对乡镇绿化的辐射、带动和引导作用。构建沿长江、京杭大运河、环太湖防护林体系，形成绿色廊道系统。加大沿湖、沿河道、沿沟渠、沿山体、沿路以及镇村的绿化力度，在产业集中区周围建设绿化隔离带。加强高标准农田林网建设，大力实施重要生态公益林保护、退耕还林等重点工程。推进山体宕口整治复绿，对已完成整治的宕口，逐一明确管护责任主体，落实养护资金，建立长效管理机制。二是加强生物多样性保护。实施生物多样性保护战略与行动计划，增强生态系统稳定性。加强外来入侵物种的防范和控制，强化转基因作物环境释放的安全监管。加强风景名胜资源的保护与管理，落实物种、基因、生态系统和景观多样性等规划保护措施。依托现有生物多样性的监测力量，构建更全面、更完整的生物多样性监测网络体系。在充分利用本土植物资源的同时，谨慎引进推广一定数量的国内外新品种，增加植物种群。科学构建城市植物群落，建立相对稳定而又变化多样的植物复层种植结构，促进鸟类等野生动物在城市绿地中的栖息和繁衍。

**四、加强区域环境风险防范**

苏州市牢固树立安全发展理念，坚守环境安全底线思维，加强环境风险综合防控,加强固体废物污染防治,加强重金属污染治理,加强核与辐射安全监管,加强对公众环境健康安全的保障。

## (一) 加强环境风险综合防控

一是完善环境风险防控体系建设。健全环境风险预测预警体系,完善部门联动和专家参与的应对突发环境事件、重污染天气的应急机制,建立健全环境应急处置队伍体系。二是强化环境风险源头管理。切实落实环保部《企业事业单位突发环境事件应急预案备案管理办法(试行)》要求,对化工等重点企业实行应急预案备案制度,完善企事业单位环境风险排查、评估、预警、应急及责任追究等配套制度。督促各县(市、区)、重点工业园、环境风险源企业定期开展环境风险评估,排查环境隐患,针对突发环境事件组织突发环境事件损害评估,全面追究污染者的环境责任。全面调查长江干流沿岸、环太湖等区域工业企业、工业集聚区等基本状况,以排放重金属、危险废物、持久性有机污染物和生产使用重点环境管理危险化学品的污染源为重点,建立健全环境重点风险源清单,转移、搬迁全部高风险企业或仓储设施。

## (二) 加强固体废物污染防治

一是加强危险废物安全处置。严格产生危险废物建设项目的环境准入,加强环评指导和污染防治设施配套,禁止建设产生无法利用、处置的危险废物的建设项目。二是提高工业固体废物与城镇污水处理厂污泥综合利用水平。根据"减量化、资源化、无害化"的处置原则,鼓励企业采用清洁生产技术,对工业固体废物进行综合利用和无害化处置。强化限制进口类可用作原料的进口废物管理,提高一般工业固废处置能力,加快工业固体废物、城镇污水处理厂污泥综合利用或永久性处理处置设施建设。三是完善生活垃圾收集处置系统。配套完善垃圾焚烧发电厂、垃圾填埋场、垃圾中转站等生活垃圾处置收集设施建设,形成完善的生活垃圾收集、转运及无害化处置系统。全面推行生活垃圾分类投放收集,提高垃圾分类收集水平。加强餐厨垃圾和建筑垃圾处理,实现各县(市、区)餐厨废弃物处理设施全覆盖。

（三）加强重金属污染治理

制定实施重金属污染防治规划，加强金属表面热处理、铅蓄电池、化工、电子元器件、有色金属冶炼等排放铅、汞、铬、镉、砷的涉重企业环境监管，开展钢铁行业铊污染排放调查，有效控制纺织印染行业锑重金属排放对水环境的影响。禁止在重要生态红线保护区、环境敏感区和已无环境容量的河流、湖泊流域新建排放主要重金属污染物项目，大力控制新增重金属污染物。对产生和排放重金属的企业全部实行在线自动监控，含重金属废水在确保车间排口稳定达标的基础上，实施资源化利用工程。在污染产业密集、风险隐患较大的重金属重点防控规划单元开展专项整治。

（四）加强核与辐射安全监管

严格按照国家和江苏省辐射建设项目审批的相关规定，进一步规范辖区内辐射建设项目审批备案，做好辐射安全许可证的延续换发。加大现场检查和执法力度，开展闲置废弃放射源调查，强化废旧金属熔炼行业监管。完善全市辐射环境质量监测，增强自动监控能力，加强电磁辐射安全监管，健全核与辐射事故应急体系。

（五）加强对公众环境健康安全的保障

一是建立健全环境与健康管理体系。成立由政府牵头相关部门参与的环境与健康工作领导小组，建立环境与健康风险管理机制，提升环境与健康风险评估、预警、应急处置能力。推动环境与健康信息资源共享，开展环境污染健康危害理论和实践研究，建立完善环境与健康信息发布制度。二是开展环境与健康关系专题调查。围绕空气安全、水安全、土壤安全，开展专题调研，完善城市水环境、空气环境、土壤环境健康安全测评工作。

**五、不断健全环境监控体系**

苏州市不断建立健全环境质量管理体系、强化基层环境监测能力、加强环境监管能力建设、提升环保科技创新能力，努力打造生态环境治理现代化样板、生态环境保护典范。

（一）不断建立健全环境质量管理体系

一是扎实推进环境质量管理体系建设。实施分区、分级、分类、分期的环境质量目标差别化管理，完善环境监测、评估和考核制度，建立健全苏州市统一的大气、水、土壤、生态、污染源等监测制度及环境监测质量管理制度，统一环境质量监测点位设置，制定出台《苏州市环境质量监测站（点）管理办法》，建成全市统一、科学完善、规范高效的环境质量监测网络，推进环境监测服务主体多元化和服务方式多样化，定期和不定期地检查社会环境监测机构的监测质量，确保环境监测数据真实可靠，打造区域环境监测服务品牌。二是强化环境信息化建设。建设智慧环保云数据中心，建立环境信息资源目录和环境数据仓库，建设智慧环保核心业务系统，建立一体化综合管理平台、标准接口规范、业务联动协同体系，建设智慧环保决策支持和管理保障系统，加强环境质量数据系统的集成，拓展"一张图"管理系统（生态环境地理信息系统），提高智能感知系统的覆盖面，强化信息化建设机制保障、技术支撑和安全防护。

（二）不断强化基层环境监测能力

一是开展省级以下环保机构监测监察执法垂直管理，增强环境执法的统一性、权威性、有效性。二是建立布局合理、功能完善的市、县两级环境质量监测网络、污染源监测制度和生态监测系统，建立市、县两级空气质量预报预警系统，建设市、县两级水质监测预警平台。完善太湖饮用水源地藻类多元化监测预警技术，健全太湖饮用水源地蓝藻监测预警网络、阳澄湖锑污染监测三级防控系统及多源数据监测预警平台。加快推进污染源自动监控设施的计量认证工作。完善重点排污单位污染排放自动监测与异常报警机制，提高污染物超标排放、在线监测设备运行异常等信息追踪、捕获与报警能力。围绕大气、水、土壤等环保重点领域，突出培养造就技术创新型人才，着力培养重点领域领军人物和复合型人才，全面提高环境监测软实力。建设专家服务基地，加强基层环境监测人才队伍培养。

（三）不断加强环境监管能力建设

推进苏州市环境监察机构标准化建设，配备调查取证等监管执法装备，保障基层环境监察监管执法用车。强化自动监控、卫星遥感、无人机等技术监控手段运用。加强乡镇（街道）环境监管能力建设，按区域设置环境执法机构，配备与职责任务相适应的人员。建立符合职业特点的环境监管执法队伍管理制度和有利于监管执法的激励制度。推进环境监管网格化建设，以行政区域为基本单元，建立覆盖全域的市、县（市、区）、乡镇（街道）三级环境监管网格。按照"属地管理、分级负责、全面覆盖、责任到人"的原则，建立各个区域责任单位各尽其职、各负其责、相互联动、综合监管的环境监管新模式。确保排污单位得到有效监管、环境违法行为得到及时查处、突出环境问题得到根本解决、环境秩序得到有力维护。

（四）不断提升环保科技创新能力

一是借助高校和科研机构力量，加强绿色科技与环境管理体系开发与研究。二是加快绿色科技成果转化。深化产学研合作，发挥高校、科研机构、企业等多重主体的协同作用，打造一批具有产业集聚功能的产学研联合创新载体，建立绿色科技产业链。三是加强环境保护科技创新研究平台建设。围绕新能源、环境保护与资源综合利用等技术领域，推动各市、区建立科技成果转化服务中心，增强高新区、产业化基地、大学科技园、科技企业孵化器等服务功能，发展绿色科技企业，建成一批具有达到国内、国际先进水平的"苏州市环保科技创新团队""苏州市环保工程技术中心""苏州市环保产业明星企业"。四是推动绿色低碳产业快速发展。重点支持张家港、吴江、吴中等地区的环保产业，工业园区和常熟等地区的新能源汽车产业，太仓等地区的光伏产业，高新区的新能源动力电池产业。

**六、完善生态环境治理体系**

苏州市通过完善环保责任体系、环境经济政策、环保法治保障、社会共治体系、区域联防联治机制，完善多措并举的生态环境治理体系。

（一）完善环保责任体系

一是强化党政主体责任。把环境质量"只能更好、不能变坏"作为各级党委政府环保责任红线，明确政府环境保护责任清单、权力清单和环境准入否决性条件负面清单，在宏观环境政策制定、生态环境产品和公共服务供给、履行环境保护职责等方面强化党政的主体责任，不断增强地方政府的环境保护法律责任。二是明确部门监管责任。依法明确环保部门的统一监管责任，明确相关部门职责范围内的环境监管责任，建立健全全市生态环境保护议事协调机制。三是落实企事业单位直接责任。落实企事业单位环境修复责任和刑事责任追究，推进企事业单位环境信用体系建设。四是建立评估、考核和责任追究制度。

（二）完善环境经济政策

一是健全价格激励约束机制。加快资源环境价格改革，实行差别化收费政策，逐步扩大排污费征收范围，推行污水处理按质论价差别补贴机制，完善危险废物处置质量价格政策。二是推进企业环保信用评价。制定企业环保信用管理实施细则，定期公布企业环保信用评价名单，完善绿色金融体系，积极发挥金融机构在生态环境保护中的作用。三是构建政府主导的生态补偿机制。严格执行《苏州市生态补偿条例》，综合运用行政和市场手段，按照"谁开发、谁保护""谁受益、谁补偿"的原则，有效调节区域生态环境保护和建设相关各方的利益分配关系，并建立覆盖全市主要流域的水环境区域补偿制度。四是推进排污权交易工作。制定《苏州市排污权有偿使用和交易管理办法》，有序推进排污权交易工作，探索建立全市域范围内、指标全覆盖的排污权有偿使用和交易创新管理制度，逐步实现新建项目主要污染物总量平衡由交易取得。五是引导社会资本投入。积极推动设立融资担保基金，推广股权、项目收益权、特许经营权、排污权等质押融资担保，采取环境绩效合同服务、授予开发经营权益等方式，鼓励社会资本加大环境保护投入。六是健全环境污染责任保险制度。

（三）完善环保法治保障

一是完善地方环保法规，制定苏州市饮用水源保护、排污许可、污染责任保险、生态流量保障、船舶污染防治等规范性文件。二是强化环境保护司法联动，加快形成联席会商、执法信息共享和案件移送等高效机制，健全行政执法与刑事司法衔接配合机制，完善环境损害鉴定评估、案件移交、公益诉讼、"两法衔接"规范标准和配套制度，严厉打击涉嫌环境犯罪的违法行为。三是建立环保督察机制与加强环境执法督查。四是实行环境影响评价制度改革，探索环评、排污许可和网格化管理等制度有机结合和深度融合。

（四）完善社会共治体系

一是保障公众环境知情权、参与权和监督权。构建政府网站、政务微博、政务微信、移动客户端"四位一体"的环境信息服务体系，建立重污染行业、企业环境信息强制公开制度，建立公众参与环境保护的有效渠道和合理机制，建立健全公众舆论监督机制。二是大力发展社会化环保队伍。建立环保公益组织的支持机制，鼓励第三方积极参与污染治理、生态修复、环境监测等满足企业需求的环保服务。三是加强生态文明宣传教育。建设从城市到农村、从学校到企业、从政府到社区全覆盖的生态文明宣教体系，完善全民环保教育平台和环保宣教数据资料库，开展未成年人生态文明教育工程，建设生态环保体验中心，推动形成绿色消费自觉和勤俭节约的生活方式、社会风尚。

（五）完善区域联防联治机制

一是落实长三角生态绿色一体化发展示范区执法、标准、监测"三统一"制度，大力推动生态环境治理联动，进一步提高区域污染防治科学化、精细化、一体化水平。二是推进区域统一生态环境执法裁量权，联合组建生态环境综合执法队伍，定期开展联合执法巡查，共同打击环境违法行为。三是依托示范区"智慧大脑"系统的技术基础，加强区域间生态环境信息从采集、处理、交流、利用等全过程整合，建设统一的生态环境数据信息共享平台，全面支撑区域生态环境综合决策和管理。四是推动建立跨行政区生态环境基础设施建设和运营管理的协调机制。

# 第三节 "环境美"的苏州经验

在苏州市委、市政府的坚强领导下，经由"十二五""十三五"的接续奋斗，苏州市在经济社会取得高质量发展的同时，生态环境保护各项工作也取得了显著成效，积累了丰富的实践经验，为"美丽江苏"乃至"美丽中国"建设提供了"苏州样本"。

**一、"环境美"苏州实践的主要成效**[①]

党的十八大以来，苏州市深入践行习近平生态文明思想，紧紧围绕"环境美"目标，始终坚持生态优先、绿色发展，生态治理能力现代化水平持续提高，生态文明建设取得突破性进展，公众生态环境满意率大幅提升，生态环保事业呈现良好发展势头。

（一）生态环境质量明显改善

苏州市经济社会发展综合实力稳步增强的同时，主要污染物排放总量持续下降，生态环境质量明显改善。全市化学需氧量、氨氮、总氮、总磷排放量与二氧化硫、氮氧化物排放量全面完成省级下达的污染物减排目标；控制温室气体排放考核综合得分持续位居全省前列。2021年，市区空气质量优良天数比例为85.5%，$PM_{2.5}$年均浓度为28微克/立方米，成为江苏省$PM_{2.5}$浓度率先达到环境空气质量二级标准的城市之一。水环境质量全面提升，集中式饮用水水源地水质（湖泊总磷除外）达标率100%，省考以上断面水质优Ⅲ比例上升到92.5%，长江干流及主要通江河道水质全部达到Ⅲ类及以上，太湖连续14年实现安全度夏。全市土壤环境质量总体保持稳定，受污染耕地安全利用率、污染地块安全利用率全部达到90%以上。区域环境噪声总体处于较高水平，各类功能区噪声基本达标。环境γ辐射空气吸收剂量率低于江苏省天然背景值水平，电磁辐射环境质量符合相应的标准限值要求。

---

[①] 关于"环境美"苏州实践的主要成效参见《苏州市"十四五"生态环境保护规划》等。

2013-2021年苏州空气优良天数比率变化趋势图

2013-2021年苏州市PM$_{2.5}$年均浓度变化趋势图

◉ 2013—2021年苏州市生态环境质量明显改善

## （二）绿色转型升级纵深推进

苏州市经济由高速增长转向高质量发展，2021年地区生产总值迈上2万亿元新台阶；产业结构不断优化，服务业增加值占地区生产总值比重达到52.5%；先进制造业呈现蓬勃发展势头，高新技术产业、新兴产业产值占规模以上工业总产值的比重分别达到50.9%和55.7%，新一代信息技术、生物医药、纳米技术、人工智能四大先导产业产值占比达25%。全市域、全岸线、全方位、全领域推动长江大保护工作，严格落实"三线一单"管理机制，劝退拒批项目998个，涉及投资320余亿元。大力淘汰低端落后产能，完成关停及实施低效产能淘汰企业7344家，关闭退出化工企业661家，全市化工园区（含集中区）压减至6个，整治"散乱污"企业（作坊）53529家，腾出发展空间7.8万亩。能源消费结构持续优化，煤炭消费占能源消费总量比重降至59.2%。绿色循环低碳交通运输快速发展，截至2020年，共有市区公交线路438条，轨道交通4条，有轨电车2条，轨道交通里程、轨道交通线网密度位列地级市第一，建成投运全国首个绿色交通网络体系示范项目。

## （三）污染防治攻坚成效斐然

一是强力推进蓝天保卫战。扎实推进$PM_{2.5}$和$O_3$协同控制，全面开展工业深度治理、移动源污染整治、扬尘整治提升、科学精准治气专项行动，钢铁、火电行业全部完成超低排放改造。加强扬尘精准化管控，平均降尘量1.8吨/月·平方公里，为全省最低。大力推进VOCs（挥发性有机物）污染防治工作，开展化工园区泄漏检测与修复。依托大气环境质量优化提升战略合作，开展大气环境质量分析预测、污染来源解析、专家帮扶指导等工作，提高科学治理水平。二是深度实施碧水保卫战。全面落实河（湖）长制、断面长制，推进流域系统治理，实施"一湖一策、一河一策、一断面一方案"。开展全市河流水环境质量攻坚行动，省考以上河流断面水质全部达到Ⅲ类。推进长江保护修复，严格落实长江"十年禁渔"，开展入江排污口、入江支流整治。持续开展太湖综合整治和阳澄湖生态优化行动，实施太湖流域六大重点行业提标改造。持续提升污水处理能力，生活污水处理厂尾水实现准Ⅳ类标准排放。三是稳步推进净土保卫战。出台《苏州市土壤污染治理与修复规划》，完成130个国控省控土壤监测点位布设、土壤污染重点行业企业筛选、关闭搬迁化工企业和涉重企业遗留地块排查等工作，土壤环境安全得到基本保障。完成农用地土壤污染状况详查点位布设，建成投运苏州市农用地详查样品流转中心，完成农用地土壤污染状况详查。有序推进土壤修复项目，苏州溶剂厂北区污染地块修复工程在全国土壤污染防治经验交流会上受到充分肯定。

● "全国最美家乡河"七浦塘

（四）生态修复保护扎实推进

重要生态空间保护力度持续加大，划定生态空间保护区域3 257.97平方千米，占全市总面积的比重达37.63%，建成涉及自然保护区、风景名胜区、地质公园、森林公园、湿地公园等5种类型的30个自然保护地，为维系区域生物多样性、提升生态系统服务功能提供了坚实的生态网络支撑。纵深推进以太湖、阳澄湖和长江大保护为核心，湿地保护小区为主体，湿地公园为亮点的健康湿地城市建设，先后建成各级湿地公园21个，自然湿地保护率达到64.5%，主要湿地保护指标均位居全国前列。"绿美苏州"建设成效显著，"十三五"期间，全市完成成片造林4.5万亩，新增长江生态景观防护林带8892亩，陆地森林覆盖率上升至30.2%，苏州市及下辖常熟、昆山、张家港、太仓4个县级市全部建成"国家生态园林城市"，苏州成为全国首个"国家生态园林城市群"。切实加大野生动植物保护力度，在全省率先开展并完成陆生野生动物资源调查，积极开展各类野生动植物保护普法宣传活动，组织"严厉打击破坏野生动物资源违法犯罪专项行动""野生动物保护专项整治行动""盘羊四号行动"等各类专项执法行动。生态文明示范创建全面推进，建成首批国家生态文明建设示范市，太仓市、昆山市获评国家生态文明建设示范市县，吴江区、吴中区、相城区、常熟市建成省级生态文明建设示范区（市）。

（五）环境风险防控水平稳步提高

苏州市危险废物、工业污泥处置能力显著提升，分别达到34.7万吨/年和197万吨/年。建成全省首个小量危险废物集中收集点，持续完善小量危险废物处置收集体系，有效解决小量危险废物处置成本高、处置难等问题。全面实施危险废物信息化管理，在全省率先建成工业污泥监管平台，推行污泥转运电子联单制度和处置资格备案制，有效遏制工业污泥非法转移倾倒势头。组织开展危险废物处置专项整治行动，建立生态环境、应急管理信息共享、联合监管工作机制。扎实推进放射源安全检查专项行动、核与辐射安全风险隐患排查治理三年行动，全面消除辐射安全隐患。环境应急能力持续加强，组织开展重要时段、重大活动环境安全大检查，组织开展"环辐"系列辐射事故应急演练、长三角生态绿色一体化发展示范区应对跨区域突发环境事件应急演练。

（六）监测监管能力显著增强

监测监控水平持续提高。建成涵盖环境空气、地表水、饮用水、地下水、底泥、生物、土壤和噪声等8个方面的例行环境监测骨干网络，建成苏州市辐射环境监测网络和苏州市辐射环境监测体系平台，全面推动"用电、视频、工况和一园一档"在线监控系统建设。全市共设置空气监测点位116个、水质自动监测站400个、土壤监测点位130个。环境执法监管效果显著。严格环境执法监管，持续加大"双随机"检查、交叉互查、夜间突击执法力度。巩固运用"543"工作法、现场执法"八步法"和行政执法"三项制度"，全面提高生态环境执法规范化、精准化水平。市生态环境综合行政执法局四次获评全国环境执法大练兵表现突出集体。

（七）生态环境治理体系日益完善

综合运用经济、法律、技术等手段，聚焦共享共治，形成政企社共治合力。生态环境部门垂直管理改革顺利推进，完成市生态环境局、9个派出机构、27家事业单位的管理体制调整及组建挂牌工作。"放管服"改革持续深化，出台企业环境管理服务"苏环十条"，优化审批服务，落实挂钩帮扶，全程跟踪项目，推进开发区环境影响评价区域评估，推广应用环保管家服务平台。监管数字化、信息化水平大幅提高，开发建设打赢污染防治攻坚战协同推进平台，入选第三届数字中国建设峰会优秀应用案例。出台《苏州市保护和奖励生态环境违法行为举报人实施细则》，鼓励公众积极参与生态环境保护监督管理。创新环保经济政策，形成以排污许可证制度为核心的环境管理体系，健全企业环保信用评价，推动落实水、电差别化价格政策。加强科技支撑，与生态环境部环境规划院、省环保集团、南京大学环境规划院、清华苏州环境创新研究院等高校和科研机构建立战略合作关系，持续强化生态环境保护重点领域技术攻关。

**二、苏州"环境美"的基本经验**

十年来，苏州市委、市政府带领全市人民深入践行习近平生态文明思想，朝向"环境美"这一目标，全面推进绿色低碳发展、积极开展污染综合防治、持续强化生态修复保护、加强区域环境风险防范、不断健全环境监控体系、完善生态环境治理体系，总结出宝贵的"八个相结合"经验。

## （一）坚持组织领导与群众参与相结合

苏州市生态文明建设离不开周密的组织领导与广泛的群众参与。一方面，坚持周密的组织领导。苏州市积极探索与完善党的领导、政府负责、环保部门统一监管、有关部门协调配合的综合管理体系，形成了职责明确、分工协作、统筹协调的工作机制。这一机制在苏州市历次五年生态环境保护规划的贯彻落实上得到了充分实践。在规划的实施过程中，不仅坚持党政一把手亲自抓、负总责，成立相应领导协调机构，建设配套的工作机制，还坚决落实行政首长环保目标责任制，积极实行年度和任期目标管理，同时加强人大的法律监督和政协的民主监督，实现各级政府定期向同级人大报告、向同级政协通报环保工作的常态化。另一方面，坚持广泛的群众参与。党的十八大报告正式将生态文明建设纳入"五位一体"总体布局中。生态文明建设是一项关乎全局、高度复杂的工程，需要广大人民群众的共同参与。苏州市生态文明建设始终坚持人民至上，将广大人民群众的根本利益作为出发点与落脚点，明确广大人民群众在生态文明建设过程中的决策者、实践者、监督者、评价者、受益者[①]等角色，注重提升广大人民群众在生态文明建设过程中的参与感、获得感、安全感、幸福感，将广大人民群众的智慧注入生态文明建设的具体实践，切实推动生态文明建设。十年来，苏州市生态文明建设所取得的成就可以证明：苏州市生态文明建设不仅坚持周密的组织领导，还坚持广泛的群众参与，更为重要的是坚持二者之有机结合。也就是说，通过组织领导，畅通各类社会通道，协调广大人民群众在广泛参与生态文明建设中释放能量，并将之引向生态文明建设的各个薄弱环节中；同时，群众的广泛参与不断促进组织领导的自我调适与完善，从而使得二者力量合理联结在一起，共同推动生态文明建设。

---

① 汪勤峰．群众参与生态文明建设的现实困境与对策探讨［J］．求实，2014（09）：67-73.

(二) 坚持顶层设计与基层探索相结合

苏州市生态文明建设离不开宏观的顶层设计与微观的基层探索。一方面，坚持宏观的顶层设计。苏州市始终坚持在"国民经济和社会发展五年规划纲要"中分析研判过去五年生态环保成效与问题，对未来五年生态环保事业进行规划，据此进一步系统编制未来五年生态环境保护规划，为苏州未来五年生态环境保护事业提供指导。在具体规划方案中，苏州市对绿色低碳发展、污染防治、生态修复保护、环境风险防范、环境监控、生态环境治理等方面做出总体安排，为具体领域的实施提供参照。同时，在每年的政府工作报告中，历任市长进一步对未来一年的生态文明建设做出宏观规划，为来年的生态文明建设明确标准要求。可以说，苏州市始终坚持并彻底贯彻顶层设计，是苏州市生态文明建设取得胜利的重要依凭。另一方面，坚持微观的基层探索。苏州市适当赋予基层生态文明建设一定的自主权，支持与鼓励基层的自主探索、自主创新，形成了一系列行之有效的工作机制、实践模式等，造就了一批批生态文明建设样板。同时，苏州市根据不同区域、不同对象、不同问题，因地制宜地推进基层生态文明建设，达到一方水土一方计策之目的。苏州市生态文明建设的实践告诉我们：顶层设计为生态文明建设规定了总体方向、目标以及实践过程中需要遵循的原则要求，为基层探索提供指导；而基层探索则为生态文明建设提供了现实具体的实践路径以及在实践中不断生发、凝练出来的灵活生动的实践智慧，以其自身特有方式对顶层设计产生影响。可见，顶层设计与基层探索绝不是截然二分、相互对立的，而是同一过程的两个环节。顶层设计与基层探索就好似两个相互连接的发动机，为生态文明建设提供源源不断的动力，推动苏州市生态文明建设的实践进程。

(三) 坚持生态环保与经济发展相结合

苏州市生态文明建设离不开生态高水平保护与经济高质量发展。一方面，坚持生态高水平保护。苏州市始终坚持生态优先，全面贯彻节约资源和保护环境的基本国策，大力实施绿色发展战略。近十年，在历年政府工作报告中，不断突出生态文明建设的战略地位，在规划、制度、基础设施建设、生态工程建设、污染治理、试点工作等方面全面推进生态优先理念的贯彻落实。另一方面，坚持经济高质量发展。生态优先并非牺牲经济发展，而是要促进经济的高质量发展。十年来，苏州市大力推动传统产业改造升级，关停不达标企业、淘汰落后产能，发展电子信息、高端装备制造、新材料、软件和集成电路、新能源与节能环保、医疗器械和生物医药等新兴产业，促进现代都市农业转型发展，建立与创新驱动发展相适应、与城市产业格局相配套的现代服务业体系。十年来，苏州市生态文明建设所取得的成就可以证明：苏州市生态文明建设注重兼容生态保护与经济发展，实现二者之间的相互协调。苏州市牢固树立"绿水青山就是金山银山"理念，以国家低碳试点城市、循环经济示范城市建设为契机，推进实施绿色发展战略，重视经济社会发展中的资源承载和环境保护，将生态环境保护主动融入经济社会发展全过程，以生态高水平保护促进经济高质量发展，实现经济社会发展与生态环境改善相互协调、相互促进，不断提升经济社会发展的"绿色含量"。

（四）坚持制度创新与思想教育相结合

苏州市生态文明建设离不开精细化的制度创新与社会性的思想教育。一方面，坚持精细化的制度创新。从制度建设全局来看，苏州市并未对生态文明建设的整体制度架构进行频繁调整，而是维持着总体的稳定性；这为苏州市生态文明建设提供了系统性、长效性、稳定性的制度支撑。但是，制度架构的总体稳定，并不意味着制度的封闭僵化，而是在此基础上为制度的局部创新创造良好的环境，并明确提出将制度创新作为全面提高生态文明建设水平的着力点和落脚点。基于此，针对生态文明建设各个关键环节或者"最后一公里"，苏州市大力推进精细化的制度创新。比如，完善环境保护的责任体系和考核机制，全面落实企业直接责任、政府主体责任、部门主管责任、环保监管责任和司法制裁责任，切实各司其职、各负其责，形成环保合力。再如，在优化能源利用结构环节中，推进能源信息公开、节能量交易等制度创新。又如，为了打通生态文明建设的"最后一公里"，全面推行河（湖）长制、断面长制，精准实施"一湖一策、一河一策、一断面一方案"等。另一方面，坚持社会性的思想教育。全面推进生态文明建设，不仅需要不断提高治理水平，还需要广大人民群众的认可、支持与配合。这就要求加强对广大人民群众的思想教育，形成人人重视生态文明建设、人人参与生态文明建设的态势，塑造成熟的生态文化。苏州市积极加强生态文明宣传教育，形成从城市到农村、从学校到企业、从政府到社区全覆盖的生态文明宣教体系，增强群众的生态文明自觉意识，推动形成绿色消费自觉和勤俭节约的生活方式、社会风尚。十年来，苏州市生态文明建设所取得的成就可以证明：苏州市生态文明建设不仅坚持精细化的制度创新，还坚持社会性的思想教育，更坚持二者之相辅相成。通过精细化的制度创新，适应社会变迁的新变化，为全社会的思想教育提供机制体制支持，构建顺畅的思想传播渠道。借助社会性的思想教育，解除群众的思想包袱，解决群众的思想矛盾，为生态文明建设制度创新的落实营造宽松的社会文化氛围，并以强大的舆论力量助推生态文明建设制度体系发展与完善。

（五）坚持科技创新与污染防治相结合

苏州市生态文明建设离不开应用性导向的科技创新与融通性导向的污染防治。一方面，坚持应用性导向的科技创新。苏州市不断加强对环保领域科技创新支持力度，充分发挥在苏高校和科研机构的深厚科研优势，组织实施国家重点研究计划和国家科技重大专项项目，加大对环境保护重点领域技术攻关的支持力度，重点开展循环经济、节能环保和水、气、土污染防治的关键技术研究，开展大气源解析科研工作，建立大气污染源排放清单数据库，建成大气污染治理动态评估与管理技术平台，建设新能源、环境保护与资源综合利用等技术领域重点实验室。同时，苏州市注重加快上述科技成果的转化、落地，将科技成果引入生态文明建设的关键环节。这充分体现出苏州市在生态环保领域内推进科技创新的应用导向。另一方面，坚持融通性导向的污染防治。一直以来，对大气污染、水污染、土壤污染、声污染进行综合防治，是我国污染防治的重要特点。苏州市的污染防治亦是如此。在此基础上，苏州市注意到污染预防与污染治理之间的连续性、一贯性、融合性，是紧密联系在一起的，而不是相互区隔的单项工作。为此，苏州市进一步加强污染预防与污染治理之间的融合考量，注重污染预防与污染治理策略的相互配合。十年来，苏州市生态文明建设所取得的成就可以证明：苏州市生态文明建设不仅坚持应用性导向的科技创新，还坚持融通性导向的污染防治，更坚持二者之互相协作。科技创新赋能污染综合防治，为大气污染、水污染、土壤污染、声污染防治的各个环节提供科技力量的支持，提升污染综合防治的效率。同时，污染综合防治为科技创新提供实践的平台，倒逼科技创新，大大提升科技创新的效率，促进绿色产业链建设，提高苏州市生态文明建设的科技含量。

（六）坚持系统施策与精准管理相结合

苏州市生态文明建设离不开面向全局的系统施策与面向局部的精准管理。一方面，坚持面向全局的系统施策。"坚持系统观念，是以习近平同志为核心的党中央在对新时代党和国家各项事业进行战略谋划时提出的，是推动各领域工作和社会主义现代化建设的基础性思想和工作方法……新征程上，改革发展稳定任务之重、矛盾风险挑战之多、治国理政考验之大都前所未有。这就要求我们必须更加紧密团结在以习近平同志为核心的党中央周围，坚持以习近平新时代中国特色社会主义思想为指导，遵循系统观念的内在规律与实践要求，从系统观念出发谋划和解决现实问题，共同为全面建成社会主义现代化强国而努力奋斗。"① 苏州市秉承系统观念，推进系统施策。以生态环境质量目标为导向，统筹山水林田湖草系统保护修复，推进应对气候变化与环境治理、生态保护修复协同增效，增强各项举措的关联性和耦合性，推动生态环境源头治理、系统治理、整体治理。系统施

---

① 韩庆祥. 系统观念是具有基础性的思想和工作方法 [N]. 光明日报，2022-04-18（15）.

策、协同推进，有效解决苏州市生态文明建设过程中的"堵点""难点"，大大提升了生态文明建设效率。另一方面，坚持面向局部的精准管理。苏州市在坚持系统施策的同时，实行精准管理，紧盯新时代生态文明建设过程中的主要矛盾、薄弱环节，突出精准、科学地防治污染、保护环境，运用科学思维、科学方法、科技手段，精细管理、分类施策、因地制宜，切实补足生态文明建设短板，夯实生态文明建设基础。十年来，苏州市生态文明建设所取得的成就可以证明：苏州市生态文明建设不仅坚持面向全局的系统施策，还坚持面向局部的精准管理，更坚持二者之辩证统一。唯物辩证法告诉我们：应对问题，不仅要树立全局观念，还要处理好局部关键矛盾，二者是相互支撑、不可分割的。苏州市积极践行唯物辩证法，以系统施策指引精准管理，以精准管理促进系统施策，二者力量相互融合，共同汇聚于生态文明建设，提振生态文明建设的整体效能。

（七）坚持区域协作与城乡联动相结合

苏州市生态文明建设离不开一体化的区域协作与协同化的城乡联动。一方面，坚持一体化的区域协作。苏州市位居长三角的核心地域，以融入长三角生态文明建设一体化发展为导向，积极探索生态文明建设的区域协作机制。比如，大力推进京杭大运河生态长廊建设，打通大运河与周边区域的生态通道。又如，持续强化长三角环境污染的联防联控联治，提高污染防治的科学化、精细化、一体化水平。另一方面，坚持协同化的城乡联动。从总体上看，现代社会中的城乡生态资源分布是不平衡的，如何维系二者之间的平衡，成为考量生态文明建设水平的重要指标。苏州市长期致力于城乡生态联动建设，加强农村生态的修复与保护，推进城市生态的修复与建设，促使农村生态与城市生态得到有效衔接，实现城乡生态的协调发展。十年来，苏州市生态文明建设所取得的成就可以证明：苏州市生态文明建设不仅坚持一体化的区域协作，还坚持协同化的城乡联动，更坚持二者之有机嵌合。区域协作蕴含着三重任务——不仅要实现区域内不同城市生态文明建设之间的协作，还要实现区域内不同农村生态文明建设之间的协作,更要实现区域内城乡生态文明建设的协作。苏州市作为区域生态文明建设的典范,将长三角区域生态协作与城乡生态联动有机地嵌合在一起,达到了相互促进、相互提升之目的,为长三角一体化绿色发展以及将苏州建设成为长三角一体化绿色发展示范区奠定了坚实基础。

(八)坚持社会共治与法治保障相结合

苏州市生态文明建设离不开社会协同共治与法治兜底保障。一方面,坚持社会协同共治。苏州市积极发挥政府"有形之手"、市场"无形之手"和社会"自治之手"作用,引入企业、社会组织、群众、媒体、评估机构等力量,保障公众环境知情权、参与权和监督权,大力发展社会化环保队伍,加强生态文明宣教平台建设,形成多元主体参与、多方互动的生态环境治理模式,为苏州市生态文明建设构筑行动框架。另一方面,坚持法治保障。苏州市在生态环境法治领域认真贯彻"法治苏州"建设目标任务,从立法、执法、司法、守法、普法五大环节综合施力,注重疏通解决生态文明建设各环节与其他领域交叉重叠地带突出问题,为生态文明建设提供法律保障。苏州市生态文明建设不仅坚持社会协同共治,还坚持法治兜底保障,更坚持二者之相得益彰。苏州市一手抓社会共治,一手抓法治保障,二者相互配合,将生态文明建设推向新的阶段。

以上"八个相结合"是苏州市生态文明建设经过十年锤炼积累下来的宝贵经验,是全市人民群众共同创造的精神财富。我们必须倍加珍惜,在新时代新征程生态文明建设中进一步完善、丰富与发展。正如习近平总书记所言:"生态文明建设功在当代、利在千秋。我们要牢固树立社会主义生态文明观,推动形成人与自然和谐发展现代化建设新格局,为保护生态环境作出我们这代人的努力!"[①] 过去十年,苏州市始终坚持以习近平生态文明思想为指引,在市委、市政府的坚强领导下,坚持以人民为中心,坚持以改善环境质量为核心,深入打好污染防治攻坚战,不断提升广大人民群

---

① 习近平. 决胜全面建成小康社会夺取新时代中国特色社会主义伟大胜利[N].人民日报,2017-10-28(01).

众的参与感、获得感、安全感、幸福感，奋力谱写"美丽中国"的苏州范本。站在新的历史起点上，苏州市将继续在生态文明建设道路上坚定前行，让优美生态环境成为苏州高质量发展的一张亮丽名片，为实现"中国梦"筑牢生态之基。

◉ 修复后的张家港湾

第五章　环境美

◉ 水环境整治后的太浦河与大运河苏州段交汇处

第五章 环境美

# 第六章 社会文明程度高

习近平总书记指出，人民有信仰，国家有力量，民族有希望。因此，要提高人民思想觉悟、道德水平、文明素养，提高全社会文明程度。社会文明建设在中国特色社会主义建设过程中十分重要，关系到"五位一体"整体推进进程。"社会文明程度高"，是习近平总书记对江苏殷切期望的重要部分。党的十八大以来，作为"强富美高"新江苏现代化建设的排头兵，苏州市委、市政府在省委、省政府坚强领导下，科学决策、科学布局，率领全市人民奋勇争先、砥砺前行，齐心协力建设高质量社会文明，成为打造"人间新天堂"的有机组成部分。江苏省委常委、苏州市委书记曹路宝同志在督查全国文明典范城市创建工作时强调："要始终坚持以人民为中心的发展思想，坚持创建为民、创建惠民，把群众'表情包'当做工作'风向标'，紧密结合'我为群众办实事'实践活动和'两在两同'建新功行动，解决好群众身边的'急难愁盼'问题。"[1] 十年来，苏州市不断阐释

---

[1] 曹路宝强调：凝聚强大合力　营造浓厚氛围　更高标准推动文明典范城市创建走深走实[N].苏州日报，2021-12-13.

"社会文明程度高"的本地内涵,创建了建设社会文明的苏州路径,创造了苏州成绩,形成了苏州经验,在江苏省乃至全国社会文明建设工作中占有独特地位。

◉苏州市2021年度精神文明建设先进典型暨苏州市道德模范交流活动现场

◉2020年第五届江苏志愿服务展示交流会现场

## 第一节　持续诠释"社会文明程度高"新内涵、新要求、新价值

党的十八大以来，党和国家高度重视社会文明建设，将这一工作摆在突出位置。建设社会文明，是一项社会工作、民生工作，也是一项政治工作。苏州紧跟建设要求，充分结合实际需求和本地实际环境，不断诠释社会文明程度高在苏州的表达形式，诠释了体现党中央和时代要求、本地经济社会文化特色和人民群众愿望的社会文明苏州形态，较好地完成了社会的期盼，丰富了社会文明程度的内涵。

### 一、不断深化解读"社会文明程度高"的时代新内涵

苏州拥有2500多年的建城史，在历史长河中形成的独特的城市风貌、文化底蕴，令这座城市呈现了极具特色的文明气质。建设社会文明，是对这座千年文化古城文明形态、文明内涵的一次再塑造。《苏州市文明行为促进条例》中，将文明行为定义为：遵守宪法和法律、法规规定，体现社会主义核心价值观，符合社会主义道德要求，维护公序良俗，引领良好社会风尚，推动新时代社会文明进步的行为。如何能够在社会文明建设过程中，传承这座城市的深厚文化底蕴，推动其随时代的发展不断具备新内涵，是苏州市上下持续探索的一个重要问题。

首先，坚持从政治高度把握"社会文明程度高"的实质内涵。党的十八大以来，以习近平同志为核心的党中央高度重视社会文明建设，将社会文明程度作为衡量社会发展的重要指标。中国特色社会主义文明建设是一项综合性、长期性事业，是一项覆盖全社会、涉及全体人民的建设工程，关系到中国特色社会主义事业的稳定长期发展，是一项重要的政治任务。习近平总书记指出，只有物质文明建设和精神文明建设都搞好，国家物质力量和精神力量都增强，全国各族人民物质生活和精神生活都改善，中国特色社会主义事业才能顺利向前推进。社会文明建设，是事关社会文明、

人民幸福的重要工作，也是中国特色社会主义高质量发展的重要体现。习近平总书记结合社会发展要求和民族发展目标，创造性、长远性指引社会文明的建设方向，将社会文明建设上升到时代高度、政治高度，是对无产阶级政党治国理政理念的重要拓展。十年来，苏州市委、市政府认真贯彻落实习近平总书记关于社会文明建设重要论述，严格按照省委、省政府部署，把社会文明建设作为党治理能力提升和苏州现代化发展的重要一环，真正实现了政治引领。在历届苏州市党代会和市政府工作报告及五年规划中，社会文明都是一项备受关注的工作，突出反映了全市上下对推动社会文明建设的高度重视和坚定共识，营造了"讲文明树新风"的良好社会氛围。中共苏州市第十二次代表大会报告就提出，要对照全面建设社会主义现代化国家"两步走"战略安排，不断丰富提升苏州推进现代化建设的实践内涵。苏州市将社会文明建设同社会发展同步，将社会文明发展融入社会意识形态构建中、融入人民的实际生活中、融入社会产业发展中，[①]用习近平新时代中国特色社会主义思想，特别是习近平总书记围绕社会文明建设的重要论述作为一切工作的基本遵循，坚决贯彻"人民至上"执政管理理念，将民心作为最大的政治，将人民认不认可作为最根本的工作导向，贯彻落实党中央关于加强文明建设的初衷，落实省委、省政府的相关部署，整个工作体现了高度的政治性。

其次，坚持从发展角度阐释"社会文明程度高"的时代内涵。党的十八大以来，以习近平同志为核心的党中央，不仅坚持社会文明建设的原则方向，科学评价社会文明建设的重要性，还特别注重探索科学发展社会文明的基本原则和基本方法。习近平总书记指出，党的十一届三中全会以来，我们党始终坚持以经济建设为中心，集中精力把经济建设搞上去、把人民生活搞上去。只要国内外大势没有发生根本变化，坚持以经济建设为中心就不能也不应该改变。这是坚持党的基本路线100年不动摇的根本要求，

---

① 全面提升城市建设管理水平　全力争创全国文明典范城市［N］.苏州日报，2022-06-17.

也是解决当代中国一切问题的根本要求。围绕习近平总书记关于党的基本路线的重要阐述，苏州市紧紧抓住社会发展之钥，始终坚持以经济发展为中心，为社会文明建设发展创造了强大支撑。苏州市委、市政府始终立足苏州市发展阶段，充分结合当前江苏省和全国发展的时代特点，准确定义"社会文明程度高"时代内涵，处理好普遍与特殊、守正与创新的关系，充分发扬马克思主义联系与发展基本方法论，随着时代的发展不断阐释"社会文明程度高"的新的时代内涵，确保社会文明建设理念、方法、模式紧跟乃至引领时代发展，树立作为改革开放前沿阵地应当具备的开放性、创造性。习近平总书记在党的十九大报告中围绕中国特色社会主义进入新时代进行了科学阐释。他指出，我们要在继续推动发展的基础上，着力解决好发展不平衡问题，大力提升发展质量和效益，更好满足人民在经济、政治、文化、社会、生态等方面日益增长的需要，更好推动人的全面发展、社会全面进步。① 苏州市委、市政府紧紧根据新时代的鲜明特征，始终从发展角度分析社会文明建设方式方法，形成了一系列具有深厚苏州地情政情民情的特色化理念。

最后，坚持从历史维度理解"社会文明程度高"的文化内涵。苏州建设社会文明具有突出的地方性特点。一方面，作为极具代表性的江南水乡，苏州当地独特而深厚的文化氛围，孕育出对社会文明的独特理解，塑造出践行社会文明建设的独特路径。苏州社会文明建设理念始终随着时代的发展而不断体现出本土文化特色。苏州坚持扬长"三大优势"，即"扬文化优势，使苏州深厚的文化底蕴转化为现代文明优势；扬环境优势，以环境软实力的增强促进发展硬实力的提升；扬公共服务优势，为城乡居民提供设施配套、便捷高效的优质服务"②，凝练出浓厚的地方社会文明建设思

---

① 习近平.决胜全面建成小康社会 夺取新时代中国特色社会主义伟大胜利[M].北京：人民出版社，2017：12.
② 蒋宏坤.坚持科学发展 建设"三区三城" 为率先实现基本现代化而努力奋斗[R].2011年9月15日.

路,体现了富有地方人文关怀的文明建设文化底蕴。另一方面,党的十八大以来,苏州市委、市政府在社会文明建设过程中不断总结建设情势,紧紧把握建设规律,实现了建设思路持续优化、建设理念持续提升、建设目标持续更新,充分基于改革开放以来发展历程,不断总结社会文明建设经验,不断强化社会文明建设使命,不断明确社会文明建设目标。在社会文明建设过程中,苏州市委、市政府"深入论证'现代国际大都市、美丽幸福新天堂'的城市发展愿景,建设现代综合交通运输、现代特色产业创新、现代城市功能保障、现代文化标志传播、现代生态环境涵养五大体系。苏州作为长三角世界级城市群中一颗璀璨的明珠,正致力打造连接全球、融通全球、覆盖全球、影响全球的开放枢纽门户,为所有人提供更高品质的生活、创造更加公平的发展机会"[①]。苏州悠久的历史文化、当代的奋斗文化,为社会文明建设提供了精神动力和文化推力,为深刻理解"社会文明程度高"的苏州样本提供了重要的文化支撑,也为诠释苏州特点的"社会文明程度高"提供了重要的文化引导,形成了富有历史积淀和时代感、历史传承与当代创新相辉映的城市社会文明建设新思路,实现了苏州社会文明传统与当代社会文明建设的有机对接,确保了新时代苏州社会文明建设与城市的整体气质有机结合,为苏州社会文明建设提供了充足的历史文化助推力。

二、不断精准对标"社会文明程度高"的时代新要求

习近平总书记指出,要把提高社会文明程度作为建设社会主义文化强国的重大任务,坚持重在建设、以立为本,坚持久久为功、持之以恒,努力推动形成适应新时代要求的思想观念、精神面貌、文明风尚、行为规范。在中国特色社会主义进入新时代背景下,在正确解读"社会文明程度高"内涵基础上,建设高水平社会文明,是一项长期性、综合性工作。

首先,始终将建设社会文明作为一项全局工作来抓。苏州市委、市政

---

① 蓝绍敏. 在苏州开放再出发3000人大会上的讲话[R]. 2020年1月3日.

府始终将社会文明建设作为一项综合性、系统性工作,强调在经济、政治、文化、社会、生态、党建等方面全方位推进,不留短板缺口,不漏条块板块,实现了全社会一盘棋的"五位一体"建设格局。中共苏州市第十二次代表大会提出:"提升社会文明程度。坚持用中国梦和社会主义核心价值观凝聚共识、汇聚力量,大力弘扬以爱国主义为核心的民族精神和以改革创新为核心的时代精神,丰富拓展'崇文睿智、开放包容、争先创优、和谐致远'的苏州精神。推进马克思主义大众化,坚定中国特色社会主义道路自信、理论自信、制度自信、文化自信,增强国家意识、法治意识、社会责任意识。加强社会公德、职业道德、家庭美德和个人品德教育,推动行风、校风、家风建设。强化公民人文素质教育,弘扬科学精神。推动文明城市建设常态长效,加强志愿者社会组织建设,力争建成首个全国文明城市群。"① 苏州市委、市政府充分以社会文明建设为契机,协同各社会部门开展统一建设,实现了对"社会文明程度高"涵义的广义化扩展。从参与主体来说,通过充分调动各个领域、各条战线齐抓共管,发动社会上下共同参与,凝聚起社会文明建设的广泛合力,将"社会文明程度高"作为彰显全苏州整体面貌的代名词,进一步促进社会各行各业的有机协同,引导全社会共同致力于提高社会文明水平,将"社会文明程度高"的总体要求在全社会扎根。在建设过程中,充分发挥党的全面领导力、政府的部署行动力,以及广大市民群众的团结力、向心力,实现了经济基础、上层建筑的共同推进,充分展示了新时代下在经济较为发达地区,充分继承和发扬传统与当代文化精神,继而开辟出的一条全城动员、全民参与、党的领导在前、社会各界全方位系统落实的社会文明建设体系。历史和事实充分证明,苏州在社会文明建设工作过程中,在全社会形成了长期的、团结的、目标明确的合力,创造了较为典型的建设发展案例。

其次,始终将建设社会文明作为一项具体工程来抓。苏州在社会文明

---

① 周乃翔. 深入践行新理念 全力谱写新篇章 为高水平全面建成小康社会而不懈奋斗[R]. 2016年9月26日.

建设过程中，始终注重从量化入手，强化定性考核，实现科学评价考核、以评促建、以考促建，实现社会建设公开化、透明化、普及化。一方面，苏州紧紧按照上级标准，对标开展社会文明建设工作。2009年，中央文明办对全国文明城市和先进城市进行公共文明指数测评，并且公布排名，测评的内容主要包括公共环境、公共秩序、人际交往、公益行动等方面。2012年，中央文明办颁布《全国城市文明程度指数测评体系》，将以上四个部分进行细化，一共形成30项条目，对文明城市建设标准进行全面化、规范化指导。同期，还颁布《全国未成年人思想道德建设工作测评体系》，从重点工作、公共环境、公共秩序、公益活动、公共关系等类别具体设置标准，一共分成24个具体测评项目。从2013年起，苏州市根据《全国城市文明程度指数测评体系》和《全国未成年人思想道德建设工作评测体系》，进一步整合、细化、凝练成公共环境、公共秩序、公共活动、公共关系、未成年人教育环境等5个测评类别，并将测评项目融合为77个，并围绕测评指标开展市、区、责任单位各级严格考核，公开成绩和排名，实现全过程定量考核、全阶段定性评判。另一方面，在对标上级指标的同时进一步加码，制定更为严格的标准，更严、更快、更全地完成相关指标，确保超前、超标建设。2021年，苏州市委、市政府召开全市建设全国文明典范城市推进大会，会议发布《深化新时代文明实践引领建设全国文明典范城市三年行动计划（2021—2023）》（以下简称《行动计划》），明确三年的全国文明典范城市建设申办周期。《行动计划》中包括市民精神风貌提升工程、新时代文明实践中心（所、站）建设提升工程、舒心家园共建工程、乡风文明和乡村治理提质工程、净美环境守护工程、文化惠民工程、公共服务共享工程、"诚信苏州"建设工程、企业社会责任促进工程、友好型城市建设工程等十大类具体工程，每一类工程又设立若干具体的数字指标。整篇《行动计划》覆盖建设全国文明典范城市工作的方方面面，又将各个方面的建设工作细化到具体数量指标，体现了建设有方向、落实有标准、监督有依据、阶段有总结。

最后，始终将建设社会文明作为一项长期任务来抓。苏州市委、市政府按照社会工作的相关规律，在不同发展阶段制定针对性的发展目标，取得了一个又一个重要的阶段性成功。2011年，苏州市制定《苏州市国民经济和社会发展第十二个五年规划纲要》，全面系统强调文化在社会发展中的重要性，提出构建社会核心价值体系，"光大苏州城市精神，提高全民文明素质，倾力打造'诚信苏州'"，着力繁荣文化事业、加快发展文化产业，营造绿色生态的宜居环境等一系列目标。2016年，第十三个五年规划中提出，要着力打造文化苏州，提高城市文明水平，着力培育和践行社会主义核心价值观，切实打造"诚信苏州"，努力打造"法治苏州"，建立生态宜居的绿色发展体系，建立多元主体参与的现代社会治理体系，创新社会治理机制，深化重点领域改革推进体制机制创新，等等。2021年，第十四个五年规划中提出，要通过弘扬社会主义核心价值观，深化"文明苏州"建设，加快推进"诚信苏州"建设，加强先进典型学习宣传，推动公共文化服务共享，举办城市文化主题活动，坚持文化改革正确发展方向，推动文化产业高质量发展，等等。特别是提出了2035年远景目标，具体包括："到2035年，苏州经济强、百姓富、环境美、社会文明程度高的发展内涵全面提升，'争当表率、争做示范、走在前列'的目标要求如期实现，基本建成创新之城、开放之城、人文之城、生态之城、宜居之城、善治之城，高水平建成充分展现'强富美高'新图景的社会主义现代化强市、国家历史文化名城、著名风景旅游城市、长三角重要中心城市，为建设世界级城市群作出积极贡献。"[①] 2022年，苏州市政府又印发《苏州市全民科学素质行动规划（2021—2035年）》，对未来15年全市提升全民科学素质提出了长期规划。[②] 可见，十多年来，苏州对社会文明的阐释始终保持一以贯之的文化内核，在实际工作中，也注重保持工作的系统性、连续性，为苏州社

---

① 苏州市人民政府. 苏州市国民经济和社会发展第十四个五年规划和二〇三五年远景目标纲要［Z］. 2021-1-22.

② 苏州市人民政府. 苏州市全民科学素质行动规划（2021—2035年）［Z］. 2022-3-27.

会文明建设的长期化、稳定化发展提供了重要基础，也符合社会文明的建设规律，以及社会文明程度高的内在本质要求。

## 三、不断着力凸显"社会文明程度高"的时代新价值

苏州开展社会文明建设，具有长期性、时代性，是一个不断阐述"社会文明程度高"内涵、不断践行"社会文明程度高"目标、不断完善"社会文明程度高"建设方法的过程。经过十多年的建设，苏州市以"社会文明程度高"为引领开展建设，取得了令人瞩目的成就，充分体现出设立这一目标的现实价值，也不断展现出不同时期社会文明和提高社会文明程度的时代内涵。党的十八大以来，中国特色社会主义进入日新月异的发展阶段，"五位一体"总体布局全面推进，新发展理念全面落实。苏州市在这一阶段中，也充分取得了作为改革开放前沿阵地的发展成效，社会文明程度水平也呈现了突出的时代性特征，价值性也得到了充分显现。

首先，将"社会文明程度高"作为衡量城市治理能力的重要指标。苏州市委、市政府始终强调城市治理能力建设。在社会文明建设中，始终注重城市治理能力提升，将城市治理能力建设融入社会文明建设过程中。2021年12月，曹路宝同志在苏州市市域社会治理现代化试点工作现场推进会上强调，要坚持以习近平新时代中国特色社会主义思想为指导，提高政治站位、增强行动自觉、加强探索实践，把市域社会治理现代化作为建设"善治之城"的重要抓手，努力走出一条特大城市社会治理现代化的新路子，全力争创市域社会治理现代化示范城市，为"强富美高"新苏州现代化建设提供重要保障。① 社会文明程度，是城市治理能力的直接体现。苏州是高度对外开放的重要城市，社会治理工作有很大的特殊性，包括社会文化较为多元，产业结构复杂，社会生活方式丰富，历史文化传承氛围浓厚，等等。这些特点，对推动社会文明多元化融合发展有巨大推动作用，也会造成一系列工作挑战。在过去的建设过程中，苏州市委、市政府不断

---

① 苏州市市域社会治理现代化试点工作现场推进会召开 曹路宝讲话 吴庆文主持［N］.苏州日报，2021-12-22.

探索基于当地特征的工作思路,将改革开放前沿阵地的特点转变为建设社会文明建设的动力,将由多元化带来的各种挑战转变为提升社会治理能力的契机,推动城市治理能力在社会文明建设中不断提升。始终重视将社会文明程度作为衡量党和政府工作能力及工作效果的重要指标。在"十四五"规划中,苏州就提出,要"以推动高质量发展为主题,以深化供给侧结构性改革为主线,以需求侧管理为着力点,以谋划新发展优势为主轴,以改革创新为根本动力,以满足人民日益增长的美好生活需要为根本目的,建设高质量经济、造就高品质生活、打磨高颜值城市、实现高效能治理,率先建设充分展现'强富美高'新图景的社会主义现代化城市"①。明确提出社会文明建设的主要依据和导向,将推动建设上升为考核地方治理的高度,为推进社会文明建设提供了现实的保障体系。

其次,将"社会文明程度高"作为衡量城市发展水平的重要标准。社会文明程度是城市发展的最直接成果之一,是城市物质文明、精神文明的全面体现,是城市发展的重要部分,也是城市发展水平的重要体现。十年来,在推动社会文明建设的同时,苏州全力改革推动治理能力现代化,开展诸如供给侧结构性改革、政府机构改革、"3550"改革等全方位深化改革,借助一系列重要指标体系,苏州市"十四五"规划直接将"经济强""百姓富""环境美""社会文明程度高"作为本市"十三五"时期经济社会发展主要指标完成的几个关键部分。"社会文明程度高"也成为整个城市发展水平这一较为抽象概念的具体直观表现。通过对包括社会文明建设在内的具体发展状况的考察,"十四五"规划对苏州市在过去五年的发展进行总体论断,提出"经过'十三五'时期的奋斗,苏州经济社会发展迈上了新台阶,实现了新跨越,高水平全面建成小康社会成为现实"②的重

---

① 苏州市人民政府. 苏州市国民经济和社会发展第十四个五年规划和二〇三五年远景目标纲要[Z]. 2021-1-22.

② 苏州市人民政府. 苏州市国民经济和社会发展第十四个五年规划和二〇三五年远景目标纲要[Z]. 2021-1-22.

要结论。这一结论，是对苏州在过去发展成绩的肯定，也是对包括社会文明建设在内的工作方式成果的肯定，为未来相当长一段时间内定调城市发展和社会文明建设发展思路提供了基本前提。城市发展水平体现在经济实绩、政治氛围、文化形态、社会风貌、生态建设、民生质量等方面，是对城市各项工作能够协同发展的直接表现。苏州作为经济大市、外贸大市，始终注重城市物质建设、精神文化非物质建设同人民群众主体认同度相匹配，致力于建设与经济发展相匹配的社会文明形态，强调各项事业协同均衡发展，充分贯彻"五位一体"总体布局，打造综合实力强、文化根基深、社会影响大、群众幸福感高的新时代历史文化名城，让社会文明建设紧紧融入新时代社会的发展中。

最后，将"社会文明程度高"作为引领城市发展的重要文化驱动。"社会文明程度高"之于城市有着极为特殊的内涵，如何让苏州这座古城在新时代不断焕发出崭新面貌，如何把城市发展水平同城市的历史底蕴有机融合起来，是一个重要的主题。苏州市委、市政府正是在不断处理好这些关系的过程中，带领苏州人民开辟出了一条兼具历史文化和精神传承同新时代创新发展有机融合的崭新道路，将"社会文明程度高"有机融合进城市发展之中，进而形成专属苏州的社会文明建设道路。始终将"社会文明程度高"作为苏州城市建设的重要标准，渗入各项社会工作中去，让社会文明建设成为苏州城市建设的有机组成部分。作为历史文化名城，苏州市具备丰富的文化底蕴以及现代化的城市文明，这一优势不仅为社会文明建设奠定了丰富的资源，也提供了重要的内涵支撑。苏州的悠久文化积淀，为社会文明建设提供了特殊的理念和内涵，也提供了独特的人文环境，塑造出特殊的文化气质，形成了形式统一、内涵相异的社会文明建设路径。将社会文明建设作为城市发展必不可少的内容，让"社会文明程度高"成为苏州的发展文化，融入党的建设、社会治理、城市建设、道德秩序、对外交流等各项工作中，实现以文明建设推动城市发展，以城市发展带动文明建设，让文明程度不断提升成为整个城市常态化的发展状态。

● 《我和我的祖国》——红色经典诗篇阅读接力

● 新四军老战士在讲抗战故事

● 全国道德模范常德盛给学生讲党史

## 第二节　持续探索"社会文明程度高"新路径

党的十八大以来,党中央始终高度重视对社会文明建设的创新部署,2020年,《中共中央关于制定国民经济和社会发展第十四个五年规划和二〇三五年远景目标的建议》中,将"社会文明程度得到新提高"作为"十四五"时期我国经济社会发展要努力实现的主要目标之一,具体包括:社会主义核心价值观深入人心,人民思想道德素质、科学文化素质和身心健康素质明显提高,公共文化服务体系和文化产业体系更加健全,人民精神文化生活日益丰富,中华文化影响力进一步提升,中华民族凝聚力进一步增强。对标党中央和省委、省政府关于社会文明建设具体要求,苏州始终开展积极探索,在全面深刻理解"社会文明程度高"丰富内涵的前提下,不断开拓建设新路径,形成了富有当地特色的社会文明建设思路,也为新时代新征程进一步开展建设工作奠定了重要基础。

### 一、以人民群众为中心,实现共治与共享相结合

以人民群众为中心,是党领导各项工作全面开展的核心要义。开展社会文明建设,人民始终是阅卷人,同时也是社会主义现代化建设的最主要参与者。党的十八大以来,苏州市始终秉持"为人民服务"宗旨,让人民在社会文明建设过程中提升参与度和获得感,实现人人共建社会文明的良好社会氛围,实现全民动员、全民参与、全民推动、全民共享,展现出苏州这座历史文化名城建设社会文明的强大凝聚力和长久推动力。

首先,将人民群众作为推动社会文明建设的参与主体。习近平总书记指出,要深入推进公民道德建设、志愿服务建设、诚信社会建设、网络文明建设,不断提高人民道德水准和文明素养。要提倡艰苦奋斗、勤俭节约,坚决反对铺张浪费,在全社会营造浪费可耻、节约光荣的浓厚氛围。长期以来,苏州市始终坚持以人民作为主体的社会文明建设之路,在实际工作中充分发动人民群众,这令苏州文明建设充满了广大人民群众的热情和智慧,生动诠

释了人民作为社会文明建设的主体作用。曹路宝同志在专题调研文明城市创建工作时提出："要加大宣传力度，提高市民对创建工作的知晓率、支持率和参与率……共建共治共享美好幸福家园。"① 苏州的社会文明建设，源于每一个苏州人的文明修养。在具体建设过程中，各届市委、市政府充分征求苏州人民对社会文明发展的意见和建议，充分实现全民共建的良好形态。苏州社会文明建设取得的成绩，是党领导全市人民共同奋斗的结果。从创建全国文明城市，到争创文明典范城市，苏州市委、市政府广泛发动群众，实现治理主体与建设主体的紧密互动，社会文明建设与个人文明提升的有机结合。作为一项综合性的社会工作，从横向来说，社会文明建设涉及经济、政治、文化、社会、生态文明等不同的治理领域；从纵向来说，社会文明建设也涉及党的执政治理能力建设、党与人民群众的关系建设、人民群众自身的文明素质建设等领域。处理好不同维度工作之间的相互关系，对城市治理提出了全面挑战。苏州市委、市政府在建设过程中，始终把人民的关心和意见放在首位，处理好人民的需求、城市发展的需求，同苏州的客观历史文化和社会发展的客观规律紧紧联系起来。归根到底，是调动群众建设苏州的积极性，营造出改革再出发、激情再创业的豪迈气概，把社会文明建设作为人民参与的一项共同事业。

其次，将人民群众作为引领社会文明建设的需求主体。随着经济社会的发展，社会文明建设的层次不断提升，人民的需求也不断提升。苏州市在建设社会文明过程中，始终将民心作为最大的政治任务，坚持人民的需求主体地位，将提高人民的物质与精神生活水平作为基本归宿，把社会文明建设过程打造为真正的民生工程，充分实现建设全国文明城市、全国文明典范城市的根本初衷。在建设过程中，苏州市委、市政府注重广泛征集群众需求，把社会文明建设作为满足人民美好生活需要的重要契机。"一个地区、一座城市，怎样才算物质文明和精神文明建设都搞好，文明城市就是具象化标志。

---

① 曹路宝强调：凝聚强大合力　营造浓厚氛围　更高标准推动文明典范城市创建走深走实[N].苏州日报，2021-12-13.

多年来，我市加快推进社会主义核心价值体系建设，不断提升社会文明程度，但是，这并不代表我市文明城市建设工作已经尽善尽美，对照中央和省的要求，对照全市广大人民群众的期望，还存在不少差距和不足。"① 社会文明建设涉及的方方面面都关系到群众的切身利益，也是群众非常关心的问题。苏州市委、市政府始终坚持发动群众，察群众之所请、解群众之所忧，依靠群众力量解决社会问题，并将社会文明建设转变为切实解决困扰人民困难的惠民工程。通过社会文明建设，进一步拉近党群关系、政群关系，推动全市人民积极参与社会治理过程中，群众的需求和呼声能够直接快速得到采集和解决，实现生活需求满足与社会文明发展同向进行，将社会文明建设作为推动政治体制机制完善的重要动力。通过加快优质教育资源、医疗资源、公益场馆设施建设②，丰富高品质的公共产品，推出高品位、接地气的文化精神成果等途径，丰富人民群众的精神文化生活和提高人民群众的物质生活水平，让社会文明建设获得人民群众的广泛支持和肯定，确保苏州市社会文明建设长期化、实效化、特色化开展，让社会文明建设成为推动城市内涵发展的重要组成部分，也成为新时代满足人民对美好生活需要、实现人民至上理念的重要工作。

最后，将人民群众作为社会文明建设成果的共享主体。在新时代，苏州始终注重高质量发展，针对苏州经济政治社会文化生态发展实际情况，融合社会全面发展目标和民生水平提高目标，将人民群众的文明需求和文明建设实际紧紧融合起来，形成了清晰明确的发展路径，阐释了符合国家发展方向和富有地方发展特色的文明建设新理念。"必须清醒地认识到，我们的城市文明是初级阶段的文明，要把苏州建设成为高标准的全国文明城市，需要更加注重经济社会的全面发展，更加注重人的精神建设，更加注重促进人的现

---

① 石泰峰. 让文明真正成为苏州名片和品格［R］. 2014-09-27.
② 加强设施建设　丰富活动供给　构建更高水平全民健身公共服务体系　曹路宝调研全民健身工作［N］. 苏州日报，2022-07-14.

代化。"① 苏州市在实现社会文明长足发展的同时,注重实现广大市民共享发展成果。一是共享的水平高。党的十八大以来,作为长三角核心城市之一,苏州各项事业取得跨越式发展,包括经济指标在内的各项社会发展指标都取得了可喜成绩。同时,城市发展成果充分惠及广大市民,在可支配收入、公共产品和服务提供等方面,均取得明显提升。二是共享的范围广。苏州市全域实现协同发展,城乡收入、区域收入均实现同步上升,差距不断缩小,社会公平公正发展。社会文明成果惠及大市范围,不同地域、不同年龄、不同行业人民都能公平享受社会文明发展成果,形成对城市发展的最广泛认同感。三是共享的理念新。苏州市社会文明程度建设,以经济发展为基础、政治建设为保障、文化发展为亮点、公共事业发展为前提,讲求经济成果共享、精神文化成果共享、公共服务共享,并且以全民共享为导向,不断创造富有苏州本地特色的物质和精神文化发展新成果,让苏州的社会文明发展带有本地特色,形成带有苏州传统人文关怀、当代人文精神的社会文明共享模式。

**二、以意识和文化为纽带,实现传承与融合相结合**

尊重文化、保护文化、发展文化,是苏州市优良的历史品质。在建设社会文明过程中,苏州始终加强文化普及工作,把文化作为独特优势融于社会建设过程中。长期以来,苏州始终立足于改革开放前沿阵地,以中国特色社会主义道路为引领,坚定不移推进改革开放,形成了浓厚的开放文化。同时,苏州还深挖传统文化,不断保持和丰富传统文化底蕴,正如曹路宝同志指出,"江南文化"品牌是苏州"最有基础、最有优势的重点领域,也是最能支撑全国全省发展大局的关键大事,关系到长远发展和核心竞争力的提升"②。借助意识和文化纽带,苏州的社会文明建设始终沿着正确的方向稳步前进。

首先,将新思想作为开展社会文明建设的政治引领。习近平新时代中国

---

① 石泰峰.让文明真正成为苏州名片和品格[R]. 2014-09-27.
② 谱写"强富美高"新苏州现代化建设新篇章[N].新华日报,2021-12-27.

特色社会主义思想是当代马克思主义、21世纪马克思主义，是引领苏州发展的根本思想保证和政治保证。党的十八大以来，苏州市委、市政府深入贯彻习近平新时代中国特色社会主义思想，深刻领悟习近平总书记对苏州"勾画现代化目标""为中国特色社会主义道路创造一些经验""为太湖增添更多美丽色彩"等殷殷嘱托，牢记政治使命和政治任务，切实推动社会各项事业向前发展。在社会文明建设层面，习近平新时代中国特色社会主义思想是开展社会文明建设的根本遵循。一是为社会文明建设定下总基调。习近平新时代中国特色社会主义思想科学回答了社会文明建设的本质要求和中国特色社会主义社会文明建设事业的正确方向，保证社会文明建设以人为本的根本归宿不动摇。二是为开展社会文明建设提供了方法和思路指导。习近平总书记围绕文明建设提出的重要理论和新思想，科学阐释了开展社会文明建设的基本方法。三是为社会文明建设提供了总思路。习近平总书记基于中国特色社会主义事业发展规律和人类发展规律，充分阐释社会文明建设的内在本质，为构建长期社会文明建设思路和现阶段社会文明建设策略提供了科学指导。在实际建设过程中，苏州市社会文明建设紧紧按照习近平总书记重要论述精神，充分体现新时代提高苏州社会文明水平的工作特点，切实推进有苏州特点、满足苏州需求、立足苏州实际的社会文明建设之路，使建设工作始终有方向、有目标、有内核，让苏州的社会文明建设完全融入全省、全国的建设大局中，创造出获得广泛社会影响、符合社会期望和城市风格的建设成就，让苏州传统文化、人文积淀和时代发展在新时代得到完全展示，开创了苏州社会文明建设的新阶段，苏州的社会文明也呈现出崭新形态，提升了在国内和国际的文化影响力。

其次，将时代精神作为开展社会文明建设的价值引领。党的十八大以来，苏州全面贯彻党中央国务院和省委、省政府部署，继续弘扬艰苦创业的干事热情和吃苦耐劳的干事风格，走出了一条社会文明建设的创新之路。弘扬时代精神，是苏州市委、市政府带领全市上下共同展现的精神品质，充分诠释了苏州从古至今具备的精神传统，也充分彰显了苏州勇担新时代新使命的时代担当。一方面，深刻领悟中华文化和中国精神的时代精华。《中共中央关于党的百年奋斗重大成就和历史经验的决议》指出，习近平新时代中国特色社会主义思想是中华文化和中国精神的时代精华，实现了马克思主义中国化新的飞跃。① 苏州市始终将习近平新时代中国特色社会主义思想作为时代精神引领。另一方面，坚持弘扬苏州传统的"崇文睿智，开放包容，争先创优，和谐致远"城市精神，扩展苏州的城市精神谱系。曹路宝同志指出，要以高度的政治自觉和强烈的责任担当，把学习宣传贯彻六中全会精神作为当前最重要的政治任务抓紧抓实抓好。理论学习要持续深入，宣传宣讲要务求精准，贯彻举措要直达基层，更好地把全市上下干事创业的激情释放出来，推动苏州高质量发展继续走在全省全国前列。② 将苏州的城市精神融入新时代社会文明建设之中，实现用精神激励人、用文化感化人，实现习近平新时代中国特色社会主义思想引领城市精神文化品质再发展，社会主义核心价值观引领城市价值更鲜明，实现传统文化精神弘扬与当代时代精神和城市精神的有机融合，同时也实现精神文化发展与物质建设的辩证统一和相互促进。

最后，将优秀传统文化作为开展社会文明建设的沃土。党中央，强调中华优秀传统文化是中华民族的突出优势，是我们在世界文化激荡中站稳脚跟的根基，必须结合新的时代条件传承和弘扬好。③ 保护、传承和弘扬优秀传统文化，是一个城市的重要使命，特别是对于像苏州这样的城市，文化工作具有更加独特的意义。长期以来，文化工作始终是苏州城市建设中一项极为重要的工作，也是一项取得重要成果的工作。苏州市始终珍视文化，充分认识到优秀传统文化在推动经济社会发展、提高人文环境中的至关重要的作

---

① 中共中央关于党的百年奋斗重大成就和历史经验的决议［M］. 北京：人民出版社，2021：26.

② 曹路宝强调：把牢政治方向站稳政治立场坚持守正创新 奋力推进新时代宣传思想工作再上新台阶［N］. 苏州日报，2021-12-18.

③ 中共中央关于党的百年奋斗重大成就和历史经验的决议［M］. 北京：人民出版社，2021：46.

●国内外知名专家学者齐聚一堂,共商苏州古城保护大计

用,将优秀传统文化资源作为推动城市特色化发展、树立特色化标签的重要资源。"古城城址历经2 500多年不变,世所罕见;苏州古典园林与北京故宫并立比肩;苏州还同时拥有'世界文化遗产'和'世界非物质文化遗产'的'双遗产'。"① 通过发掘和弘扬优秀传统文化资源,苏州在国内外知名度不断扩大,影响力持续提升,并且探索出一条优秀传统文化的保护和弘扬之路。曹路宝同志指出,要把昆曲、园林、刺绣等优秀传统文化挖掘好、展示好、利用好,让人们对雅的追求、美的追求成为对苏州的追求,使苏州始终成为世人心中"最江南"的地方,打造大运河文化带"精彩苏州段";像对待老人一样敬畏古城、呵护古城,加强历史文化名城保护。② 紧扣"江南文化"和"姑苏文化",结合新时代社会建设总体要求,让文化成为推动社会文明发展的深沉力量,提高人民对当地文化和中华优秀传统文化的自信,让历史文化融入每一个苏州人的内心中,体现在社会的日常运转中,影响于全世界,构建兼具"姑苏文化""太湖文化""江南文化"的社会文明城市形态。

---

① 蓝绍敏. 在苏州开放再出发3 000人大会上的讲话 [R]. 2020-01-03.
② 曹路宝. 做好"四则运算",让苏州人民的生活好上加好 [N]. 扬子晚报,2021-12-27.

● 列入世界文化遗产名录的大运河苏州段 7 个核心点段分布图

### 三、以社会治理为支撑，实现德治与法治相结合

加强社会治理能力是苏州建设社会文明的重要组成部分，先进的社会治理是社会文明程度高的重要保证，也是必要条件。苏州市委、市政府始终加强社会治理能力建设，将这一工作作为提升城市内涵和竞争力的重要保障。曹路宝同志强调，要坚持以习近平新时代中国特色社会主义思想为指导，提高政治站位、增强行动自觉、加强探索实践，把市域社会治理现代化作为建设"善治之城"的重要抓手，努力走出一条特大城市社会治理现代化的新路子，全力争创市域社会治理现代化示范城市，为"强富美高"新苏州现代化建设提供重要保障。① 实现德治与法治相结合，是提升城市治理能力的必然要求，也是符合城市发展需求的治理模式。

首先，注重法治体系建设，确保规范化与程序化相统一。法治体系建设是城市规范有序发展的机制保证，是法治的前提。苏州市委、市政府长期坚持法治体系建设，确保法律有效实施机制、地方性法规科学制定和实施机制，建立起全面、有效、有序的法治体系。曹路宝指出，要在发挥"五治"作用上下功夫，以政治强引领，以法治强保障，以德治强教化，以自治强活力，以智治强支撑，同时在"五治"基础上充分发挥"心治"的积极作用，以开展全国社会心理服务体系建设试点为契机，全面做强社会心理服务指导中心，面向未成年人、失独老人等重点群体加强心理干预，提供多层次的心理援助等服务。要在推进体制机制现代化上下功夫，着力提升市域统筹能力，推动社会治理与企业管理有机结合，进一步完善党委政府负责、群团组织助推、社会组织协同和公众广泛参与的体制机制。② 法治体系的健全，特别是地方性法规条例的制定，对法治社会的建立具有重要意义，也成为苏州地方法治体系建立的重要基础。2001年，苏州市第十二届人民代表大会第四次会议制

---

① 苏州市市域社会治理现代化试点工作现场推进会召开 曹路宝讲话 吴庆文主持[N].苏州日报，2021-12-22.
② 苏州市市域社会治理现代化试点工作现场推进会召开 曹路宝讲话 吴庆文主持[N].苏州日报，2021-12-22.

●《苏州市文明行为促进条例》

定《苏州市制定地方性法律条例》，同年，江苏省第九届人民代表大会常务委员会第二十三次会议批准，2017年修订。2003年，《苏州市人民政府规章制定规定》讨论通过。在制定地方性法规同时，不断规范法规制定过程，确保法规公信度、有效性。2021年，《苏州市人民政府关于公布继续施行的市政府行政规范性文件目录的通告》发布，清理失效市政府行政规范性文件，明确现行法规，进而进一步强化地方性法规规范性管理。苏州市贯彻各项法律，同时，加强地方性法规制定和落实，特别是关于推动苏州市社会文明建设的相关法规，对社会文明建设具有重要意义。2022年，《苏州市文明行为促进条例》正式实施，全面规范和推动全市社会文明创建工作。

其次，注重道德约束，确保他律性与自律性相统一。苏州市在社会道德体系营造方面，探索出独特模式，取得了显著效果。一方面，贯彻习近平总书记关于道德建设的重要论述，充分认识道德建设对社会文明建设的重要作用；另一方面，充分结合本市道德建设基础和环境，将党和国家关于道德建设重要部署细化落实，形成具有苏州特点的道德建设模式，主要是提升公民自我道德修养，建构社会道德水平整体提升机制和体制。"完善精神文明创建体制机制，以创建'全国文明城市'为载体，依托'新时代文明实践中心'建设，深入推进'文明社区'群众性创建活动，开展'新苏州人与文明苏州同行'系列活动。创新舆论引导方式，推动媒体深度融合，加强网络社会安全和意识形态管理，完善舆情监测和舆情应急处理工作机制，建好用好县级融媒体中心。弘扬'张家港精神''昆山之路''园区经验'三大法宝，以共同价值构筑精神家园。"① 苏州市道德建设充分重视在社会中营造积极向上的道德风气,将中华优秀传统美德、新时代社会公德和干事创业美德紧密结合,充分发挥道德模范示范引领作用,充分借助新时代文明实践工作推动,从多方面打造市民自觉遵守、群众自发监督、政府引领发动的建设格局,构建自律与他律相结合、个人与社会相协同的良好模式,充分彰显道德建设的重要性和功能性,实现社会文明建设的人文化、全社会化。全社会道德建设在不同地区、不同行业、不同层级部分间协同开展,实现特

◉吴中区官浦社区文明实践站每周举办一次的未成年人实践课

---

① 苏州市人民政府.苏州市国民经济和社会发展第十四个五年规划和二〇三五年远景目标纲要[Z].2021-01-22.

殊性与普遍性的有机统一。经过十年的发展，苏州市道德建设实现了长期化、连续性，道德建设方法、理念和推进模式与社会发展需要和人民群众期望相同步，充分尊重人民在道德建设过程中的主体地位，让道德在高速发展和高度开放的社会中，始终发挥应有的约束和激励作用，构建了独特的市域道德共同体。

最后，注重法治践行，确保强制性与自觉性相统一。不断提升治理能力，是新时代加强执政能力的重要方面。苏州市长期发布《苏州市法治政府建设工作要点》，将法治任务具体化、公开化，切实将政府作为治理主体，将全社会共同作为治理的监督主体，推动人民参与法治建设，营造良好的政治文明，令法治过程既讲温度，又讲力度。"要弘扬时代新风，让崇德向善成为苏州的城市风尚。大力弘扬社会主义核心价值观，推进《苏州市文明行为促进条例》立法，加大不文明行为曝光惩戒力度，持续放大

● "法治夜魔方"主题宣传活动现场

'苏州时代新人'品牌效应,努力建设城市精神家园。加强家庭、家教、家风建设,大力弘扬文明风尚,让'好家风''讲文明''重诚信'成为苏州人的形象标签。深入开展'八礼四仪'养成教育,优化文明实践志愿服务机制,创新和加强思政教育,引导青少年扣好人生第一粒扣子。"[1] 2021年,《苏州市文明行为促进条例(草案)》正式向全社会征求意见。该条例的制定,就是"为了有效传承中华优秀传统文化,培育和践行社会主义核心价值观,提高公民的思想觉悟、道德水准和文明素养,全面提高社会文明程度"[2]。借助法治,更加凸显社会文明建设的必要性、重要性,更加有力推动社会文明建设走向深入、走向现实,践行文明与法治的社会主义核心价值观。

---

[1] 苏州市召开建设推进大会出台《三年行动计划》 许昆林讲话 李亚平具体部署[N]. 苏州日报, 2021-06-04.
[2] 苏州市文明行为促进条例(草案)[Z].

# 第三节　持续创造"社会文明程度高"新成就

党的十八大以来，苏州市始终围绕社会文明建设根本要求和工作特点，勇挑重任、勇辟新路，成为争做"强富美高"新江苏建设先行军和排头兵的重要方面。在新时代，苏州扛起"三大光荣使命"，这就是："在改革创新、推动高质量发展上争当表率"的职责使命，"在服务全国构建新发展格局上争做示范"的职责使命，以及"在率先实现社会主义现代化上走在前列"的职责使命。① 面对不同阶段的不同建设任务和建设形势，苏州市委、市政府审时度势，始终抓紧社会文明高质量建设主线，带领苏州人民创造鲜亮发展数据、丰富城市发展内涵，围绕习近平总书记殷殷嘱托不懈奋斗，成果得到国家领导人和国内外广泛好评。在服务长三角一体化、乡村振兴、沪苏一体化等重大战略中，苏州市文明建设产生重要推动作用。

## 一、实现社会文明建设水平高质量提升

在"社会文明程度高"的期望指引下，苏州市委、市政府始终明确目标、把准方向，充分调动全市上下建设热情，拓展建设思路，以评奖评优为导向，提升人民满意度、幸福感为遵循，将社会文明建设的社会效益、经济效益、民生效益最大化，向着习近平总书记的殷殷嘱托、人民的热烈期望不懈努力，让这座拥有 2 500 多年悠久文明的古城在新时代展现更加强大的活力和更加广泛的国内外影响。

首先，争获社会文明建设"硬荣誉"。近年来，苏州在全国文明城市创建过程中取得突出成绩，体现出层级高、范围广、影响大、品牌响的突出特点。迄今为止，苏州共有 2 项世界物质文化遗产和 6 项世界非物质文化遗产。从 2012 年起，全市打造"全国文明城市群"，基本建成城乡"10 分钟文化圈"和"10 分钟体育健身圈"。2020 年，苏州成功实现全国文明城市"五连

---

① 曹路宝. 做好"四则运算"，让苏州人民的生活好上加好［N］.扬子晚报，2021-12-27.

冠",并历史性实现全国文明城市全域化、"满堂红",张家港市成为首个全国文明文明城市"七连冠"的县级市,太仓市63个单位获省级文明称号,实现省级文明镇全覆盖。同年,张家港市成为全国首个荣膺"联合国人居奖"的县级市。全市实现双拥模范城"七连冠"。① 在新时代文明实践建设过程中,苏州市共有两个全国建设试点,出台《高质量推进城区新时代文明实践中心建设工作的实施意见》,通过打造"百所千站功能提升工程""百岗千亭站点覆盖工程""百团千项服务优化工程""百行千业资源整合工程"等"四个百千"工程,② 涌现出一大批"中国好人""江苏好人"等先进人物。截至2021年年底,全市累计有57个村庄获评省级"特色田园乡村"称号,

●2021年9月建成开馆的苏州博物馆西馆

---

① 吴庆文.2022年苏州市政府工作报告［R］.2022-03-30.
② 苏州推出"四个百千"工程 高质量推进城区新时代文明实践中心建设［Z］.苏州文明网,2021-06-11.

数量保持全省领先。① 2016年迄今，苏州蝉联英国经济学人智库全球城市宜居智库中国大陆上榜城市首位，2018年，苏州市被授予"世界遗产典范城市"称号，是世界遗产城市组织首次给会员城市颁发该称号。2021年，苏州又凭借打造永远在线的"数字苏州"目标，荣获由联合国人居署、世界经济论坛、西班牙工业部、巴塞罗那市政府等主办的全球智慧城市建设标杆性政企大会颁发的世界智慧城市大奖中国区"经济大奖"，② 以及获评全球"手工艺与民间艺术之都"，图书馆、美术馆和博物馆总量位居全国第一方阵，等等。

其次，打造社会文明建设"真数据"。社会文明建设作为重要的社会建设工作，具有突出的复杂性、整体性特征。苏州市不仅注重对城市的宏观塑造，还始终致力于建立完备的数据治理能力，在社会文明建设目标数据化的基础上，实现建设成效的数据化。"十三五"规划提出，苏州"以和谐向上为追求促进'社会文明程度高'，加快建成文化强市，社会主义核心价值观广泛认知践行，良好思想道德风尚进一步弘扬，人民群众素质显著提高；现代文化产业和公共文化服务体系更加健全。法治苏州建设扎实推进，法治政府基本建成，社会治理能力不断提升，人民群众的满意度不断提高。到2020年，高等教育毛入学率达到70%、全市每千人口执业医师数达到2.5人以上、人均公共体育场地面积达到3.2平方米、人民群众对法治建设满意率达到92%以上，城乡和谐社区建设达标率达到95%以上"③。在此基础上，"十四五"规划总结，苏州"十三五"期间社会文明程度实现了重要推进，在每千人口执业医师数、全市千名老人养老床位数、每千常住人口医疗机构床位数、人均公共文化设施面积、人均体育场地面积、高等教育毛入学率、人民群众对法治建设满意率、城乡和谐社区建设达标率等多个方面取得显著提升（表6-1）。党的十八大以来，苏州市用实实在在的数据，展示了社会文明建设的实际进

---

① 苏州新添8个特色田园乡村 [Z]. 苏州文明网, 2021-06-11.
② 苏州荣获世界智慧城市大奖 [N]. 苏州日报, 2021-10-17.
③ 苏州市国民经济和社会发展第十三个五年规划纲要 [Z]. 2016-3-22.

●2019年12月建成开放的苏州第二图书馆

展,也体现了苏州市在建设工程中始终注重将改善民生作为最基本出发点,充分秉持以人为本的根本遵循。

表6-1 苏州市"十三五"时期经济社会发展主要指标完成情况

| | 指标 | "十三五"规划目标 | 实际完成情况 |
|---|---|---|---|
| 社会文明程度高 | 每千人口执业医师数/人 | ≥2.5 | 3.6 |
| | 全市千名老人养老床位数/张 | 45 | 45 |
| | 每千常住人口医疗机构床位数/张 | 6 | 7 |
| | 人均公共文化设施面积/(平方米·人$^{-1}$) | 0.4 | 0.43 |
| | 人均体育场地面积/(平方米·人$^{-1}$) | 3.2 | 3.98 |
| | 高等教育毛入学率/% | 70 | 70.1 |
| | 人民群众对法治建设满意率/% | >92 | 92.5 |
| | 城乡和谐社区建设达标率/% | >95 | 99.2（城市）<br>97.4（农村） |

数据来源:《苏州市国民经济和社会发展第十四个五年规划和二〇三五年远景目标纲要》。

最后，扩大社会文明水平"软影响"。城市影响力，是城市发展的外在体现，也是关系未来城市竞争力的重要一环。近年来，苏州市在国内外的影响力持续提升，是从政府治理到基层治理、经济发展到文化全面发展的结果。苏州市始终注重经济基础与上层建筑协同发展，在推动经济高质量发展的同时，推动社会文明建设持续推进，打造广泛深远的影响力。苏州社会文明建设，是悠久文化积淀与新时代精神文化相结合的典范，也是优秀传统文化保护与当代弘扬的典范。苏州市始终善于挖掘传统文化优势和现当代文化特点，实现创造性融合，并始终通过长远规划、现实推动，在优化社会治理、团结市民参与的体制中，不断实现持续性与阶段性建设相结合、软性建设与硬性达标相结合的社会文明建设模式，形成了符合苏州特点、凸显苏州优势、契合城市定位的系列社会文明建设成果。苏州市始终促进经济发展带动文化发展，获得了海内外的广泛认可，对提高城市知名度、扩大文明影响力、增加对外吸引力有重要的推动作用。经过十年不断建设，苏州市城市影响力不断扩大，吸引力不断增强，存在感、美誉度不断提升，既成为一座经济发展的明星城市，又成为一座社会文明建设的明星城市，"人间天堂"的观念持续深入人心。

**二、实现社会文明建设路径高质量建构**

如何实现社会文明路径的高质量、独特性建构，是苏州市社会文明工作的重点和挑战。近十年来，苏州市长期布局，建立从市委、市政府到基层治理组织的全层次建设体制机制。实际效果充分证明，苏州市在探索社会文明建设路径方面取得了系列重要推进，形成了宝贵的建设发展经验。

首先，长远规划，加强顶层体制机制设计。苏州市在社会文明建设过程中，苏州党委始终发挥全面领导、全面部署、全面统筹作用，充分起到核心引领作用。苏州市委紧紧抓住经济发展和民生发展主线，围绕社会文明建设主题，按照党中央、省委具体要求，根据苏州发展定位，适应国内外发展新形势，明方向、颁政策、强布局，对实现社会文明有序健康发展的组织、政策进行科学规划，为苏州市社会文明水平的提升奠定了政治基础和组织政策保障。2021年3月,苏州市文明委召开全体(扩大)会议,会议提出:"要牢牢把握大方向、总目标,深入谋划抓落实;扎实推进各项基础工作,全面整改促提升;紧紧围绕精神文明重点工作,塑造品牌出亮点;不断健全文明创建工作机制,优化考核建长效。要把精神文明建设工作纳入苏州经济社会发展总目标,立足新发展阶段,立足社会主义现代化建设大局,坚持以人民为中心,守正创新、锐意进取,突出规划引领、全面治理提升,奋力争创全国文明典范城市,为打造向世界展示社会主义现代化的'最美窗口'提供强大精神力量和丰润道德滋养。"① 苏州市委、市政府凸显社会文明建设的政治意义、社会意义、长远意义,在思想上重视、在政策中保障、在细化中落实,将社会文明建设工作作为关乎城市综合竞争力、未来发展潜力的重大任务。在市委、市政府长期重视推动之下,苏州全社会将社会文明建设作为发展的一项要务,将提升全市文明程度作为一个基本社会共识和任务,激发全市上下建设热情和建设自觉,形成了一整套政治立场坚定、理念思路开放、民众支持认可的方案,设计并建立起高效有序、规范合理的体制机制,为整体建设的顺利开展提供了坚强保证,充分展现党的领导是对社会文明建设的根本保证。

其次,科学组织,加强中层体制机制部署。在市委、市政府领导和部署下,苏州市形成了完备的中层体制机制建设。充分发挥各委办局等主管部门及职能部门把关指挥作用,打通从政策到落实的中间通道,实现政策传达高效化、政策分解精确化、政策反馈时效化。在实际建设过程中,各部门、县(区、市)充分发挥宣传、指挥和监督作用,成为落实顶层设计的重要枢纽。苏州市始终加强文明管理体制机制建设,注重科学规划、科学施策、科学监督,在开展统一考核、统一要求的同时,发挥职能部门和区县治理能动性,打造各具特点的创建模式。充分发挥职能部门和县(区、市)联动作用,强化同基层民众、社会组织在内的力量联系,形成强大的社会建设治理体系。

---

① 苏州市文明委研究部署全市精神文明建设工作[N].苏州日报,2021-03-12.

"创新'五社联动'机制，引导社会力量参与基层治理。建立县级市（区）、镇（街道）两级社会矛盾纠纷调处化解中心，扎实开展信访积案和矛盾问题排查化解专项行动，提升源头预防化解能力"，"深入培育和践行社会主义核心价值观，持续推进全国文明典范城市创建工作，扎实开展文明城市细胞工程，全域化提升社会文明程度"①。充分强化领导责任制，实现分工明确、权责清晰，将中层体制机制建强建稳，对上层传达消化政策，对基层做好部署落实和监督。"要努力形成全民参与共建的强大合力。各地各部门要把文明城市建设作为'一把手'工程来抓，压实责任、齐抓共管。要完善机制、严格督查，定期通报工作推进情况，深化网格化管理制度，确保各项任务落实到位。"② 在建设过程中，苏州市各级地方和职能部门认真落实市委、市政府部署，做好"传声筒"，当好"解读员"，守好"责任田"，开拓"创新路"，实现党政民众互动、社会力量联合、建设质量管控的重要职能。

最后，细化分解，加强基层体制机制落实。基层治理是社会治理的重要一环。作为与群众接触最直接的治理层级，各基层在建设过程中，与人民群众紧紧联系在一起。借助基层民主治理、网格治理等新型治理模式和理念，加强与群众互动联通，将小微问题解决作为社会文明整体建设的基础。"要广泛发动、凝聚合力，搭建好市民便于参与、乐于参与的工作平台，让更多企业在低碳环保、消费者权益维护、和谐劳动关系塑造等方面承担应有的社会责任。充分发挥舆论监督作用，及时曝光各类问题，切实形成全面推进、全民推进、全域推进的生动局面。"③ 通过切实解决民生问题，获得群众广泛认可，提升群众幸福感、获得感、归宿感，激起社会文明建设共鸣，调动群众参与热情、创新热情，推动工作向全民化、长期化、创新化开展。"要进一步深化群众参与，结合党史学习教育特别是'我为群众办实事'实践活

---

① 吴庆文. 2022年苏州市政府工作报告［R］. 2022-03-30.
② 苏州市召开建设推进大会出台《三年行动计划》 许昆林讲话 李亚平具体部署［N］. 苏州日报，2021-06-04.
③ 苏州市召开建设推进大会出台《三年行动计划》 许昆林讲话 李亚平具体部署［N］. 苏州日报，2021-06-04.

● 社区"政社互动"面对面活动现场

动,切实抓好无物业老旧小区管理、农贸市场改造提升等民生实事。充分发挥舆论监督的重要作用,加大对不文明行为的曝光力度,积极营造讲文明、树新风、扬正气、促和谐的氛围。"① 民生无小事,处理好人民群众的事情,也就解决了社会的头等大事。苏州市委、市政府始终将人民作为社会文明建设的首创力量。充分重视民间作用,"坚持政府推动与民间联动并举,促进多层次、宽领域对外文化交流","深入推进'政社互动',探索城乡社区协商民主,引导社会组织健康有序发展,创建全国社区治理和服务创新实验区。畅通信访渠道,完善社会矛盾源头预防和调处化解综合机制"。② 完善将服务

---

① 苏州市委常委会会议学习贯彻习近平总书记在中央深改委第十九次会议上的重要讲话精神 部署全国文明典范城市建设工作  许昆林主持 [N]. 苏州日报,2021-05-28.
② 周乃翔. 深入践行新理念  全力谱写新篇章  为高水平全面建成小康社会而不懈奋斗 [R]. 2016-09-26.

人民、改善民生纳入文明建设过程中，把文明建设过程也打造为惠民工程，让提升文明建设成为群众广泛支持、认可的城市工程，获得了广泛的社会效益和内生动力。

### 三、实现社会文明建设经验高质量总结

在取得社会文明建设丰硕成果的基础上，苏州市委、市政府始终重视建设经验的总结与推广，对持续推动建设、推广建设成果具有重要意义。曹路宝同志指出："苏州要牢牢把握现代化的客观规律和实践要求，在深化改革扩大开放、推动绿色低碳发展、加强文明城市建设、促进城乡融合发展、实现共同富裕等方面，创造更多可复制、可推广的实践经验，成为展示中国式现代化新道路的一个城市范例。"① 苏州市力求开创一条独特的社会文明建设之路，将社会文明建设的经验作为城市精神和城市发展经验的重要组成部分，充分发掘社会文明建设工作的理论意义，将社会文明建设工作成果从现实层面延伸到理论层面。

首先，正视历程，善于审视"来时路"。习近平同志2012年7月在苏州出席中非民间论坛时殷殷嘱咐："我想今后我还会来这里，解剖麻雀、调查研究、总结经验、把握规律都会来的。"② 苏州市委、市政府始终铭记习近平总书记的殷切期望，重视从历史发展中不断总结经验，凝练科学方法，从"旧故事"中凝练"新道路"，成为不断开拓苏州文明建设模式的重要工作。"改革开放以来特别是党的十八大以来，苏州紧紧围绕服务决胜高水平全面建成小康社会，以践行社会主义核心价值观为根本，大力培育道德风尚，全力打造文化高地，为开创高质量发展新局面提供强大精神动力和丰润道德滋养。"③ 苏州市推动社会文明建设工程，既在物质层面取得了重要进展，表现在优化了公共产品供给，深化了传统与现代街区建设，加强了传统文化保护

---

① 曹路宝. 做好"四则运算"，让苏州人民的生活好上加好[N]. 扬子晚报，2021-12-27.
② 蓝绍敏. 在苏州开放再出发3000人大会上的讲话[R]. 2020-01-03.
③ 苏州市召开文明城市建设工作推进会 蓝绍敏讲话 李亚平作具体部署[N]. 苏州日报，2020-05-13.

与弘扬，完善了城市发展总体布局；又在精神文化层面，进一步丰富了苏州市的人文和现代价值底蕴，提升了市民的整体文明素养和精神风貌；还在社会理念上丰富了文明建设经验，打开了城市未来文明发展的新思路。苏州市社会文明建设道路，是苏州市在新时代不断"突破地级市地位"，探索苏南城市发展新思路的突出代表，是城市改革再出发的宝贵经验资源，成为这座城市独有的文明标签。对于苏州这样一座始终对历史充满敬畏之心的古城来说，传承历史已成为社会发展中必不可少的工作。因此，总结社会文明建设道路，是苏州市开展当前和未来建设工作的重要步骤。

其次，立足当下，踏实踩稳"脚下路"。苏州市始终坚持实事求是和解放思想的辩证统一，充分结合区位特点、文化特点、经济社会发展特点等，制定行之有效、立足本土的文化建设之路。"苏州将紧紧抓住一系列国家战略叠加实施的机遇，充分利用紧邻上海的地理区位优势、配套完备的实体经济优势、底蕴深厚的历史人文优势，等等，加快建成国内大循环的重要支点、国内国际双循环的关键枢纽，更好服务全国构建新发展格局。"[1] 同时，苏州市始终坚持政策、规划落实到位，将文明建设的"虚任务"落地成为"真事业"，充分发动社会有机力量，用真真实实的奋斗和投入，创造出实实在在的成绩。2021年5月，苏州市委常委会会议在部署全国文明典范城市建设工作时提出："要进一步强化责任意识，按照《三年行动计划》，加快排定一批重点项目，凝心聚力抓好落实，围绕文明素养、基础设施等各方面，软硬结合推动苏州市社会文明程度不断迈向新高度。要进一步优化体制机制，确保常态长效，充分激发各条线各部门的积极性、主动性、创造性。深化拓展新时代文明实践中心建设，打造新时代文明实践的'苏州样本'。"[2] 在文化建设过程中，苏州全市上下始终以充沛的精神、饱满的面貌和进取的姿态，着眼当下、真抓实干，是社会文明建设取得重大进展的实现保障；讲方法、讲

---

[1] 曹路宝. 做好"四则运算"，让苏州人民的生活好上加好［N］. 扬子晚报，2021-12-27.
[2] 苏州市委常委会会议学习贯彻习近平总书记在中央深改委第十九次会议上的重要讲话精神 部署全国文明典范城市建设工作 许昆林主持［N］. 苏州日报，2021-05-28.

思路、讲历史，则是社会文明建设科学开展的方法保障。

最后，聚焦目标，创新开辟"未来路"。面对不同时期的建设任务和要求，苏州市始终重视基于城市发展客观环境，根据社会发展客观规律，紧按人民对美好生活的客观需求，打造符合城市未来发展需求的社会文明建设之路。"展望2035年，我们要高水平建设令人向往的创新之城、开放之城、人文之城、生态之城、宜居之城、善治之城，建成充分展现'强富美高'新图景的社会主义现代化强市，成为促进人的全面发展、实现全体人民共同富裕的先行示范。在此基础上，再经过15年的努力，在我们党实现第二个百年奋斗目标时，苏州拥有高度的物质文明、政治文明、精神文明、社会文明、生态文明，经济综合实力、文化软实力迈入全球先进城市行列，成为向世界展示中国式现代化新道路、人类文明新形态的城市范例"。① 苏州市始终处理好社会平稳发展和阶段性质变的关系、社会文明建设与社会整体建设的关系，实现社会文明建设线性化、持续化发展，充分发挥文明建设对社会整体建设的拉动作用，以及社会经济发展对社会文明建设的基础性作用，建立了科学推动文明建设的协同辩证机制。"苏州将在高水平全面建成小康社会、经济总量跨上两万亿元新台阶的基础上，完整准确全面贯彻新发展理念，强化改革创新引领，全面提升发展的平衡性、协调性、可持续性，在高质量发展上勇立潮头。"② 在不同的发展阶段、不同的建设起点，苏州始终坚定不移地发挥创新建设精神，将新目标和新挑战作为建设工作的方向引领，坚持攻坚克难，继续创造具有现代城市特点、江南文化底蕴的社会文明建设之路，"打响'苏州制造''江南文化'两大品牌，用心用情解决民生问题、增进民生福祉，更加扎实有效推进共同富裕，在江苏现代化建设进程中更好发挥先行示范作用"③，力争让"社会文明程度高"成为苏州市的又一亮丽标签。

---

① 许昆林. 奋进新征程 谱写新篇章 为建设展现"强富美高"新图景的社会主义现代化强市而不懈奋斗 [R]. 2021-09-24.
② 曹路宝. 做好"四则运算"，让苏州人民的生活好上加好 [N]. 扬子晚报，2021-12-27.
③ 许昆林参加苏州代表团审议 [N]. 新华日报，2021-11-25.

# 大运河苏州段国家文化公园规划图

● 大运河苏州段国家文化公园规划图

## 大运河苏州段文化空间布局规划图

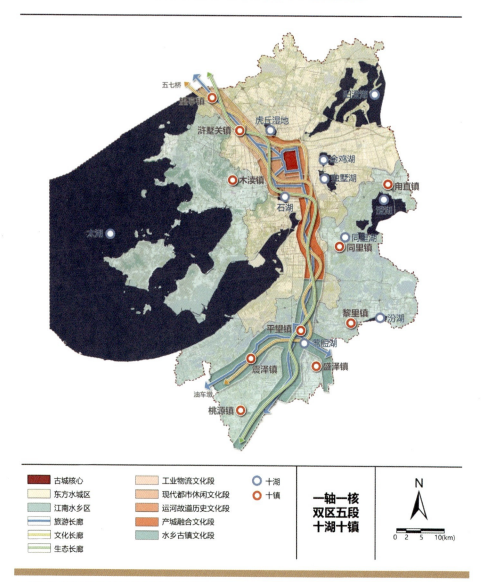

● 大运河苏州段文化空间布局规划图

# 第七章 十年决策与布局：基本特点、宝贵经验、未来展望

党的十八大以来，苏州经济社会高质量发展进入快车道，取得了令人瞩目的发展成绩。十年来，在苏州市委、市政府的正确领导下，全面贯彻历届党代会精神，深入贯彻落实习近平总书记系列重要讲话特别是视察江苏重要讲话精神，争当建设"经济强、百姓富、环境美、社会文明程度高"的新江苏先行军和排头兵，把苏州建成高水平全面小康社会的标杆，成为探索具有时代特征、江苏特点的中国特色社会主义现代化道路的标杆。特别是在率先全面建成小康社会的决胜阶段和积极探索开启基本实现现代化建设新征程的重要阶段，苏州高质量完成"十三五"规划奋斗目标，向"十四五"规划奋斗目标进军，取得了令人瞩目的发展成绩，经济社会发展迈向新阶段。过去十年，是苏州"经济强"的基础优势加快蓄积，经济实力、科技实力、综合竞争力跃上新台阶的十年，2020年，苏州地区生产总值由"十二五"末期的1.45万亿元上升到2.02万亿元，居全国城市第6位，对全省经济增长贡献率超过20%，经济增长势头强劲；过去十年，苏州人民群众的获得感、幸福

感、安全感不断增强,"百姓富"的幸福指数稳步提升,城乡居民收入增长步履稳健,在共同富裕的征程上,城乡居民一个也不掉队;过去十年,苏州"环境美"的生态底色日益鲜明,环境质量由局部改善向整体好转持续迈进,《长三角生态绿色一体化发展示范区总体方案》稳步实施,生态治理体制机制得到进一步完善,生态文明建设取得显著发展;过去十年,苏州"社会文明程度高"城市名片持续擦亮,文化事业和文化产业繁荣发展,苏州传统文化资源得到充分发掘,日益转变为经济社会发展的强大助力。十年来,苏州决胜高水平全面建成小康社会取得了历史性成就,为率先迈入社会主义现代化建设新阶段奠定了物质基础,增强了理想信念,积攒了行动力量。

十年来,苏州经济社会的高质量发展离不开苏州市委、市政府的科学决策和有力布局,从学理层面深入总结苏州十年发展的基本特点和主要经验能够为未来发展提供有益启示和强大智识。在新时代,要进一步贯彻共同富裕的根本原则和要求,扎实推进共同富裕取得更为明显的实质性效果,是坚持和发展中国特色社会主义的重大时代课题。在深刻认识新发展阶段,全面构建新发展格局,深入贯彻新发展理念的新时代,苏州要把满足人民日益增长的美好生活需要作为苏州市委、市政府执政的出发点和落脚点,为全省乃至全国经济社会高质量发展做出重大贡献。

## 第一节 基本特点

苏州的十年科学决策与布局带来了苏州经济社会的高质量发展。当前世界经济环境仍然比较复杂,我国经济社会发展机遇和挑战相互交织,苏州仍处于可以大有作为的重要战略机遇期。从国际看,全球经济在再平衡中实现艰难复苏。全球经济版图深度调整,经济重心持续向亚太地区移动,中国国际地位快速提升。从国内看,中国经济发展步入新常态,经济增长从高速转为中高速,"三期叠加"矛盾凸显,投资和出口增速明显放缓,全要素生产率出现下滑,产能过剩有所加剧,社会矛盾逐步累积。由此,苏州整个经济社会发展的压力也将不断增大。在接续推进共同富裕的新时期,在建设社会主义现代化国家的新时代,苏州仍然要负重前行,争取更大的发展。深入总结归纳十年来苏州经济社会发展的基本特点,能够更好地认清现实形势,认清自身的发展基础。十年来,苏州的发展特点是人本化战略与务实性策略相结合,阶段性目标与长期性规划相结合,科学决策、精准布局与协同推进相结合。

### 一、人本化战略与务实性策略相结合

十年来,苏州经济社会发展直面国家发展的新历史方位、苏州发展的新阶段和市民生活的新需求。以人为本的发展战略,就是要超越单纯以市场、资本推动的发展模式,将苏州经济社会发展建立在以人民为中心的发展理念之上,实现由关注GDP的增长逐步向侧重发展内涵品质的高质量发展转型。十年来,苏州市委、市政府坚决贯彻党和国家对苏州的发展定位、任务目标、决策部署,深入贯彻落实习近平总书记系列重要讲话特别是视察江苏重要讲话精神,坚持人民至上、生命至上,尊重人民群众的主体地位和首创精神,促进经济、政治、社会、文化、生态的高质量发展,推动苏州发展模式的转型升级,深刻体现出当代苏州发展的独创性和优越性,打破了资本逻辑的束缚。在中国共产党的领导下发挥中国特色社会主义制度的优越性,团结带领

苏州各界人民凝心聚力，推动苏州发展的高水平现代化。策略上的务实性指的是，要解决发展目标的模糊性、内容空泛性、过程封闭性、参与低效性以及效果短期性，杜绝苏州经济社会发展的象征性、形式性、狭隘性，不要面子工程、形象工程。十年来，乃至改革开放四十多年来，苏州各级党委政府坚持多维的目标、系统的决策、协同的机制，切实以人民为中心推动苏州经济社会高质量发展。就具体的发展策略而言，苏州不断推进城市结构更新与功能升级，譬如，在城市发展、城市更新过程中，始终围绕着人民群众的美好生活需要，实现对城市基础设施结构的更新迭代，推动城市功能升级，譬如便利交通、消费、休闲、文体、公共服务一体化等生产生活内容的功能提升。此外，苏州围绕着打造"平安苏州""诚信苏州""文明苏州"，具化时间表、路线图、任务书，将苏州的经济内涵、空间内涵、文化内涵、社会内涵、生态内涵进行深度整合，把多元复合性目标融入阶段性的实际建设行动中，将扬优势、补短板、强弱项结合起来，增强人民群众的获得感、幸福感、安全感。

**二、阶段性目标与长期性规划相结合**

十年来，苏州经济社会高质量发展不是一蹴而就的，而是谨慎科学处理阶段性目标与长期规划的完美结合。就阶段性而言，苏州各级党委政府务实高效，着重解决目前影响人民群众美好生活的各项短板、难题、痛点；就长期性而言，苏州各级党委政府长期规划，将苏州的远期愿景深入融入国家的战略布局之中。遵循习近平总书记视察江苏提出的"争当表率、争做示范、走在前列"的标准要求和历次对苏州发展寄予的殷殷厚望，对标党的十九届六中全会精神，紧紧围绕贯彻落实省第十四次党代会和市第十二次、十三次党代会精神，充分发挥苏州的比较优势，深入挖掘苏州的资源禀赋，清晰苏州在长三角一体化，乃至在全国的重要定位和作用，建设充分展现"强富美高"新图景的社会主义现代化强市。改革开放以来，苏州各级党委政府紧紧创造机遇、抓住机遇、利用机遇，不放过任何一个能够壮大自己、发展自己的机会，充分发挥自身的基础优势、区位优势，以经济建设为中心，坚持提高人民群众生活水平，提升人民群众的生活品质，以创富增收为根本目标，利用较短的时间快速发展，使得苏州能够在改革开放伊始就走在全国前列。2020年，苏州实现人均地区生产总值接近19万元，居全国城市第3位；实现一般公共预算收入2 303亿元，居全国城市第4位。根据《中共苏州市委关于制定苏州市国民经济和社会发展第十四个五年规划和二〇三五年远景目标的建议》编制《苏州市国民经济和社会发展第十四个五年规划和二〇三五年远景目标纲要》，围绕长三角区域一体化、长江经济带、"一带一路"倡议、大运河文化带建设、环太湖经济圈等国家发展重大决策部署，结合苏州发展实际，扬优势、补短板、强弱项，推动苏州经济社会持续高质量发展。

**三、科学决策、精准布局与协同推进相结合**

十年来，全市上下始终坚持以中央路线方针政策为指引，坚决按照省委、省政府的部署，紧密结合苏州市实际创造性开展工作，切实做到中央有要求、苏州有行动、落实有成效，牢牢把握稳中求进工作总基调，主动适应经济发展新常态，全面深化重要领域和关键环节改革，统筹做好产业升级、创新驱动、扩大开放、城乡一体、环境优化、文化繁荣、法治建设、社会治理、民生改善等各项工作；同时，树立并不断强化清醒、理性、务实的工作导向，咬定目标不动摇，一张蓝图绘到底，以钉钉子精神抓落实，凝心聚力、接续奋斗，把各项事业不断向前推进。一是坚持发展第一要务不动摇。主动把握和积极适应经济发展新常态，以提高质量和效益为中心，遵循规律，因势利导，兴利除弊，着力形成稳中有进、稳中提质的良好态势。二是坚持转方式调结构不动摇。以创新驱动为主引擎，大力发展创新型经济，促进发展动力转换，加快产业转型升级，推动经济发展迈上新台阶。三是坚持深化改革开放不动摇。在国家、省全面深化改革大框架下和开放战略总布局中抢抓机遇、快速行动、勇于实践，积极构建有利于科学发展的体制机制，激发市场主体活力，拓展对内对外开放新空间。四是坚持促进协调发展不动摇。统筹经济社会发展，统筹城乡一体发展，统筹经济建设与生态文明建设，注重解决发展中不平衡、不协调、不可持续问题，着力增强发展整体性。五是坚持增进民生福祉不动摇。紧扣习近平总书记提出的"七个更"的民生工作重点要求，持续加大民生投入力度，扎实办好民生实事，让改革发展成果更多、更公平、更实在地惠及全市人民。聚焦新一轮政府机构改革，行政审批制度改革持续深化，优化营商环境，苏州各级党委政府协同推进，紧扣科学发展主题和转变发展方式主线，把产业高端化和开放型经济转型作为保持经济平稳较快发展的主攻方向，把保障改善民生放在更加突出的位置，全面深化改革，注重发挥市场在资源配置中的决定性作用和社会主义市场经济体制优势，经济社会持续稳定健康发展。

## 第二节　宝贵经验

苏州十年决策与布局的宝贵经验，是苏州干部群众践行党的基本理论、基本路线、基本方略，以改革创新精神决胜高水平全面建成小康社会的经验凝练。改革开放以来，苏州孕育形成了"张家港精神""昆山之路""园区经验"等物质文明与精神文明互动的文明成果。在新时代，依旧要坚持在苏州"三大法宝"的基础上，不断推进改革创新，提振干事创业的精气神，保持我们党"精神上的优势"；还要坚持以人民为中心的发展理念，以现代治理为目标的服务型政府建构，以"三维立体"精准实践推动苏州高质量发展。

### 一、坚持以人民为中心的发展理念

党的十九大强调，必须坚持人民主体地位，坚持立党为公、执政为民，践行全心全意为人民服务的根本宗旨，把党的群众路线贯彻到治国理政的全部活动中去，把人民对美好生活的向往作为奋斗目标，依靠人民创造历史伟业。苏州作为全国经济最发达的地级市之一，一直以来，秉持以人民为中心的发展理念，紧紧围绕着发展依靠人民、发展为了人民、发展成果由人民共享的基本原则，推动经济社会全方位发展，牢牢抓住"权为民所用、利为民所谋、情为民所系"，坚决贯彻群众史观，坚持人民群众是经济社会发展的主体和胜利之本。以人民为中心的发展理念是对以资本为中心发展逻辑的批判与超越。人民立场是社会主义现代化的基石，彰显了鲜明的中国特色，突出了中国特色社会主义制度的优势。

（一）社会主义制度下的发展从资本逻辑走向人民至上

十年来，在国家和江苏省的正确领导下，苏州市的经济社会发展迈上新台阶。一方面，苏州经济社会发展不是资本逻辑，而是人民至上的整体考量。资本逻辑的实质是使社会生活的全部领域服从和服务于资本增殖的需要、攫取剩余价值、实现利润最大化的逻辑。资本逻辑会使资本的消极作用放大，滋生消费主义、拜金主义、享乐主义、利己主义，造成"人—社会—生态"的整体异化。资本逻辑下的发展是片面有利于资本增殖的畸形发展，是物的世界的增殖与人的世界的贬值，是不可持续的。苏州的发展则是站在人民至上的根本立场上，整体考量经济社会发展的全局，以维护人民群众根本利益为价值取向的发展，比如苏州严格贯彻生态保护，严格落实党和国家疫情防控的部署和要求。另一方面，苏州发展的内在动力不是资本驱动，而是人民群众的创造伟力。十年来，苏州经济社会的高质量发展是全体人民群众共同勤劳努力的结果，是群众史观的生动体现，确证了人民的主体地位和首创精神是当代苏州发展的鲜明标识。人民是国家的主人、经济社会发展的主体性力量，也是生产力发展最活跃因素、改革创新的活力源泉、推动苏州新发展的真正动力。此外，苏州经济社会的全面发展是为了人民群众的美好生活需要。无论是发展理念还是发展实践，评价标准是检验其性质方式的试金石。资本增殖是私有制下发展理念的评价标准，是将资本当作社会的主体和目的，将人当作客体和手段。而当今苏州的发展是社会主义制度下的可持续发展，是建立在以公有制为主体地位和人民当家作主的基础上的，超越了资本逻辑。以人民为中心的发展理念价值旨归在于坚持一切为了人民，其评价标准在于社会主义国家的主人——人民的认可度、满意度和美誉度。以人民为中心就是把裁判权交给人民群众，让人民更直接、更实在地享受发展成果，让人民群众有更多的获得感、幸福感和安全感。

（二）党领导人民群众推动苏州经济社会发展

中国共产党是始终代表人民利益、为人民服务的马克思主义执政党。苏州市委、市政府制定和执行正确的路线、方针、政策，建立健全法律法规，使苏州经济社会发展为了人民、依靠人民、发展成果由人民共享。首先，苏州经济社会发展为了人民，发展的出发点和落脚点、布局和决策的考量都是为人民谋幸福，在全局和重点中均体现了人民至上的根本立场。苏州市委、市政府致力于将以人民为中心的理念贯彻落点到经济社会发展的全局，深入群众生活、生产实践的各个环节，用发展汇聚增进民生福祉的强大合力。此外，苏州市委、市政府始终坚持将人民群众的美好生活需要作为发展的重要着力点，将化解社会主要矛盾作为主攻方向，精准对接解决经济社会发展问题的切入口。以人民为中心的发展不是抽象的教条，而是高度关注人民群众的利益诉求，这生动体现在社会主要矛盾的化解过程中。其次，发展依靠人民群众。人民是历史的创造者，是改革创新的活力源泉，是推动经济社会发展的真正动力。党的领导与人民主体地位的有机统一，构成以人民为中心发展理念的强大动力优势。苏州市委始终站稳群众立场、坚持群众观点、走好群众路线，激发人民群众在经济社会发展中的主体力量。最后，发展成果由人民共享。人民群众的生活品质是社会建设水平的重要指标，也是经济社会发展的衡量指标。苏州市委领导苏州人民迈向新征程不仅要把经济建设的"蛋糕"做大做优，而且致力于在各个领域增进民生福祉，让人民群众更多、更公平地享有发展成果。这不仅立足于当代人生活品质的提升，而且注重代际公平，维护子孙后代的生存发展权益，推进全体人民共同富裕和人的全面发展。

**二、坚持以现代治理为目标的服务型政府建构**

习近平总书记曾经指出，唯改革者进，唯创新者强，唯改革创新者胜。十年来，苏州市委、市政府牢牢贯彻落实国家、省委的科学决策和相关部署，牢牢抓住改革发展这个"牛鼻子"，深入推进地方政府治理现代化，进一步梳理和明确国家与社会、政府与市场的关系，通过对苏州市政府治理重点领域所涌现出的问题进行针对性化解，不断推进地方治理的有序和可持续化发展。十年来，苏州市委、市政府坚持打造以现代化治理为目标的服务型政府，解放思想、勇于创新，稳步推进苏州行政体制改革；大胆借鉴、勇于创新，善于把相关理论与本地实践结合起来，坚持以转变职能为核心，提升行政管理体制的整体功能。以提高政府执行力作为苏州改革发展的关键。提升政府执行力事关发展大局，事关群众利益，事关政府形象，是促进发展的推动力，更是实现科学发展的原动力。提升苏州市政府执行力，就是提升苏州市发展的生命力、竞争力和创造力。

(一) 以"放管服"改革优化营商环境，实现治理能力的现代化

"放管服"改革是政府管理经济社会方式的创新和革命。对标国际，打造一流营商环境，必须把"放管服"改革的效力充分释放出来，持续加大"放"的力度、完善"管"的体系、提升"服"的质量。政务服务作为"放管服"的关键一极，是建设协同高效、便民利企的服务型政府的主体内容，政务服务水平同时也是衡量区域治理能力的关键指标。十年来，苏州抢抓发展机遇，优化营商环境，助力经济社会发展。一是通过实行"全域通办"服务模式，提高政务服务水平。强力推进"行政效能革命"，努力打造审批事项最少、办事效率最高、投资环境最优的政务生态系统；推进一网式办理，实现一张网受审；深化苏州市政务服务一体化系统平台建设，大力推动部门办事系统与苏州政务服务一体化办事系统的对接，进一步打通数据壁垒。二是通过搭建政金企合作机制，优化企业融资环境。整合多方资源，成立金融服务中心等机构，通过搭建平台、创新服务等举措，为企业提供专业的一站式综合金融服务。三是优化贸易投资环境，推动长三角通关一体化机制建设。推进公共数据共享互通，在建成长三角地区数据共享交换平台之前，做好苏州市各平台系统之间的对接，确保业务数据及时更新和实时入库；推进协调机制构建完善，建立专职专业的协调指挥机构和科学规范的工作机制，主动对接长三角政务服务"一网通办"相关协调机构；力推区域联动，推进交通、规划、民生以及创新创业等方面的区域一体化建设。四是提升政策灵活度，"筑巢引凤"推动总部经济。从体制上、政策上改革创新，要站在创业创新的高度，推进政府简政、放权，为市场松绑，向社会降低门槛，理顺有利于创新的体制机制。加快推进总部经济发展相关政策，从项目审批、财政、税收、人才、土地、金融等系列方面建立政策"组合拳"，出台一揽子有吸引力的扶持政策。

(二) 以体制优化与功能再造，推动开发区转型升级

一是持续完善"政区合一"管理体制。首先，以回应综合性新城发展需要为目标，加快政区一体化体制建设。由单一的管委会向公共服务型政府快

速转型。苏州原有的各级各类开发区管委会，不具有完整政府职能的管理体制，要向能够同时承担经济开发职能和社会管理职能的新体制转变，开发区与所在或邻近的行政区融合或成为独立的行政区，建立一级政府。其次，以民主和法治为导向，化解开发区管理机构法律地位不明、区域经济社会管理中缺乏行政主体地位和行政执法资格等问题，在民生、社会、文化以及生态方面持续发力。再次，构建新型现代化城区规划管理新体制。城市建设和发展，规划须先行。应以经济发展规划、社会民生规划、土地利用规划、城市建设规划以及产业发展规划等规划为重点，推进"多规合一"建设。最后，推进综合绩效评价体系建设，以经济、政治、文化、社会和生态指标为主，统筹兼顾，着重推进社会信用体系建设与完善及知识产权、食药监管等综合监管体系建设。二是以开发区整体性治理为目标，构建回应性组织体系。首先，深化大部门制改革，统筹协调，一体化推进。以大市场监管、大文化管理、大社会治理、大环境保护为重点内容，突破"碎片化"治理困境。推进"三张清单、一张网"模式，即政府权力清单、责任清单、负面清单，形成公共管理服务网络。其次，撤并乡镇改为街道建制。通过街道形式，使资源下沉、服务下沉、治理重心下移。再次，依托长三角城市群发展规划、江苏沿海开发战略等国家重大战略布局，推进创新联盟建设，形成创新联动格局。三是营造根植性的创新系统，及时调整开发区治理的着力点。在载体上，以构建"一区多园、集群创新"为目标导向。推进生物纳米园、创意文化产业、人工智能、高端制造业等创新式集群，构建"产业散点—产业链条—产业集群—产业集网—类产业化"的梯级累进。在创新内容上，注重在品牌建设、文化建设、价值建设、产业链建设以及行业标准建设等方面下功夫，由简单要素集中向创新动能转换。

（三）治理重心下移，提升基层治理现代化能力

一是以基层行政执法改革构建指挥协调机制。注重"外引内修"，既要用好上级下派专业执法人员，又要选派骨干充实到执法队伍，并通过业务培训，获取执法资质。整合现有站所、分局执法力量和资源，组建统一的综合

行政执法机构；加强对乡镇和街道综合行政执法机构、执法人员的业务指导和培训；全面推行行政执法公示制度、责任追究机制、行政执法案件移送及协调协作机制。二是以基层网格治理平台带动资源整合。强化党建引领，将党支部或党小组建在网格上，选优配强支部书记或党小组组长；合理确定网格监管任务和事项，科学配置网格员力量，实行定人、定岗、定责；推进网格化服务管理标准化建设，提高网格管理规范化、精细化水平；强化信息共享和技术支撑，建立健全发现问题、流转交办、协调联动、研判预警、督查考核等综合指挥工作机制。三是以资源服务下沉实现塑造基层治理合力。创新赋权清单，依法明确乡镇和街道执法主体地位；推动各类编制资源向基层下沉，鼓励跨层级调剂使用编制，满足执法一线对人员的需求；通过资源下沉、广泛发育基层治理力量，形成基层党委、政府以及各类社会组织共同治理基层社会的格局。

### 三、坚持以"三维立体"精准实践推动苏州高质量发展

十年来，乃至改革开放四十多年来，苏州经济社会的高质量发展之所以取得了令人惊叹的成绩，其中一条宝贵经验就是在党的领导下改革创新，践行苏州"三大法宝"。以"张家港精神""昆山之路""园区经验"为内核的苏州"三大法宝"是苏州高质量发展整体优势的生动表达。苏州"三大法宝"之所以能引领苏州人民创造出一个又一个令人瞩目的"苏州奇迹"，应归功于习近平新时代中国特色社会主义思想的指引和改革开放四十多年的伟大实践，也源于苏州各级党委政府对标自身定位的创造性实践，彰显出苏州广大党员干部践行开拓创新、发展为民的初心情怀和使命担当。在历史坐标中锚定苏州"三大法宝"的形成、发展、升华历程，可以发现，永续创新是苏州"三大法宝"最宝贵的精神品格和鲜明特质，而且苏州"三大法宝"的蕴涵在时代变迁中被不断赋予和拓展。

第一，"张家港精神"。张家港广大人民群众着眼于"拼"，在改革开放的伟大历史实践中孕育并凝练出"团结拼搏、负重奋进、自加压力、敢于争先"的"张家港精神"，进而催生出"张家港速度"，创造出令人目不暇接的

"张家港奇迹",实现了从"苏南边角料"向全国明星城市的华丽"蝶变",引领了大江南北"学习张家港、创建文明城"的热潮。

第二,"昆山之路"。"昆山之路"的成功之道在于深悟一个"闯"字,在敢为天下先的"闯"劲中,昆山全体人民靠"不等不靠、埋头苦干、抢抓机遇、开拓创新"的勇气,在"农转工""内转外""散转聚""低转高""大转强"的战略性突破中把握时代脉搏,以"敢吃螃蟹"的开拓精神,连续18年稳居全国百强县第一,成为中国县域经济众星捧月的"第一样本"。

第三,"园区经验"。苏州工业园区秉承"融"的灵气和理念,在"借鉴、创新、圆融、共赢"的"园区经验"中再造出一个"新苏州",使传统与现代、典雅与富丽完美契合。苏州工业园区坚持"产城融合"的理念,倡导以产聚人、以人兴商、以商富民的园区之路,勾勒出一幅由老苏州、新苏州、洋苏州交相辉映的现代化园区新画卷。

(一)苏州"三大法宝"是苏州以中国精神引领改革发展探路实践的鲜活样本

苏州"三大法宝"作为苏州改革开放的产物,是新时期中国精神谱系中的重要组成部分,并为以爱国主义为核心的民族精神和以改革创新为核心的时代精神注入鲜活的苏州元素。苏州历史悠久、源远流长。2 500多年的苏州历史为苏州改革发展注入深厚底蕴,苏州人民在江南文化溯源、名诗名句的品味中追寻历史的回声;中华人民共和国成立以来,苏州人民深刻体验到社会主义制度带来的巨大优越性;改革开放以来,苏州人民抓住历史机遇,加快发展自身,跻身全国经济最发达的地区行列。在苏州这座集古典园林名城、慧雅东方水城、经济生态美城之誉于一体的国家历史文化名城中,孕育出了"张家港精神""昆山之路""园区经验"等物质文明与精神文明互动的文明成果。从"苏南边角料"到沙洲县,再到全国明星城市的张家港市,其全市人民在老书记秦振华的带领下,逐渐甩掉"穷帽子",率先跻身"全国农村综合实力百强县"的前十强行列,率先创建全国文明城市,在改革开放时期,走出了一条"团结拼搏、负重奋进、自加压力、敢于争先"的张家港改革发展的新路子，孕育了"张家港精神"，助力了苏州市经济社会高质量发展。张家港人民奋发图强、奋力实干、奋进争先，将张家港创建成全国文明城市。张家港全民动员，上街拍苍蝇、扫马路、拆除露天茅坑，靠着一把把扫帚，"扫"出国家卫生城市，后来叫响全国的"张家港精神"也由此发端。昆山曾经被称为苏州地区所辖八县（后来为六县）中的"小八子""小六子"，但是昆山人民以"不等不靠、埋头苦干、抢抓机遇、开拓创新"的发展理念，以"敢想、敢当、敢为""不等、不靠、不要""唯实、扬长、奋斗"的发展精神，在改革创新中一跃成为全国百强县（市）之首，并连续十多年位列全国百强县（市）前茅，走出了一条旗帜鲜明的"昆山之路"，成为新时代苏州改革发展的新标识。自1994年苏州设立经济技术开发区以来，苏州工业园区坚持"走出去"和"引进来"相结合，秉承"借鉴、创新、圆融、共赢"精神内核，坚持把改革开放、科学规划、学习借鉴、自主创新、善治圆融、合作共赢有机统一起来，走出了一条新型工业化、现代服务业、宜居新家园协同推进的现代化发展之路，并始终走在全国众多国家级开发区的前列。

（二）苏州"三大法宝"是苏州干部群众践行党的基本理论、基本路线、基本方略，以改革创新精神决胜高水平全面建成小康社会的经验总结

苏州"三大法宝"是苏州地方各党委政府和基层干部群众深入贯彻党的基本理论、基本路线、基本方略的创造性实践，是深入践行全面建成小康社会的生动示范，在未来，也必将是推动社会主义现代化强国建设、实现共同富裕的典型案例。中国共产党在推进马克思主义中国化进程中，创造性地将马克思主义基本原理和中国社会实际相结合，创立了毛泽东思想、邓小平理论，形成了"三个代表"重要思想、科学发展观，创立了习近平新时代中国特色社会主义思想。苏州"三大法宝"坚持党的领导，坚持科学理论指导，坚持以人民为中心；在回应人民群众对美好生活的热切期盼中，坚持一切为了人民、一切依靠人民、发展成果由人民共享，牢固树立群众史观，把党中央的要求、人民群众的需求、自身奋斗的追求有机结合起来，善于创造机遇、抓住机遇、利用机遇，在奋发图强、创优争先中富民强市。

## 第三节 未来展望

十年来,苏州经济社会的高质量发展恰是中国式现代化的生动实践。苏州市委、市政府的十年科学决策与布局,成为苏州高质量发展的关键所在。中国式现代化道路之所以区别于欧美现代化道路,且能够取得伟大成就,根本在于其是在马克思主义理论的指导下,在中国共产党的领导下,遵循马克思人类社会发展规律、党的执政规律、社会主义建设规律,于中国革命和中国特色社会主义实践中形成的独特现代化道路。在未来,苏州作为经济社会较为发达的地区,在谱写"强富美高"新江苏现代化建设新篇章的征程中,应全面加强党的领导,坚持"以人民为中心"的理念,统筹推进"五位一体"总体布局,围绕着经济现代化、政治现代化、社会治理现代化、文化现代化以及生态文明现代化五个方面持续发力,久久为功,不断增强、补齐各项领域的弱项、短板,满足人民群众日益增长的美好生活需要。

### 一、全面加强党的领导

"中国问题的关键在于共产党","苏州问题的关键在于苏州市委"。党的十八大以来,以习近平同志为核心的党中央坚持自信自强、守正创新,以我将无我的历史担当精神应对风险挑战、进行伟大斗争、破解发展难题、增进人民福祉,推动党和国家各项事业取得了历史性成就、发生了历史性变革,中华民族迎来了从站起来、富起来到强起来的伟大飞跃。在新时代伟大实践中,党把科学社会主义理论逻辑和中国社会发展历史逻辑有机结合起来,深入探索新时代中国特色社会主义建设规律,创立了习近平新时代中国特色社会主义思想,为新时代推动中华民族伟大复兴提供了新的理论指导。在未来,苏州要贯彻党把方向、谋大局、定政策、促改革的要求,切实增强"四个意识",坚定"四个自信",做到"两个维护",自觉把党对一切工作的领导贯彻到经济社会发展的各领域、全过程,保障中央大政方针和省委、市委决策部署落地见效。

(一)深刻把握"两个确立",并将其内化于心、外化于行

党的十九届六中全会通过的《中共中央关于党的百年奋斗重大成就和历史经验的决议》指出,党确立习近平同志党中央的核心、全党的核心地位,确立习近平新时代中国特色社会主义思想的指导地位,反映了全党、全军、全国各族人民共同心愿,对新时代党和国家事业发展、对推进中华民族伟大复兴历史进程具有决定性意义。在政治站位上,要深刻把握"两个确立"的重大意义,"两个确立"是深刻总结党的百年奋斗、党的十八大以来伟大实践得出来的重大历史结论,是党和人民取得一切胜利的"关键密码",是时代选择、历史选择、实践选择、民心所向。"两个确立"为进行伟大斗争、建设伟大工程、推进伟大事业、实现伟大梦想培根铸魂、凝心聚力,是全党的定盘星、全国人民的主心骨,为实现中华民族伟大复兴提供坚强的政治保证。我们要不断提高政治判断力、政治领悟力、政治执行力,增强"四个意识",坚定"四个自信",把"两个确立"真正转化为做到"两个维护"的思想自觉、政治自觉、行动自觉。在实际行动上,要踏实落脚点,坚持和贯彻"两个确立",做到知行合一、学以致用。要遵循习近平总书记视察江苏提出的"争当表率、争做示范、走在前列"的标准要求和历次对苏州发展寄予的殷殷厚望,对标党的十九届六中全会精神,紧紧围绕贯彻落实省第十四次党代会和市第十三次党代会精神,充分发挥苏州的比较优势,深入挖掘苏州的资源禀赋,清晰苏州在长三角一体化乃至在全国的重要定位和作用,建设充分展现"强富美高"新图景的社会主义现代化强市。

(二)以党的自我革命精神推动经济社会全方位改革发展

百年党史表明,驱动立党、兴党、强党的核心密码是以自我革命精神为核心的中国共产党人的精神谱系。在新时代,不断提高党的建设质量、提高党内治理能力、提高党防范风险、应对风险、化解风险的能力。"党的自我革命精神集中体现在党自我净化、自我完善、自我革新、自我提高的持续进程中,体现在党坚持政治统领与领导强党、思想武装与理论强党、体系支撑与组织强党、党性锤炼与作风强党、依规治党与纪律强党、制度规范与廉洁

强党的生动实践中。"① 在未来,应根据新时代党的建设总要求全面加强党的建设,以党的自我革命引领社会革命,不断夯实党对经济社会发展的全面领导,进而推动苏州高质量发展,为实现"强富美高"新江苏贡献"苏州力量"。

## 二、以经济现代化构筑产业强市发展优势

推进中国式现代化道路的苏州实践的关键在于利用好苏州的比较优势、资源禀赋,借助内力、外力全面发展自身。十年来,苏州市坚持把实体经济、完备的现代产业体系作为发展重心,推进产业结构高端化、产业链现代化。近年来,苏州为实体经济发展插上数字化翅膀,推动产业的智能化改造和数字化转型,推动"苏州制造"向"苏州智造"转变。在未来,应前瞻性发展数字经济,引导经济社会发展的新业态、新模式,坚持发展共享经济、平台经济、体验经济、创意经济,以"数字产业化"和"产业数字化"为主线着力推动数字经济与实体经济深度融合,推动苏州经济社会高质量发展。

### (一) 加强沪苏对接,构建市域内外联动发展新格局

在未来,苏州要紧紧抓住国家战略叠加机遇,特别是利用长三角一体化、长江经济带、"一带一路"等重大机遇,提升市域整体层面的统筹能力、协调能力,构建市域内外联动发展新格局,打造长三角地区的重要节点城市、服务国家区域战略的中心城市。以长三角生态绿色一体化发展示范区建设为重要契机,着力使苏州的生态优势转化为经济效能。紧紧依托长三角协同创新产业和开放体系,围绕着电子信息、生物制药、材料科学等重点产业和关键领域,做大做强优势产业,在构建长三角创新共同体中发挥建设性作用。

### (二) 发挥比较优势,推动县域经济高质量特色化发展

中国式现代化的苏州实践能够取得成功的重要原因是苏州县域经济的强大。在未来,要继续强化苏州市县域顶层设计,发挥县域比较优势,补齐制

---

① 田芝健:《百年审思与展望:锻造更加强大的马克思主义执政党》,《苏州大学学报(哲学社会科学版)》2021年第3期。

约县域经济发展壮大的短板，推动苏州县域经济特色化、产业集群化，着力提升县级市城区城市服务能力，持续做优做强苏州县域经济，使县域经济发展走在全国前列。一方面，不断夯实昆山作为全国县域经济综合实力最强县级市地位，建设国家一流的科创中心和文明宜居的现代化特色大城市；支持张家港建设中国特色社会主义现代化县域示范区，在长江经济带建设中发挥重要作用。另一方面，积极支持常熟建设集空间美图、时尚美城、创新美业、清新美景、精品美游、文明美德的"六美集大美，幸福新常熟"；支持太仓高质量建设"临沪科创产业高地、沿江现代物贸基地、现代田园城市样板、中德合作城市典范"。始终围绕着苏州市的经济社会发展的比较优势，扬优势、补短板、强弱项，推动苏州市经济社会高质量发展。

### 三、以政治现代化增强经济社会发展活力

十年来，苏州市推动"刀刃向内"的机构改革和行政体制改革，加强政策集成创新，推动政治领域、行政领域各项制度的完善，不断优化营商环境。在未来，我们应清晰地认识到党和政府的机构改革绝不是简单的"换牌子、改名字"，而是职能、资源、权力等要素在科学厘清基础上的深度融合与优化，是真正的转理念、转职能、转运行方式、优流程、促改革，是对党总揽全局、协调各方工作格局的进一步完善。

#### （一）以"放管服"改革优化营商环境

地方政府应对照世界银行《全球营商环境报告》以及《中国营商环境指数报告》，完善各类制度，为优化营商环境提供体制机制保障。一方面，完善企业全生命周期有关制度，提高市场主体服务水平。通过细致梳理市场主体登记开办、投资设厂、产权交易、纳税缴费、员工招聘、设备购置、安全生产、营销售后、获得信贷、合并重组、破产注销等，进行流程再造与全系统设计，形成规范化的工作标准手册和操作指南体系。另一方面，完善人的全生命周期有关制度，提高社会民众服务水平。将个人一生所要经历的重要阶段以及所需要办理的各类事项进行整合，譬如个人一生基本要经历出生、上学、就业、结婚生育、置业、就医、退休养老、殡葬等八个环节，根据上

述分类对所要办理的事项进行"最小颗粒度"梳理,进而精准预测、提前准备,提供具有针对性、定制式的咨询与服务。

(二)推动城乡公共服务一体化

其一,推进苏州市城乡公共服务一体化建设。强化公共服务职能,持续优化"三集中"的质量建设,优化城镇、工业、农业、居住、生态规划布局,进一步开拓发展空间。推进城乡公共服务与管理一体化的组织平台建设,按照大部门体制的思想,进一步优化政府组织结构,打通各个部门之间的内部协调通道,形成领导体制一体化;建立综合协调机构,形成城市工作、农村工作相互对接、良性互动的新格局,推进政府职能部门的功能向农村延伸,为城乡公共服务与管理一体化提供统一的组织平台。其二,推动外来人口公共服务多元化。一方面,推动苏州公共服务供给主体的多元化。致力于形成政府、市场与社会多元协同的服务供给格局。另一方面,推动苏州公共服务供给内容的多样化。在外来人口住房保障、社会医疗卫生、养老、教育以及就业方面推进公共服务一体化、均等化。此外,促进高层次人才引进公共服务精细化。创新人才引进与服务工作机制,构建多元化的高层次人才引进服务工作责任主体。其三,开展政务服务的供给侧结构性改革,促进服务一体化升级。在服务内容上,构建助力企业产业升级和区域创新转型的立体体系。横向上拓展包括人才、法务、税收、IT系统等功能性服务;纵向上创新包括研发中介、融资、销售展会等在内的跨产业链服务,实现以增值服务为中心的区域运营与服务能力优化。在服务机制上,探索"一窗式受理、一站式审批"的综合审批服务运行模式,推行并联审批,探索试验全程电子化登记和电子营业执照管理。在服务方式上,完善政府购买服务机制,鼓励社会资本和各类NGO(非政府组织)、NPO(非营利组织)广泛参与,构建区产城融合背景下的以项目为导向的公共服务机制。

## 四、以社会治理现代化推动市域治理能力体系现代化

十年来,在苏州市委、市政府的正确领导下,苏州不断加强和创新社会治理方式,推进社会治安防控体系建设,打造"平安苏州",不断擦亮"苏

城善治"社会治理品牌。在未来，苏州应树立"全周期管理"理念，全方位依法治理，全要素智能治理，聚焦防范化解重点领域重大风险，增强底线思维、战略思维，筑牢人民群众的"安全堤坝"；通过深化"天堂经纬"品牌，充分挖掘"苏城善治"文化，打造"红色管家"基层治理样本，增强老百姓的获得感、幸福感、安全感。

（一）持续聚焦"法治苏州"建设，不断提高苏州经济社会发展的"法治力"

《法治社会建设实施纲要（2020—2025年）》（以下简称《纲要》）提出"全面提升社会治理法治化水平"。苏州应在提升基层党组织法治化领导水平的基础上，不断完善基层治理法律法规体系、推进多元主体的法治化参与、构建社会矛盾纠纷化解导向的法治化机制，善于运用法治思维和法治方式推进社会治理、化解社会矛盾，发挥法治在经济社会发展各领域各环节中的关键作用；聚力创新社会治理重心下移，建设法治乡村、法治社区，推进"三官一律"进社区、进乡村，将习近平法治思想入脑、入心，全面更新基层社会治理方式，打造法治政府、法治社会、法治苏州。在理念选择、决策过程、生产组织、生活展开以及交往互动、权益保障、矛盾化解等社会生活中，学法、懂法、遵法、守法、用法、尊法、护法，治理因法而治、因法而兴、因法而优、因法而强。以法治苏州的建设、建成与建强，泽被乡里，福润民生。

（二）创新基层社会治理方式，提升基层治理能力和水平

一方面，构建多元主体协同治理体系。深化"政社互动"和"三社联动"，明确政府、市场与社会的职能分工和权力边界，细化责任清单，完善以社区党组织为引领的社会协同、民主协商、公众参与的城乡基层治理体系，建设人人有责、人人尽责、人人享有的社会治理共同体。另一方面，推动社会治理智慧化。构建数据库共建共享机制，推进政府数据与社会数据融合，建成对内一体化政务信息系统和对外一体化信息资源共享平台。深入推进"大数据+网格化+铁脚板"社会治理，大力推进"互联网+政务服务"建设，

加快建成大市范围协同的"互联网+监管"体系,优化迭代苏州城市生活服务总入口APP"苏周到"。坚持以理念创新、技术创新、队伍创新、机制创新,加快构建智慧社会治理新模式,促进智慧社会治理更加精准化、精细化、精致化,全面提高智慧社会治理效能。特别值得关注的是要继续坚持将党的领导贯穿到社会治理各领域各环节,着力构建平安建设协调机制、矛盾纠纷多元化解机制、风险隐患防范机制,完善党建引领基层社会治理的工作机制,构建社会治理共同体,健全自治、法治、德治相结合的乡村(社区)治理体系,打造共建共治共享的社会治理格局,全面提高社会治理效能。

**五、以"江南文化"品牌涵育崇德向善、文化厚重的文明城市**

十年来,苏州市坚持中国特色社会主义先进文化前进方向,坚持以社会主义核心价值观凝聚共识,讲文明、树新风,弘扬崇德向善的社会风气,增强苏州经济社会发展的文化软实力。近年来,苏州市作为全国文明城市"五连冠"城市,文明已经成为苏州最硬核的名片。"文明苏州"建设、"诚信苏州"建设取得新突破,"苏州时代新人"培育工程稳步推进,社会主义核心价值观深入人心。文化是苏州最闪亮的名片。作为历史文化名城的苏州,兼具古韵今风,文化之美和景色之美的交融,经济繁盛和文化繁荣的互动,自然物产和人文创造的兼具,成就了苏州文化"最江南"的名头。在新时代,如何深入挖掘苏州丰富的传统文化资源,聚焦"文化苏州"主题,构建文化与经济社会相互依存、相得益彰的格局,成为苏州必须直面的时代课题。在未来,要持续擦亮"江南文化"品牌,大力发展文化事业,彰显苏州城市魅力,建设崇德向善、文化厚重的文明城市,推进现代城市精神和优秀传统文化传承创新,形成特色鲜明的文化软实力发展体系。

(一)坚持正确改革方向,激发文化事业发展活力

长期以来,公共文化资源供求矛盾问题成为制约人民群众文化需要的重要矛盾。为此,有效化解公共文化供需匹配矛盾,建设一批公共文化基础设施,并有效运转起来,推动公共文化服务共享,是苏州文化发展的关键。在新时代,要坚持分类指导、分类施策、分类推进的改革原则,强化对文化事

业领域发展的引领；强化文化管理体制机制改革，健全党委领导与法人治理相结合的管理体制，发挥市场机制在公共文化资源配置中的重要作用，加强政府宏观调控；建立健全政府购买文化服务与社会力量参与公共文化服务机制，完善文化产权交易市场，制定文化市场投资领域负面清单；推动文化企业开展跨地区、跨行业、跨所有制兼并重组。

（二）以"江南文化"品牌建设，推动苏州文化产业繁荣发展

苏州文化发展既要激发文化事业发展活力，又要推动文化产业蓬勃发展，更要壮大文化产业能级。持续繁荣发展社会主义文艺，利用好"姑苏八点半""二十四节气"等文化名片，培育高层次文艺工作人才队伍。深挖姑苏文化资源，打造苏州文化特色。充分发挥苏州历史人文和山水资源的独特优势，依托苏州园林、丝绸刺绣、昆曲评弹、工艺美术、太湖山水等文化遗产资源，深度挖掘"江南文化"的内涵和价值，大力发展文化旅游。保护和传承江南水乡传统风貌，推进苏州古城和非物质文化遗产区域整体性保护。加强对外文化交流合作，坚持政府推动和民间参与联动并举，积极鼓励苏州文化"走出去"。通过构建强大的现代文化产业体系，推动苏州市文化产业高质量发展。

**六、以绿色低碳生活促进人与自然和谐共生**

十年来，苏州市坚决践行习近平生态文明思想，贯彻习近平总书记关于生态环境保护与生态文明建设的系列讲话精神，压实区域生态环境保护责任，在践行绿色发展方式、践行绿色生活生产方式、践行创新绿色发展路径方面取得了重大成就。在未来，应持续强化绿色生态修复，统筹山水林田湖草系统治理和空间协调保护，注重水资源、水生态、水环境的保护。围绕太湖、大运河、长江等重要区域，深入开展生态修复，严格贯彻"河长制""湖长制"，落实生态环境保护责任制。强化环境综合性治理，围绕污染源头控制，展开系统性治理，不断提高空气环境质量、改善水环境质量、保障土壤环境安全、加强固体废弃物处理，建设"绿色苏州"，使"美丽苏州"成为"美丽中国"的重要篇章。

（一）倡导绿色低碳发展方式

苏州市要深入结合"去降补"任务，紧紧围绕党中央、国务院在节能减排方面的战略安排与任务部署，启动制定适合苏州发展情状的碳达峰、碳中和实施方案，明确时间表、路线图，各地区也要制定相应的部署安排，充分拆解苏州市的碳排放强度和总量指标，多策并举促进降碳减排。此外，还要普及绿色低碳生活方式，宣传倡导文明消费理念，科学制定绿色消费产品采购指南，提倡公众优先采购经过生态设计或通过环境标志认证的产品，节约集约利用自然资源。施行精细规划，将绿色基础设施融入城市发展，完善交通、能源、景观及其他生活设施的可持续治理。深耕垃圾分类，"社区—物业—居民"共同努力，疏堵结合，实现生活垃圾减量化、资源化和无害化。

（二）生态的可持续实现城市环境绿色共生

聚焦城市生态圈，构建人与山水林田湖草的生命共同体，维系人与整个自然生态系统之间的唇齿关系。城市作为大生态系统的一部分、小生态圈层的直接载体，"绿水青山"就是城市环境的生态美学呈现。一方面，要从严环境综合治理。通过加强污染源头控制和系统治理，深入推进碳排放总量降低和主要污染负荷减少，达到降碳减污协同效应。另一方面，强化生态保护修复。坚持以习近平生态文明思想为指导，统筹山水林田湖草系统治理和空间协调保护，尊重自然、保护自然，深刻认识人与自然的关系，在循序渐进中逐步实现绿色生产共荣、绿色生活共享、绿色生态共生，并在人与自然双和解的立场观念下达成绿色生命共识。

● 苏州工业园区金鸡湖畔远眺

233

第七章 十年决策与布局：基本特点、宝贵经验、未来展望

## 附录

## 深入践行新理念　全力谱写新篇章
## 为高水平全面建成小康社会而不懈奋斗
——在中国共产党苏州市第十二次代表大会上的报告

周乃翔

2016 年 9 月 26 日

同志们：

现在，我代表中共苏州市第十一届委员会向大会作报告。

中国共产党苏州市第十二次代表大会，是在苏州改革发展进入新的关键时期召开的一次重要会议。大会主要任务是：高举中国特色社会主义伟大旗帜，以邓小平理论、"三个代表"重要思想、科学发展观为指导，深入贯彻落实习近平总书记系列重要讲话特别是视察江苏重要讲话精神，认真总结市第十一次党代会以来的工作，研究确定今后五年的奋斗目标和主要任务，选举产生中共苏州市第十二届委员会和中共苏州市第十二届纪律检查委员会，团结带领全市党员和干部群众，深入践行新发展理念，为高水平全面建成小康社会而不懈奋斗。

**一、转型道路上开拓创新、奋力前行的五年**

市第十一次党代会以来，全市各级党组织在党中央和省委的坚强领导下，全面落实党的十八大，十八届三中、四中、五中全会精神，深入贯彻习近平总书记系列重要讲话特别是视察江苏重要讲话精神，自觉践行新发展理念，主动适应经济发展新常态，团结带领全市人民抢抓机遇、应对挑战，开拓奋进、埋头苦干，全面建成小康社会取得阶段性成果。这五年，是苏州加快转方式调结构，综合实力和质量效益持续提升的五年，是城乡面貌显著变化、人民群众更好共享改革发展成果的五年，是民主法治不断健全、党的建设全面加强的五年。

转型升级、创新发展迈出新步伐。地区生产总值、地方财政公共预算收入年均分别增长9.5%和11.6%，产业结构在优化调整中实现了"三二一"的战略性转变，新兴产业、高新技术产业产值占规模以上工业总产值比重分别达到48.7%和45.9%。科技创新能力明显提升，2015年全社会研发投入占地区生产总值比重达2.66%，科技进步贡献率62%，高新技术企业近3500家、民营科技企业超万家，发明专利申请量、授权量持续位居全国前列，成功入选全国首批知识产权示范城市。全市各类人才总量达227万人。苏南国家自主创新示范区核心区建设加快推进。

深化改革、扩大开放增添新活力。供给侧结构性改革有序展开。顺利完成新一轮政府机构改革任务，商事制度改革举措加快落地，市场主体总量突破100万户。农村集体产权制度、医药卫生体制等标志性改革取得重要进展，国企国资、社会事业、社会组织管理体制等改革扎实推进。苏州工业园区开放创新综合试验、昆山深化两岸产业合作试验区获国务院批准实施，新增6个国家级开发区、高新区和4个综保区。一般贸易、服务贸易占比稳步提升，对外实际投资规模实现全省"十二连冠"。第二届中非民间论坛、第四次中国—中东欧国家领导人会晤等重大国际活动成功在苏举办。

城乡一体、新型城镇化展现新面貌。苏州成为全国农村改革实验区和城乡发展一体化综合改革试点城市，城乡公共服务在更高水平上体现均衡一体，建成全国首个统筹城乡社会保障典型示范区、义务教育发展基本均衡市。吴江撤市设区，原平江区、沧浪区、金阊区合并设立姑苏区，全市城镇化率提高至74.9%。基础设施建设加快推进，城市功能品质不断改善，中心城市辐射力带动力明显提升。农业现代化深入推进，"三优三保"行动有序展开，"四个百万亩"上图落地并形成长效发展机制。农村集体资产总额和村年均稳定性收入分别达到1610亿元和776万元。建成美丽村庄示范点86个、三星级康居乡村374个。

生态建设、环境保护取得新成效。在全国率先探索出台生态补偿条例，成为全国首批地级国家生态市，实现国家级生态乡镇和省级生态工业园区全覆盖，入选国家循环经济创建示范城市。全市陆地森林覆盖率提高到29.6%，市区新增绿地近2400万平方米。苏州市、昆山市入选首批国家生态园林城市。成功举办省第九届园艺博览会。大气、水、土壤污染防治力度不断加大，生态环境和城乡人居环境有效改善。太湖流域水污染防治规划和阳澄湖三年优化行动得到全面落实。

文明创建、文化建设引领新风尚。社会主义核心价值观广泛培育践行，意识形态工作责任制进一步加强，繁荣发展社会主义文艺八项重点工程加快实施，全国文明城市群建设加快推进。成立全国首个历史文化名城保护区，"大运河苏州段"列入世界文化遗产名录，名镇、名村、传统村落及非物质文化遗产保护得到加强。昆曲、评弹、苏剧和手工艺等传统文化得到传承弘扬。全民健身活动和群众体育广泛开展，第53届世乒赛等国际赛事成功在苏举办，竞技体育取得新成绩。建成首批国家公共文化服务体系示范区。文化旅游加快融合发展，文化创意产业增加值占比提升至7%。

民生改善、社会和谐呈现新气象。2015年城镇、农村居民人均可支配收入分别达到5.04万元和2.56万元，被征地农民保养金实现翻番，企业退休人员人均基本养老金年均增长10%。率先实现城乡养老、医疗和居民最低生活保障"三大并轨"。全市创业孵化基地创业带动就业突破百万人。教育现代化发展水平领先全省。"四位一体"养老服务体系框架基本确立并不断完善，城乡医疗资源配置进一步优化。立体化现代化的社会治安防控体系更为完善，全国深化平安中国建设工作现场会议在苏召开，实现全国社会治安综合治理优秀市"六连冠"。军民融合发展深入推进，荣获全国双拥模范城"六连冠"。

民主政治、法治建设实现新发展。积极支持人大依法履行职权，创新法规草案专家参与等工作新机制，提高立法质量和监督实效。大力支持政协发挥协商民主重要渠道和专门协商机构作用，围绕经济社会发展热点、难点和重点议题开展协商建言。切实加强与各民主党派、工商联和无党派人士合作共事，民族、宗教、侨务、外事、对台、港澳工作取得新成绩，工会、共青团、妇联、文联、科协、残联等人民团体桥梁纽带作用不断增强。深化法治苏州创新实践，"政社互动"品牌获第三届中国法治政府奖，司法公正得到加强，荣获全国"六五"普法先进城市称号。

党要管党、从严治党得到新加强。党的群众路线教育实践活动、"三严三实"专题教育成效明显，"两学一做"学习教育高标准开展。深化干部人事制度改革，干部队伍和各级领导班子素质明显提升、结构加快优化。基层党建工作扎实推进，党员队伍纯洁性、先进性持续提高，基层党组织的政治功能和服务功能不断强化。全国首个党员关爱基金累计发放资助近4亿元。扎实推进党的建设制度改革，探索建设法治型党组织。制定落实党风廉政建设"两个责任"1+9制度体系，"四风"问题得到有效整治，监督执纪问责不断强化，党员干部作风持续好转。

同志们，这些成绩的取得，是党中央、国务院和省委、省政府正确领导的结果，是历届市委薪火相传、继往开来的结果，是全市上下同甘共苦、团结拼搏的结果。在此，我代表中共苏州市第十一届委员会，向全市广大党员和干部群众，向所有关心和支持苏州发展的同志们、朋友们表示崇高敬意和衷心感谢！

五年风雨兼程，成果令人鼓舞；五年砥砺前行，经验弥足珍贵。这些宝贵的财富值得我们认真总结并运用到今后的工作中去。

——必须坚持正确政治方向不动摇，强化"四个意识"，坚定中国特色社会主义"四个自信"，在思想上、政治上、行动上始终与以习近平同志为总书记的党中央保持高度一致，结合本地实际、创新工作思路，确保中央决策、省委部署在苏州落地生根。

——必须坚持创新驱动战略不松劲，把创新驱动作为苏州发展的核心动力，以苏南国家自主创新示范区建设为契机，紧扣"一基地一高地"发展定位，推动以科技创新为核心的全面创新，探索一条质量更高、效益更好、结构更优、优势释放更充分的创新发展路子。

——必须坚持深化改革开放不停步，一以贯之地继承和发扬敢闯敢试、争先争优的光荣传统，围绕破解制约经济发展的突出问题，以经济体制改革为牵引、以供给侧结构性改革为抓手全面深化改革，在国家、省开放战略布局中拓宽发展空间，着力构建有利于引领经济发展新常态的体制机制。

——必须坚持法治政府建设不偏离，以建设法治型党组织为引领，以建设法治政府为关键，构建法治政府、法治市场、法治社会"三位一体"格局，充分发挥好法治对整体发展环境的基础性、规范性和保障性作用，让法治成为苏州核心竞争力的重要标志、苏州人生活方式的重要内容、苏州文化精神的重要特色、社会善治的重要依托。

——必须坚持增进民生福祉不忘本，深入贯彻以人民为中心的发展思想，把实现人民幸福作为发展的目的和归宿，充分发挥人民群众主体作用和基层首创精神，下大力气办好造福群众的实事，切实做到发展为了人民、发展依靠人民、发展成果由人民共享，使全体人民有更多获得感。

——必须坚持全面从严治党不懈怠，切实加强党的思想、组织、作风、制度和反腐倡廉建设，严明党的纪律和规矩，严格落实党风廉政建设主体责任和监督责任，始终保持党的先进性和纯洁性，不断提高各级党组织领导发展的能力水平，充分激发党员干部敢于担当、善于作为、甘于奉献的精神和热情，努力实现干部清正、政府清廉、政治清明。

在看到成绩的同时，我们也充分认识到发展中存在不少困难和问题，主要体现在：创新驱动尚未成为经济社会发展主动力，发挥市场在资源配置中的决定性作用和更好发挥政府作用亟待加强；教育、医疗卫生、社保、养老等公共服务供给仍然不足；对经济薄弱村、困难群众和弱势群体的帮扶力度还需加大；生态保护、污染防治、节能减排、安全生产等任务紧迫而艰巨；城市交通、城市管理、人居环境、古城保护存在许多问题，重大基础设施布局和建设仍然不足；城乡之间、区域之间发展不平衡依然存在，创新社会治理、维护社会公平、增进民生福祉还需下大力气；党的建设还存在薄弱环节，加强党风廉政建设和反腐败斗争任重道远。我们一定要保持定力，立足苏州所处的历史方位和阶段性特征，不断增强工作的主动性、创造性、针对性，采取强有力措施切实加以解决。

## 二、高水平全面建成小康社会的历史使命

今后五年，是全面建成小康社会的决胜阶段，省委要求苏州争当建设"强富美高"新江苏先行军排头兵，全市城乡居民热切期盼更多更公平分享全面小康成果，这都要求我们建成的全面小康必须是高水平的。要实现这一目标，我们必须清醒认识和理性分析面临的挑战和机遇。一方面，当前世界经济进入深度调整期，全球贸易发展低迷，我国经济步入新常态，经济下行压力持续加大；另一方面，新一轮科技革命和产业变革正在孕育新的突破，国家推进供给侧结构性改革的积极效应正在逐步显现，新旧动能转化速度正在加快，给我们推进转型升级、创新发展提供难得机遇。苏州有着产业基础好、企业数量多、创新氛围浓、开放力度大，干部群众奋发向上激情高、干事创业能力强等诸多优势，只要我们扬长补短、趋利避害、善抓机遇，顺应新趋势、把握新常态、寻求新突破，就一定能够把苏州改革发展各项事业不断推向前进。

今后五年苏州工作的指导思想是：高举中国特色社会主义伟大旗帜，以邓小平理论、"三个代表"重要思想、科学发展观为指导，深入贯彻落实习

近平总书记系列重要讲话特别是视察江苏重要讲话精神，紧紧围绕"五位一体"总体布局和"四个全面"战略布局，自觉践行创新、协调、绿色、开放、共享新发展理念，积极适应和引领经济发展新常态，扎实推进供给侧结构性改革，大力实施创新驱动、民生优先、生态改善、城乡一体、开放提升、文化繁荣战略，高水平全面建成小康社会，为探索开启基本实现现代化新征程打下坚实基础，努力争当建设"强富美高"新江苏先行军排头兵，谱写好伟大中国梦的苏州篇章。

高水平全面建成小康社会，总的来说，就是要建成一个贯彻新发展理念、走在"强富美高"前列、惠及全市广大人民群众、具有苏州特点、代表苏州质量的小康社会；具体来说，主要体现在以下几个方面：

质量效益显著提升、创新动力更加强劲。经济保持稳定增长、产业迈向中高端水平，科技创新成为经济社会发展主动力，"一基地一高地"建设取得明显成效，重要领域和关键环节改革取得决定性成果，以高新技术产业为主导、服务经济为主体、先进制造业为支撑的现代产业体系进一步完善，经济效益、社会效益、生态效益全面提升，提前实现地区生产总值和城乡居民人均收入比2010年翻一番。

居民收入持续增长、公共服务更加均衡。全民共享、全面共享、共建共享、渐进共享扎实推进，基本形成与步入高收入阶段和成熟社会阶段相适应的公平分配格局，社会保障和就业水平稳步提高，社会救助、困难帮扶体系不断完善，居住条件更加舒适，教育、医疗卫生、文化、体育等覆盖城乡的公共服务水平进一步提升。

生态环保不断强化、人居环境更加优美。生产方式和生活方式向绿色循环低碳转变，资源利用效率显著提高，单位生产总值能耗大幅下降，主要污染物排放总量和环境风险得到有效控制，空气、水和土壤污染治理取得明显成效，建成国家生态园林城市群。

社会治理深入推进、道德风尚更加良好。社会主义核心价值观深入人心，传统文化与现代文明交相辉映，文化事业与文化产业共同发展，市民文明素质和城市文明程度同步提升；社会治理能力更加成熟，"政社互动"协同并进，特色鲜明的城市发展软实力加快形成。

三、高水平全面建成小康社会的重点任务

今后五年，全市各级党组织和广大党员干部要按照总体思路、围绕既定目标，全力落实中央和省委的新要求新部署，突出创新与开放的"双轮驱动"，注重高端要素集聚与高端产业发展的"相辅相成"，推动实体经济与互联网的"融合催生"，实现企业追求与政府支持的"同频共振"，加快推进八个方面的战略举措。

（一）优化结构布局、提升产业层次，建设先进产业基地。全面落实《中国制造2025苏州实施纲要》，坚持品质化、融合化、制造业服务化的导向，推动三次产业结构调整和转型升级，加快建设具有国际竞争力的先进制造业基地。

1. 做精产业布局定位。优化"两轴三带"产业布局，提升沪宁高新技术产业轴和苏嘉杭现代服务业产业轴建设水平，协同推进沿太湖文化生态旅游带、沿沪特色产业集聚带和沿江物流港口环保产业带建设，逐步形成功能定位清晰、发展导向明确、各类要素协调发展的产业空间格局。推动苏州全面接轨上海，构建上海建设四个中心的延伸基地、协同基地、配套基地。进一步优化中心城区"一核四城"的产业功能定位，倾力支持姑苏区发展科技创意、特色商贸、文化旅游等现代服务业，继续深入推进东部综合商务城（苏州工业园区）、西部生态科技城（苏州高新区）、南部太湖新城（吴江区、吴中区）、北部高铁新城（相城区）加快集聚优势高端产业。大力支持张家港、常熟、太仓、昆山因地制宜、各展所长，融合互动、竞相发展，分类指导、重点支持每个板块发展1~2个具有核心技术、自主品牌、市场占有率的高端产业，努力将之培育成为未来的优势主导产业。

2. 做强高端制造业。提档升级传统产业，促进制造业"两化"深度融合，支持企业瞄准国际同行业标杆推进技术改造，全面提高产品技术、工艺装备、能效环保等水平，加快纺织、冶金、化工等传统行业向价值链高端攀升。推进"互联网+"行动计划,推广以智能交互、柔性敏捷生产等为特征的智能制造方式。围绕新技术新产业新业态新模式,大力发展先进制造业,加紧布局移动互联网、机器人、生命科学等产业发展新领域,将新一代电子信息、高端装备制造、新材料、医疗器械和生物医药等产业培育成为推动苏州新一轮发展的优势主导产业。鼓励龙头企业以品牌资源优势开展产业链垂直整合、兼并重组和服务化融合转型,全面推动苏州制造业向高附加值化和服务化发展。

3. 做大现代服务业。优化完善与创新驱动发展相适应、与制造业发展相融合、与城市发展相配套的现代服务业体系。依托制造业基础优势,以生产性服务业为重点,突出发展现代物流、现代金融、电子商务、创意设计、检验检测、软件和信息技术、知识产权、人力资源服务等重点领域产业,促进服务业发展增量提质。大力培育现代服务业新兴产业,发展互联网平台经济,重点加强云计算、物联网、大数据等龙头企业和新兴企业引进培育,促进互联网与经济社会融合发展。加快发展健康、养老、体育、旅游等生活性服务业。继续做好服务业综合改革试点,壮大现代服务业集聚区和服务业创新型企业。切实发挥消费的基础作用,扩大新兴消费、稳定传统消费、挖掘潜在消费,发展基于互联网的消费新模式、新业态。

4. 做优现代高效农业。坚持走"四化"同步发展道路,进一步优化提升"四个百万亩",加大现代农业园区建设力度,突出科技强农和农业信息化,加快农业基础设施改造提升,建设集中连片高标准农田。创新现代农业经营机制,发展多种形式适度规模经营,大力培育专业合作社、合作农场、家庭农场、专业大户、农业龙头企业等新型农业经营主体。加大新型职业农民培育力度,完善学习资助、创业扶持、社会保险补贴等政策机制。推动"互联网+"现代农业发展,促进三次产业融合,注重农产品精深加工,发展农产品现代流通业态,开展农超、农企等形式的产销对接,鼓励地产农产品直供专销。承办好中国苏州双新双创农业博览会。

(二)聚焦创新驱动、集聚高端要素,建设科技创新高地。围绕建设苏南国家自主创新示范区核心区目标,结合产业高端发展需求与区域发展实际,扎实推进《苏州市贯彻国家创新驱动发展战略纲要实施方案》,优化创新资源配置,完善区域创新体系,建设具有全球影响力的产业科技创新高地。

1. 加快建设苏南国家自主创新示范区。以建设"创新驱动发展引领区、深化科技体制改革试验区、区域创新一体化先行区"为目标,支持苏州工业园区建设成为世界一流高科技产业园区,推动苏州高新区跻身国家高新区第一方阵,昆山高新区、常熟高新区建设创新型特色园区,充分发挥4个国家级高新区的引领辐射作用,促进各省级高新区争先进位,推动创新要素在市区之间、园区之间的合理流动和高效组合,加快形成一体化创新发展格局。

2. 加快发展壮大创新型企业群体。完善创新型企业培育机制,建立覆盖企业初创、成长、发展等不同阶段的政策扶持体系,进一步推动创新资源、创新人才、创新政策、创新服务向企业集聚。强化企业创新主体地位,落实好科技创新税收优惠政策,激励企业增加研发投入,支持企业积极参与国家、省等重大科技计划,切实提升自主创新能力。加大科技中小企业扶持力度,引导中小企业走"专精特新"发展之路。大力培育上市企业,加快高成长性科技企业上市步伐,促进苏州科技上市板块上层次上规模。推动外资企业(港澳台资企业)强化研发创新、融入区域创新体系。

3. 加快推进产学研合作和重大科技创新载体建设。推进产学研深度融合,构建以企业为主体、市场需求为导向、市场机制为保障的产学研合作长效机制,实现企业、高校、科研院所"优势叠加",产业链、资金链、技术创新链"多重融合"。加快中科院各类苏州研究院和北京大学、清华大学等高等院校在苏研发机构及创新载体建设。支持江苏省纳米、医疗器械产业技术创新中心、小核酸生物技术研究所等产业技术研发平台建设。鼓励发展众创空间、创新工场和虚拟创新社区等新型孵化器。放大国家知识产权局专利审查协作江苏中心效能。实施名城名校融合发展战略。

4. 加快培育引进创新创业人才。坚持人才优先发展,优化人才政策引导体系,实施顶尖人才引领、领军人才集聚、紧缺人才倍增、国际化人才汇智、企业家人才提升、高技能人才支撑和青年人才储备等"七大工程",大力引进在前沿科技创新领域拥有重大原始创新技术,具有前瞻性、颠覆性、引领性和跨领域融合创新能力的国际一流创新团队,集聚更多的"高精尖缺"人才智力资源,打造形成梯度协调、活力迸发的金字塔式人才结构。大力推进人才管理体制机制改革,以人才链对接产业链,以服务链优化创新链,真正构建具有国际竞争力的人才制度优势,以人才优先发展引领创新驱动发展。

5. 加快完善优化创新生态系统。深化政府创新治理体系改革,多做为科技创新谋划布局的事情,多做为企业和人才松绑助力的事情。完善财政科技投入统筹联动机制,系统推进科研项目和资金管理改革,强化科技金融支撑,支持金融机构创新产品和服务,引导社会资本投向科技创新,建立多元化、多渠道的资金投入体系。健全科技成果转化激励机制,对职务发明成果转化和主要贡献人员给予更大力度的奖励。构建高效的科研服务体系,健全完善网上技术交易平台,推进国家技术转移苏南中心等跨地区综合性服务平台建设。培育创新的意识、激发创新的潜能、激励创新的行为,着力营造勇于探索、鼓励创新、宽容失败的良好氛围。

(三)全面深化改革、激发市场活力,建设更加成熟定型制度体系。坚持以全局观念和系统思维谋划改革、推进改革,深入落实供给侧结构性改革五大任务,积极稳妥、优胜劣汰去产能,稳定市场、分区施策去库存,加强监督、严格管理去杠杆,简政放权、优化服务降成本,问题导向、提质扩面补短板,积极主动探索重要领域和关键环节改革试点,为激发转型动力和增强发展活力提供体制机制保障。

1. 实现转变政府职能与激发市场活力的有机统一。始终坚持社会主义市场经济改革方向,着力健全使市场在资源配置中起决定性作用和更好发挥政府作用的制度体系。以经济体制改革为重点不动摇,更加注重发挥经济体制改革的牵引作用。毫不动摇支持民营经济发展,千方百计引导民营企业创新创业。加大金融对实体经济的支持力度,落实小微企业优惠政策,持续推动企业减负增效。推动投融资体制改革,畅通投资项目融资渠道。加快商事制度改革和市场监管体系改革。加强社会信用体系建设。构建法治化、国际化、便利化的营商环境。促进国企国资改革,创新国资监管和营运体制。深化行政审批制度改革,加强审批标准化管理,推进跨部门"一窗受理、内部流转、并联审批"。加快政府机构改革和事业单位改革,实施政府向行业协会购买服务改革试点。

2. 实现改革"含金量"与群众获得感的有机统一。始终把促进公平正义、增进人民福祉作为全面深化改革的出发点和落脚点,积极采取多予少取、放活普惠的办法加快推进社会领域改革发展,推出一批群众广泛认可、普遍得益的实招硬招,创新公共服务提供方式,完善城乡基本公共服务体系,满足群众多方面、多层次需求。深化教育体制改革,健全以政府投入为主、多渠道筹集教育经费的办学体制。稳步推进医院卫生体制改革试点,走健康惠民医改之路。加快民政领域改革发展,健全社会保障待遇确定和调整机制。

3. 实现科学谋划改革和扎实推进改革的有机统一。强化基础支撑,注重系统集成,完善工作机制,严格督察落实,不断提高改革精准化、精细化水平。全力推进国家和省赋予的50多项改革试点任务,突出抓好具有标志性引领性的重大改革举措,形成一批制度性成果,有力撬动面上改革。尊重基层和群众的首创精神,支持各地各部门解放思想、先行先试,进一步激发改革创新的动力活力。完善改革决策和工作机制,健全改革方案审议程序,加强跨部门、跨领域重要改革事项协调。着力强化改革督察,督任务、督进度、督成效,察认识、察责任、察作风,确保改革方向不偏离、改革任务不落空。

(四)统筹城乡发展、致力共建共享,建设幸福美好家园。把民生工作放在突出位置,着力解决好直接关系人民群众根本利益和现实利益的民生问题,不断提高城乡居民的生活质量和幸福指数。

1. 着力拓宽富民增收渠道。坚持工资指导线制度,健全工资集体协商机制,适时调整最低工资标准,鼓励和引导劳务合作社等加快发展,拓宽租金、股息、红利等增收渠道,健全公共财政体系,完善转移支付制度,努力实现富民增收与经济发展同步、劳动报酬增长与劳动生产率提高同步。实施更加积极的就业政策，重点解决好高校毕业生、困难人员等的就业问题。全面实施创业富民工程，开展创新创业服务和劳动技能培训，加强失业动态监测，城镇年新增就业15万人。

2. 着力提升城乡社会保障水平。建立健全更加公平、更可持续的社会保障制度，完善以养老、医疗、失业、工伤、生育五项保险为重点的基本保障体系，多渠道提高综合保障水平，确保城镇职工社会保险、城乡居民养老保险和医疗保险覆盖率稳定在99%以上。开展国家首批长期护理保险试点。大力发展企业年金、职业年金等补充养老保险制度，健全基本、补充、个人储蓄三个支柱保障体系。推进保障性安居工程建设和棚户区（危旧房）改造。加快发展慈善事业，开展社会救济和社会互助。

3. 着力增加城乡公共服务供给。统筹完善教育、医疗、体育等公共服务设施建设，以标准化推进城乡公共服务均等化。推动基础教育优质均衡发展，加强素质教育，提高高等教育和职业教育发展水平，建成苏南教育现代化示范区。贯彻习总书记健康优先战略要求，实施新一轮医疗机构设置规划，建设一批重大医疗卫生设施项目，构建现代医疗卫生服务体系。保障妇女和未成年人权益。强化养老服务社会化发展，鼓励引导社会力量参与养老机构运营。支持残疾人事业发展，健全扶残助残服务体系。大力发展群众体育，推动全民健身。

4. 着力深化城乡发展一体化。纵深推进国家城乡发展一体化综合改革试点。做好积分制落户工作。推动供销合作社综合改革。实施"政经分开"试点。加快承包土地确权登记颁证。加强农民合作社规范化建设，完成农村集体资产收益分配权固化改革，强化农村集体资产监管，引导集体经济抱团、联合、异地发展。加大集体经济薄弱村帮扶力度，落实"一村二楼宇"政策，建立健全长效帮扶机制，增强内生发展动力。构建市县镇三级农村产权交易市场体系，助推城乡要素自由流动、平等交换、合理配置。继续加大扶贫开发力度，不让一村一户在全面建成小康社会进程中掉队。

（五）坚持生态优先、践行绿色发展，建设美丽宜居人间新天堂。全面落实绿色发展理念,以资源环境承载能力为基础,以自然规律为准则,以可持续发展、人与自然和谐为目标,走生产发展、生活富裕、生态良好的文明发展道路,守护青山绿水,留住蓝天白云。

1. 持续推进绿色循环低碳发展。实行严格的环境准入标准、污染物排放标准,深化"能效之星"创建活动,开展企业节能低碳行动,推行企业清洁生产,加快发展节能环保产业。严控"两高一资"行业发展,加大对化工、印染、电镀、造纸等重点行业企业整治和关停并转力度,大力削减煤炭消费总量,探索建立节能量和排污权交易制度,参与全国性碳排放交易市场,建设国家低碳城市。提倡绿色生活,鼓励绿色出行,推动形成文明节约、绿色低碳的生活方式和消费模式。

2. 持续促进资源节约集约利用。完善主体功能区制度,严格执行土地利用总体规划和生态红线区域保护规划,守住耕地保护、开发强度、生态保护"三条红线"。加快城乡建设用地增减挂钩试点,全面开展"三优三保"行动,最大限度优化配置和节约集约利用土地资源,提高土地单位产出率。科学划定城市开发边界,促进"精明增长",建设"紧凑城市"。推进国家循环经济示范城市建设,实施园区循环化、生态化改造,打造一批产业废物综合利用、再制造等示范试点。

3. 持续强化环境综合治理。落实"大气十条"和新《大气法》,突出燃煤污染、工业废气、机动车尾气、工地扬尘治理,加强秸秆综合利用,持续改善大气质量,降低$PM_{2.5}$平均浓度。启动新一轮太湖治理,强化长江流域、阳澄湖等水污染防治和地表水超标断面、跨界断面综合整治,突出截污、清淤、活水、保洁等环节,加大城乡河道整治力度,全面完成"水十条"目标任务。编制苏州"土十条"实施方案,开展土壤环境质量调查,推动污染土壤修复治理。重视养殖业面源污染,加快无害化处理。逐步推行垃圾分类收集和综合利用,促进减量化、资源化。

4. 持续实施生态环境项目。扎实推进以"十大工程"为重点的生态文明建设重点项目。大力推动植树造林,调整林木结构。加快修复"山水林田湖"生命共同体,把好山好水好风光融入城市。强化饮用水水源地保护监测,提高自然湿地保护率。深入实施城乡环境整治和美丽镇村建设,推进被撤并镇老镇区整治提升,做好农民安置房建设和管理,统筹农村垃圾和污水处理,健全长效管护机制,不断改善人居环境。

5. 持续完善生态环保制度体系。贯彻中央《生态文明体制改革方案》,建立领导干部任期生态文明建设责任追究制,推行绿色审计制度。深入落实《苏州市生态补偿条例》及实施细则。建立环境污染第三方治理模式。加强对重大环境风险源的动态监测、风险预警和应急救援,开展环境风险评估,健全重大环境事件和污染事故责任追究制度,有效防范和妥善处置环境污染事故。加大环境信息公开力度,大力发展环保公益组织,引导全社会共同参与生态环境保护。

(六)提升功能品质、扩大对外开放,建设国际化大城市。贯彻落实中央和省关于城市工作的最新精神,准确把握"五个统筹"要求,按照长三角世界级城市群建设和江苏区域空间布局定位,顺应城市发展规律,转变城市发展方式,努力把苏州建设成为熔古铸今、充满活力、生态宜居、特色鲜明的现代化、国际化大城市。

1. 完善区域城市群布局。发挥好城市规划的战略引领和刚性控制作用,把握好生产、生活、生态空间的内在联系,加快城市总体规划和经济社会发展、土地利用、生态环境保护等各类规划的协调衔接,促进"多规融合"。严格依法执行规划,确保一张蓝图绘到底。优化"1450"城镇体系,加强中心城市建设,提升科技、产业、人才等发展要素集聚功能和综合承载能力,以长三角次中心城市为目标打造4个县级市,完善提升50个中心镇的城市功能,建设一批宜居宜业宜游的特色小镇。

2. 提高城市建管质量。加强城市设计,挖掘苏州文化内涵和城市精髓,传承和彰显特有的山水风貌、地域特色、建筑风格、民俗风情等"基因"。加快铁路、公路、水运、机场等城乡基础设施规划建设,加强港口、码头和岸线整合及节约集约利用。支持太仓港与太仓市优势互补、联动发展。推动海绵城市建设和地下综合管廊试点，加大建筑产业现代化和绿色建筑推广力度。优先发展公共交通，强化城市轨道交通、有轨电车等统筹对接。深化城市管理体制改革，下大力气改善老城区后街背巷、城中村、城郊接合部等环境面貌，切实解决脏乱差等突出问题，确保抓出明显成效。加强城市管理和服务体系智能化建设，促进大数据、物联网、云计算等现代信息技术与城市管理服务融合。健全防洪、排涝、消防、抗震等灾害应对指挥体系，保障城市安全有序运行。

3. 巩固发展开放型经济。推进国际国内双向开放，探索构建开放型经济新体制。全力稳定外贸增长，力保传统出口份额、拓展新增产能出口。积极做好苏州市跨境电子商务综合试验区建设和服务贸易创新发展试点等工作，逐步提高一般贸易、服务贸易和新型贸易业态比重。加强出口基地建设，培育苏州进口交易市场，有效推进"市场采购贸易"试点。坚持引资引智引业并重，多元引进境外要素，提升外资使用水平。主动参与"一带一路"和长江经济带建设，鼓励支持有条件的企业加快"走出去"、加强跨国合作，重点推进跨国兼并收购，培育一批本土跨国企业。

4. 打造高效开放平台。瞄准国内前茅、国际一流目标，大力推进开发区"二次创业"，引导开发区从产业集聚向能级提升转变，从政策优惠向体制优化转变。支持苏州工业园区开展开放创新综合试验，提升昆山深化两岸产业合作试验区建设水平，支持中德合作（太仓）中小企业共建创新试验区建设。推广自贸试验区改革试点经验，加强开发园区、海关特殊监管区域等整合优化和体制机制创新，推动综合保税区贸易多元化试点，促进内外贸一体化发展。积极探索开发区"走出去"发展和兴办国际合作园区新模式，深化南北挂钩合作，做好援疆、援藏、贵州铜仁和陕西对口地区的帮扶工作。

（七）着力繁荣文化、促进文旅融合，建设文化与旅游胜地。大力推进物质文明和精神文明协调发展，传承弘扬优秀传统文化，丰富城市精神内涵，增强文化软实力，发展壮大文旅产业，建设具有独特魅力的国际文化旅游胜地。

1. 提升社会文明程度。坚持用中国梦和社会主义核心价值观凝聚共识、汇聚力量,大力弘扬以爱国主义为核心的民族精神和以改革创新为核心的时代精神,丰富拓展"崇文睿智、开放包容、争先创优、和谐致远"的苏州精神。推进马克思主义大众化,坚定中国特色社会主义道路自信、理论自信、制度自信、文化自信,增强国家意识、法治意识、社会责任意识。加强社会公德、职业道德、家庭美德和个人品德教育,推动行风、校风、家风建设。强化公民人文素质教育,弘扬科学精神。推动文明城市建设常态长效,加强志愿者社会组织建设,力争建成首个全国文明城市群。

2. 完善公共文化服务体系。建立政府、市场、社会良性互动、共同参与的公共文化产品生产和供给体制机制,鼓励民间资本、社会力量和人民群众参与公共文化产品和服务供给。优化城乡文化设施布局,完善公共文化服务网点,推进城乡"十分钟文化圈"建设。推动文化惠民项目与群众文化需求有效对接,健全文化设施管理和使用动态监测考核体系,提升各级公共文化设施标准化服务水平。繁荣文艺创作,健全完善戏曲创作演出机制,深入开展"群星璀璨"文化惠民活动、舞台艺术和数字电影"四进工程"、文化"三送工程"。

3. 大力发展文化产业。推进文化事业单位分类改革和国有经营性文化单位转企改制,建立健全文化市场公平竞争的准入机制和优胜劣汰的退出机制,引导社会资本以多种形式投资文化产业,培育多层次文化产品和要素市场。提升苏州国家动漫产业基地、数字出版基地发展水平,引导各级各类文化产业园区合理布局、错位发展,培育做强一批重点文化创意企业,不断提高文化产业规模化、集约化、专业化水平。注重历史经典产业的挖掘整理和创新提升。继续办好创博会,加快影视动漫、文艺演出等国际营销网络建设,鼓励文化产业积极开拓国际市场。

4. 彰显历史文化名城魅力。加强苏州历史文化名城保护,突出做好"整体保护与有机更新、特色塑造与品质提升、环境治理与设施配套、民生改善与社会和谐、业态转型与文化兴盛"五篇文章,探索古城保护利用新模式,打造苏州世界遗产城市品牌。保护和传承江南水乡传统风貌，推进古典园林、古镇、古村落和历史街区保护。弘扬昆曲、评弹、苏剧和工艺美术等民族民间文化，扶持和发展一批非物质文化遗产生产性保护基地。坚持政府推动与民间联动并举，促进多层次、宽领域对外文化交流。

5. 构建全域旅游大格局。充分发挥历史人文和山水资源的独特优势，以国家古城旅游示范区建设、世界文化遗产保护和水乡古镇申遗为抓手，打造古城古镇旅游集聚区；大力发展休闲度假旅游，打造环太湖、环阳澄湖旅游集聚区；依托国家商务旅游示范区优势，打造环金鸡湖旅游集聚区；积极发展游轮旅游、生态旅游等特色旅游，打造沿江旅游集聚区。探索苏州特色全域旅游品牌建设，推动旅游产业与上下游产业融合发展，大力发展文化旅游、商务旅游、会展旅游、乡村旅游等特色旅游产业，加大国际国内推广力度，提升旅游产业综合贡献率。

（八）全面依法治市、强化社会治理，建设和谐平安之城。坚定不移走中国特色社会主义法治道路，深入推进法治苏州的创新实践，切实加强平安苏州建设，促进社会和谐安定、人民安居乐业。

1. 全面提高法治水平。健全法规审议、立法听证、公民旁听等立法制度，推动城乡建设与管理、环境保护、历史文化名城保护等重点领域立法。积极稳妥推进司法体制改革试点工作，完善司法责任制，加强执法司法规范化建设。健全法治政府建设指标体系和考评体系，严格落实政府权力清单和责任清单，确保"清单之外无权力，清单之内必须为"。清理和废除妨碍统一市场和公平竞争的各种规定和做法，推动规则平等、机会平等、权利平等。推进公共法律服务体系建设，注重低收入群体法律援助服务，全面完成"七五"普法任务。弘扬法治精神，培育法治文化，强化规则意识，促进法治与德治交融并进。

2. 加强和创新社会治理。健全党委领导、政府主导、社会协同、公众参与、法治保障的社会治理体制，加强县镇村三级社会管理综合服务体系规范化建设，加快完善城市综合治理联动机制。深入推进"政社互动"，探索城乡社区协商民主，引导社会组织健康有序发展，创建全国社区治理和服务创新实验区。畅通信访渠道，完善社会矛盾源头预防和调处化解综合机制。优化实有人口服务管理，促进流动人口融入融和。

3. 切实维护社会稳定。进一步加强公共安全体系建设，严厉打击和严密防范违法犯罪活动。健全安全生产责任和管理制度，严格执行"党政同责、一岗双责、失职追责"，严肃落实部门监管职责、企业主体责任，坚决遏制重特大安全生产事故发生。加强食品药品安全监管，严把从农田到餐桌、从实验室到医院的每一道防线，保护人民群众生命健康安全。

同志们，众擎易举，众志成城。完成高水平全面建成小康社会目标任务，需要凝聚全市上下共同的智慧力量，需要全市各界人士的团结奋斗。要切实加强社会主义民主政治建设，让各方面积极性、主动性、创造性充分发挥出来。坚持和完善人民代表大会制度，支持人大及其常委会依法履行职能，提升人大代表履职能力。坚持和完善中国共产党领导的多党合作和政治协商制度，推进协商民主广泛多层制度化发展，探索实行年度协商工作制度。巩固和发展最广泛的爱国统一战线，充分发挥民主党派、工商联和无党派人士的作用，做好民族、宗教、对台、侨务工作。改革创新群团工作体制机制和方式方法，支持工会、共青团、妇联等群团组织依法、依章程开展工作。坚持党管武装原则，加强国防动员和后备力量建设，大力支持国防和部队深化改革，巩固和发展军政军民团结。

**四、高水平全面建成小康社会的坚强保证**

苏州要顺利实现高水平全面建成小康社会的奋斗目标，努力争当建设"强富美高"新江苏先行军排头兵，必须首先当好全面从严治党的先行军排头兵。全市各级党组织和广大党员要深入贯彻习近平总书记系列重要讲话特别是"七一"重要讲话和视察江苏重要讲话精神，不忘初心、继续前进，用马克思主义中国化的最新成果武装头脑、指导实践、推动工作，牢牢把握加强党的执政能力建设、先进性和纯洁性建设这条主线，增强管党治党意识、落实管党治党责任，确保各级党组织始终成为团结带领全市人民共同奋斗的坚强核心。

（一）突出思想建党，打牢领导发展的信念根基。牢固树立抓好党建就是最大政绩的理念，各级党组织书记要切实履好全面从严治党第一责任人职责。各级党员干部特别是领导干部要把严守党的政治纪律和政治规矩放在第一位，以党章党规党纪为镜，牢固树立"政治意识、大局意识、核心意识、看齐意识"，坚定理想信念，对党绝对忠诚，始终与以习近平同志为总书记的党中央保持高度一致，坚决维护中央权威，坚决贯彻落实省委、省政府决策部署，做信念坚定的明白人、表里如一的老实人、严守纪律的规矩人。大力弘扬理论联系实际的学风，完善干部理论学习和党委中心组学习制度，系统学习中国特色社会主义理论体系，原原本本研读党章，深入学习贯彻习近平总书记系列重要讲话精神，认真学习新发展理念，力求做到学深悟透、融会贯通。自觉加强党性锤炼，巩固扩大党的群众路线教育实践活动、"三严三实"专题教育成果，扎实组织开展"两学一做"学习教育。党要管党必须从党内政治生活管起，从严治党必须从党内政治生活严起。要持续增强党内政治生活的政治性、时代性、原则性、战斗性，将民主生活会、组织生活会和"三会一课"等抓在平常、融入经常。

（二）突出依法执政，强化领导发展的制度保障。全面深化法治型党组织建设，推动各级党组织和党员干部依据宪法法律和规章制度加强社会治理、推进经济发展，依据党内法规管党治党，不断提高依法执政水平。着力增强党员干部法治思维，完善党委（党组）中心组学法、领导干部任前法律考试等制度，引导各级党员领导干部和广大党员干部带头尊法、学法、守法、用法。切实改进党委领导方式，认真贯彻《中国共产党地方委员会工作条例》和《中国共产党党组工作条例（试行）》，严格执行民主集中制，正确处理民主与集中、分工与合作、个性与党性的关系。进一步健全依法决策机制，探索建立领导班子重大事项决策全程纪实、责任倒查追究及纠错纠偏制度。针对不同层级、不同领域党组织特点分类推进法治型党组织建设，重点提升基层党组织依法服务、依法办事、依法治理水平。坚持宪法至上、党章为本，加强党内法规制度建设，着力健全党的组织制度、干部人事制度和基层组织建设制度，加强对党内法规制度执行情况的监督检查。完善干部培训教育制度，发挥好各级党校主阵地作用，推动党员干部特别是领导干部广泛学习现代金融、"互联网+"、前沿科技、社会治理等各种新知识，不断提高战略思维能力、辩证思维能力、综合决策能力、驾驭全局能力。

（三）突出从严管理，建强领导发展的骨干队伍。全面落实20字好干部标准，突出"五用五不用"鲜明导向，深化干部人事制度改革，严格执行《党政领导干部选拔任用工作条例》，完善"动议比选任用"机制，坚决防止"带病提拔"。大力培养选拔优秀年轻干部，重视培养女干部、党外干部，加大干部跨部门、跨行业、跨区域交流力度，优化领导班子知识结构和专业结构。切实做好老干部工作。强化干部日常监督，严格执行领导干部有关事项报告、干部档案核查及违规追究责任机制。着力推动干部担当作为，注重从严管理与正向激励相结合，发挥绩效管理"指挥棒"作用，拓宽能上能下、能进能出渠道，汇聚推进改革发展的正能量。认真落实习近平总书记提出的"三个区分开来"要求，让主动作为、动真碰硬的干部奋勇前行，让埋头苦干、一抓到底的干部挺直腰杆，让锐意进取、敢破敢立的干部脱颖而出，更广泛地保护和调动干部队伍积极性。全市广大党员干部特别是领导干部要与时俱进丰富发展"张家港精神""昆山之路""园区经验"三大法宝，以更加奋发进取的精神、更加卓有成效的工作，不断创造经得起实践、人民、历史检验的新业绩，使敢于担当、勇于负责、善抓落实成为苏州干部队伍的鲜明特质。

（四）突出重心下移，夯实领导发展的基层基础。主动顺应产业布局、行业分工、党员流向变化和城乡一体化发展趋势，推进区域化党建格局，推广农业合作社、家庭农场等党组织建设试点经验和区域性、行业性、产业型等党组织建设模式，实现党的工作全领域覆盖。强化基层党组织功能，充分发挥基层党组织核心作用，深化"农村先锋强村富民"等四大计划，完善基层服务型党组织评估机制，深入整顿软弱涣散基层党组织，把更多的资源投向基层，推动基层党组织提升服务水平，在服务中凝聚民心民力、彰显政治优势。建强基层党组织带头人队伍，提升基层党务工作者专业化职业化水平。统筹抓好新形势下党员发展、教育、管理、监督、服务，切实把合格的标尺立起来，把做人做事的底线划出来，把党员的先锋形象树起来。认真组织在职党员进社区等活动，畅通服务群众的"最后一公里"。

（五）突出正风肃纪，优化领导发展的政治生态。严守党章党规党纪，牢记"五个必须、五个决不允许"，对违反纪律的行为必须认真处理，切实做到党纪严于国法，纪律面前人人平等。定期分析领导班子和干部队伍作风状况，着力整治顶风违纪、隐形变异的"四风"问题，推动作风建设常态化、长效化。坚持有腐必惩、有贪必肃，正确处理"树木"与"森林"的关系，严格执行线索处置"五类标准"，运用好监督执纪"四种形态"，各级党委（党组）要重点在第一种形态上下功夫，抓早抓小、动辄则咎。充分发挥巡察利剑作用，市县两级党委要制订工作规划，本届任期内巡察一遍。严格落实党风廉政建设党委主体责任，健全完善责任清单制度，深化纪委委员评议质询工作，形成管用有效的责任落实链条。认真贯彻落实《中国共产党纪律处分条例》《中国共产党问责条例》，领导和支持纪检监察机关监督执纪问责，推动全面从严治党向基层延伸，坚持"一案双查"、责任倒查，使失责必问、问责必严成为常态。以务实创新精神推进纪律检查体制改革，注重加强党风廉政制度建设，严格落实党内规则体系，努力将腐败问题遏于初萌、止于未发。各级领导干部要以身作则、率先垂范，严格遵守党风廉政建设各项规定，切实履行"一岗双责"，主动服务企业、构建"亲""清"政商关系；大力倡导清清爽爽的同志关系、规规矩矩的上下级关系；严格管好家属、亲属、下属，全力维护风清气正的政治生态。

同志们，我们要矢志不渝地不忘初心、继续前进。回望过去，我们创造了来之不易的业绩；放眼当下，我们承载着推进"强富美高"的先行重任；面向未来，我们将参与并见证第一个百年目标的实现。奋斗成伟业，拼搏铸辉煌。美好的前景令人向往，光荣的使命催人奋进。让我们紧密团结在以习近平同志为总书记的党中央周围，高举中国特色社会主义伟大旗帜，在省委的坚强领导下，团结一致、奋勇争先，高水平全面建成小康社会，争当建设"强富美高"新江苏先行军排头兵，为实现伟大中国梦做出新的更大贡献！

# 奋进新征程　谱写新篇章
# 为建设展现"强富美高"新图景的社会主义现代化强市而不懈奋斗

——在中国共产党苏州市第十三次代表大会上的报告

许昆林

2021年9月24日

同志们：

现在，我代表中国共产党苏州市第十二届委员会，向大会作报告。

大会的主要任务是：高举中国特色社会主义伟大旗帜，坚持以马克思列宁主义、毛泽东思想、邓小平理论、"三个代表"重要思想、科学发展观、习近平新时代中国特色社会主义思想为指导，深入学习贯彻党的十九大和十九届二中、三中、四中、五中全会精神，坚决扛起"争当表率、争做示范、走在前列"职责使命，落实省委对苏州打造向世界展示社会主义现代化"最美窗口"的要求，认真总结市第十二次党代会以来的工作，研究确定今后五年的奋斗目标和主要任务，选举产生中共苏州市第十三届委员会和中共苏州市第十三届纪律检查委员会，团结带领各级党组织、广大党员干部和全市人民，同心同德、锐意进取，真抓实干、担当作为，为建设展现"强富美高"新图景的社会主义现代化强市而不懈奋斗。

**一、砥砺奋进取得重大成就的五年**

市第十二次党代会以来的五年，是苏州发展史上极不平凡的五年。这五年，习近平总书记两次亲临江苏视察，对我省推动高质量发展作出一系列重要指示，特别是赋予我省"争当表率、争做示范、走在前列"新的重大使命，为我们提供了战略指引和行动指南，全市上下备受鼓舞、倍感振奋。这五年，我们坚决贯彻落实党中央和省委部署要求，广大党员干部闻令而动、尽锐出战，全力打好疫情防控阻击战，帮助全国13个贫困区（县）摘帽、贫困人口全部脱贫，为全国全省大局做出了重要贡献。这五年，我们积极应对外部环境变化、特别是持续加大的经济下行压力，地区生产总值历史性迈上2万亿元新台阶、位列全国第六，高水平全面建成小康社会。这五年，我们成功承办"一带一路"能源部长会议和国际能源变革论坛，习近平总书记亲致贺信，举办、承办全国创建文明城市工作经验交流会、首届东亚企业家太湖论坛、首届全国新农民新技术创业创新博览会、"全面建成小康社会"理论研讨会、全国先进技术成果转化政策宣贯会等一系列重大会议活动，城市形象和影响力持续提升。经过五年的奋斗，习近平总书记为江苏描绘的"强富美高"宏伟蓝图，在苏州大地上展现出生动的现实图景。

（一）"经济强"的基础更加雄厚。地区生产总值年均增长6.1%，高于全国平均水平。一般公共预算收入年均增长8.1%，分别高于全省5.7个百分点、全国4.4个百分点，2020年总量跃居全国第四，规模以上工业总产值稳居全国前三，进出口总额、出口额分别位列全国第四和第三，社会消费品零售总额位列全国第七。拥有装备制造、电子信息两个万亿级产业，新增恒力、盛虹两家世界500强企业，高新技术企业近万家，国家超级计算昆山中心通过科技部验收，全社会研发投入占地区生产总值比重达3.78%，五年提升1.17个百分点，创新综合实力位居全国前列。成功获批国家新一代人工智能创新发展试验区、国家生物药技术创新中心、国家第三代半导体技术创新中心。境内上市公司165家、位列全国第五，其中科创板上市公司35家、位列全国第三。市属国资规模突破万亿元。吴江纳入长三角生态绿色一体化发展示范区，昆山、太仓、相城、苏州工业园区纳入虹桥国际开放枢纽北向拓展带。获批设立江苏自贸区苏州片区、中日（苏州）地方发展合作示范区，昆山深化两岸产业合作试验区范围扩大至昆山全市。下辖县级市均位列全国百强县前十、其中昆山连续十七年位列第一，苏州工业园区连续五年位列国家级经济技术开发区综合考核第一。太仓港跻身全国港口集装箱吞吐量第八。

（二）"百姓富"的成果更加丰硕。城乡公共服务支出占比保持在75%以上。城镇新增就业89.2万人，城镇登记失业率保持在2%以下。城乡人均可支配收入年均分别增长7.1%和8%，均高于同期地区生产总值增速；2020年分别达7.1万元和3.76万元，收入比为1.889：1。城乡低保标准由每人每月810元提高至1095元，保障水平全省最高。累计新改扩建学校528所，获评全国义务教育基本均衡城市，普高录取比例提高至65%；世界联合学院（UWC）中国大陆唯一分校影响力不断提升，获批建设全国首个高等教育国际化示范区。中国中医科学院大学、南京大学苏州校区、西北工业大学太仓校区等落户。新增三甲医院7家，"健康苏州"建设入选国家典型案例。率先推进区域性养老服务中心建设，户籍人口人均期望寿命位列全国大中城市第一。残疾人事业稳步推进。发布全国首个率先基本实现农业农村现代化评价指标体系，村均集体可支配收入达1053万元，苏州现代农产品物流园建成启用。沪苏通铁路通车，沿江三县市结束不通铁路的历史；城市轨道交通运营里程210公里、在建里程142公里，汽车保有量位列全国第四。据"七人普"数据，全市常住人口达1275万人，总量、增量均列长三角第二。

（三）"环境美"的底色更加鲜明。坚决打好污染防治攻坚战，贯彻长江经济带共抓大保护方针，长江干流及主要通江河道水质全部达Ⅲ类及以上，太湖围网养殖拆除、长江流域禁捕退捕任务全面完成，实现太湖连续13年安全度夏。空气质量优良天数比率提高17.5个百分点，$PM_{2.5}$年均浓度下降43%，在全省率先达到空气质量二级标准。市区新增和改造绿地1810万平方米，全市共有城市公园202个。开展生态修复城市修补、海绵城市、地下综合管廊等试点。制定实施《苏州市生活垃圾分类管理条例》《苏州市太湖生态岛条例》。"太湖生态岛生态产品价值实现案例"列入自然资源部典型案例。"张家港湾"生态修复入选联合国可持续发展优秀实践案例。建成首个国家生态园林城市群、首批国家生态文明建设示范市。

（四）"社会文明程度高"的名片更加亮丽。大力培育和践行社会主义核心价值观，实现全国文明城市"五连冠""满堂红"、双拥模范城"七连冠"、新时代文明实践中心（所、站）全覆盖。开展庆祝改革开放40周年、新中国成立70周年、建党100周年系列活动。获评全球首个世界遗产典范城市，入选首批国家文化和旅游消费示范城市。制定《苏州国家历史文化名城保护条例》等地方法规9件。规划建设"运河十景"，"苏作馆"上海国展中心旗舰店开馆。苏剧《国鼎魂》获第十六届文华大奖。历时十二年完成《苏州通史》（16卷本）编纂并出版发行。新型智库建设取得显著成效。承办冰壶世界杯、中超、足协杯等国际国内大型赛事。成为全国唯一同时拥有知识产权法庭、破产法庭、国际商事法庭、劳动法庭的城市。深入推进法治苏州、平安苏州建设，开展扫黑除恶专项斗争，扎实推进政法队伍教育整顿。获评全国首批法治政府建设示范市、首批市域社会治理现代化试点城市、首批禁毒示范城市。

（五）全面从严治党的成效更加彰显。认真开展"两学一做"学习教育、"不忘初心、牢记使命"主题教育和党史学习教育，部署开展"两在两同"建新功行动。全面完成中央、省委巡视反馈意见整改工作。支持市人大、政府、政协和纪委监委、法院、检察院履行职能、开展工作，巩固和发展新时代爱国统一战线，严格落实意识形态工作责任制。群团改革成效明显。加强党管武装工作，国防动员和后备力量建设水平进一步提高。圆满完成县级市（区）、镇党委和村（社区）"两委"集中换届，"海棠花红"先锋阵地规范化建设深入推进，村（社区）党群服务中心全面达标，"党建惠企"专项行动持续深化。出台激励干部担当"1+N"系列政策，推进干部跨部门、跨条块、跨领域交流，率先探索沪苏两地干部交流任职。管党治党政治责任层层压实，严格落实中央八项规定及其实施细则精神，锲而不舍纠治"四风"，持续完善监督体系，完成十二届市委巡察全覆盖。开发运用基层廉勤监督平台、营商环境监督平台，积极构建亲清政商关系。标本兼治深化反腐败斗争，统筹抓好纪法教育、警示教育、政德教育，风清气正的政治生态持续巩固发展。

看似寻常最奇崛，成如容易却艰辛。五年来，各级党组织、广大党员干部始终和全市人民站在一起、想在一起、干在一起,用双手创造的巨大物质财富,值得倍加珍惜;在奋斗中凝聚的宝贵精神财富,影响更加深远。我们深深体会到:党的领导是最大的优势,只要我们坚定不移沿着习近平总书记指引的方向前进,切实增强"四个意识",坚定"四个自信",做到"两个维护",就一定能够战胜各种风险挑战,推动苏州发展行稳致远。改革创新是不竭的动力,只要我们大力传承弘扬"张家港精神""昆山之路""园区经验",不断增强改革创新的勇气、敢为人先的锐气,大胆闯、大胆试,就一定能充分展现发展的探索性、创新性、引领性,持续走在全国全省前列。前瞻谋划是领先的关键,只要我们紧紧抓住长三角一体化等一系列国家战略叠加实施的机遇,善于谋划、主动作为,就一定能把战略机遇转化为发展红利,不断增创发展新优势。人民幸福是发展的标尺,只要我们始终坚持以人民为中心的发展思想,拿出更多的真招实招硬招,用心用情用力解决好群众急难愁盼问题,就一定能赢得民心、汇聚民力,共同创造更加美好的生活。苦干实干是最好的行动,只要我们始终谋在实处、干在实处、成在实处,一张蓝图绘到底、一以贯之抓到底、一鼓作气干到底,就一定能把许多不可能变为可能,在现代化新征程中不断书写精彩篇章!

上下同欲者胜,风雨同舟者兴。五年来苏州发展的成绩,是在以习近平同志为核心的党中央坚强领导下取得的,是省委正确领导、关心支持的结果,是历届市委继往开来、接续奋斗的结果,是全市广大党员干部群众团结一致、共同努力的结果。在此,我代表十二届市委,向全市广大党员干部群众,向各民主党派、工商联、无党派人士和社会各界人士,向驻苏解放军、武警官兵和民兵预备役人员,向关心支持苏州发展的港澳台同胞、海外侨胞和国际友人,向老领导、老同志和所有为苏州改革发展稳定做出贡献的同志们、朋友们,表示衷心感谢,并致以崇高敬意!

安不忘危,兴不忘忧。当前,百年未有之大变局正在向纵深发展,外部发展环境更加复杂严峻,各类风险不容忽视。同时,对照党中央和省委的部署要求,对照人民群众的更高期待,我们工作中还存在一些差距和不足。主要是：制造业"大而不强"的问题仍然存在，自主创新能力有待提升；教育、医疗、养老、文化等公共服务领域还有短板，历史文化名城保护更新、生态环境改善等方面还要下大力气；城市治理精细化水平还不高；少数党员干部能力素质还跟不上发展的新形势，全面从严治党仍有薄弱环节，等等。对此，我们要高度重视，以科学的态度、有力的举措，切实加以解决。

**二、全面开启建设社会主义现代化强市新征程**

2021年是具有里程碑意义的一年，我们隆重庆祝了党的百年华诞，亲身见证了"小康"千年梦圆。习近平总书记庄严宣告："经过全党全国各族人民持续奋斗，我们实现了第一个百年奋斗目标，在中华大地上全面建成了小康社会，历史性地解决了绝对贫困问题，正在意气风发向着全面建成社会主义现代化强国的第二个百年奋斗目标迈进。"苏州与"两个一百年"奋斗目标紧密联系，是邓小平同志印证"小康"构想的地方，是习近平总书记殷殷嘱托"勾画现代化目标"的地方。这是苏州的光荣，是激励我们开拓奋进的不竭动力！

对历史最好的致敬，是书写新的历史。回顾过去，苏州在改革开放的伟大历程中不断创造奇迹，在每一个发展阶段都走在前列。展望未来，我们已经踏上了新的赶考之路，全市各级党组织、广大党员干部要坚决响应习近平总书记的伟大号召，弘扬伟大建党精神，为党和人民争取更大的光荣！

争取更大的光荣，要以美好的愿景凝聚人心，以精准的定位指引路径，以有力的抓手推动落实。我们提出加快建设展现"强富美高"新图景的社会主义现代化强市。确立这样的奋斗目标，源自于我们党对实现第二个百年奋斗目标的战略安排，源自于习近平总书记对苏州发展的巨大关怀和殷切期望，源自于党中央和省委对苏州工作一以贯之的更高要求，是苏州人民的共同意志和共同愿望。全市上下思想上要高度统一，行动上要步调一致，为实现这一目标而奋斗！

为建设社会主义现代化强市而奋斗，要牢记嘱托、奋发有为，始终沿着习近平总书记指引的方向坚定前行，谱写"强富美高"现代化新篇章。习近平总书记对江苏、对苏州探索现代化、建设现代化、率先实现现代化一直寄予厚望，要求十分明确。从2009年提出"勾画现代化目标"，到2014年提出"积极探索开启基本实现现代化建设新征程这篇大文章"，再到2020年提出"争当表率、争做示范、走在前列"，这都是一脉相承的。省委要求苏州把"可以勾画"的目标真实展现出来，打造向世界展示社会主义现代化的"最美窗口"。我们要切实把思想和行动统一到党中央和省委的决策部署上来，以现代化的理念、标准、思路谋划推进所有工作，在"没有先例"的方面力争率先做出成功案例，在"普遍在做"的方面力争做得更好更快。特别是要紧紧抓住长三角一体化发展这个最大历史机遇，集中精力办好苏州的事，更高标准办好苏州的事，创造性办好苏州的事，为全国全省现代化建设探索新路、多做贡献。

对照全面建设社会主义现代化国家"两步走"战略安排，不断丰富提升苏州推进现代化建设的实践内涵。展望2035年，我们要高水平建设令人向往的创新之城、开放之城、人文之城、生态之城、宜居之城、善治之城，建成充分展现"强富美高"新图景的社会主义现代化强市，成为促进人的全面发展、实现人民共同富裕的先行示范。在此基础上，再经过15年的努力，在我们党实现第二个百年奋斗目标时，苏州拥有高度的物质文明、政治文明、精神文明、社会文明、生态文明，经济综合实力、文化软实力迈入全球先进城市行列，成为向世界展示中国式现代化新道路、人类文明新形态的城市范例。

为建设社会主义现代化强市而奋斗，要紧紧抓住头五年，激励"从头越"的豪气、"肯登攀"的胆气、"试比高"的志气，解放思想闯新路、改革创新求突破、系统推进增优势，在现代化新征程中始终走在最前列。深入学习贯彻习近平总书记视察江苏重要讲话指示精神，认真落实省委十三届十次全会作出的"六个率先走在前列"总体部署，特别是按照苏南现代化建设"代表国家最高水平、对标世界一流水平、引领未来发展方向"的更高要求，推动重大改革出经验、重点领域做示范，跑好现代化建设"第一棒"，全力跑出高质量、跑出加速度。

——围绕"在率先建设经济体系更具国际竞争力的现代化上走在前列",全力打响"苏州制造"品牌,推动经济综合实力和竞争力进一步提升。促进产业链与创新链深度融合、协同升级,加快构建自主可控、安全高效的现代产业体系,制造业增加值占地区生产总值比重保持在40%以上,崛起一批新的千亿级、万亿级产业集群。科技创新的地位和作用不断强化,五年后全社会研发投入占比达4%,高新技术企业数翻一番、达2万家。年进出口总额保持在3500亿美元左右,五年累计实际使用外资超350亿美元。江苏自贸区苏州片区以及中新、中日、中德、海峡两岸等载体联动改革、联动创新、联动开放,中荷合作取得突破,初步构建现代化的开放体系。

——围绕"在率先建设城乡区域协调发展的现代化上走在前列",更加积极主动落实国家战略,推动协同联动发展水平进一步提升。落实长三角一体化等国家战略,"沪苏同城化"全面提速,南北联动、跨江融合取得新进展,成为国内循环重要支点城市、双循环关键枢纽城市。乡村振兴全面推进,"三农"领域改革不断深化,在打破市民农民身份界限、推动城乡关系重构上取得重大进展,逐步实现城乡生活品质没有差距。重大基础设施、新型基础设施加快建设,努力构建现代流通体系。

——围绕"在率先建设人与自然和谐共生的现代化上走在前列",始终坚持生态优先绿色发展,推动生态环境质量进一步提升。"美丽苏州"建设的空间布局、发展路径、动力机制基本形成,生态环境质量改善、绿色经济发展活力提升、生态文明制度创新一体推进,生态安全屏障更加牢固。主要污染物排放总量持续减少。能源资源配置更加合理、利用效率不断提高,实现减污降碳协同增效,向碳达峰、碳中和迈出坚实步伐,成为"美丽中国"的先行示范、"美丽江苏"的标杆城市。

——围绕"在率先建设全体人民共同富裕的现代化上走在前列",深入践行以人民为中心的发展思想,推动人民生活品质进一步提升。"美好生活"新内涵新境界不断丰富拓展,居民收入增长和经济增长基本同步、有条件的地区可以适当快于经济增长,中等收入群体比重明显提高,低收入群体增收长效机制基本建立，就业更为充分更有质量。多层次社会保障体系和救助帮扶体系更加健全，教育、医疗、养老、育幼等基本公共服务更加优质均衡，全体居民多层次多样化需求得到更好满足、生活品质实现新提升，走出一条具有苏州特色的共同富裕之路。

——围绕"在率先建设物质文明和精神文明相协调的现代化上走在前列"，全力打响"江南文化"品牌，推动城市软实力进一步提升。社会主义核心价值观更加深入人心，全域新时代文明实践纵深推进，市民思想道德素质、科学文化素质和身心健康素质明显提高，争创全国文明典范城市。优质公共文化服务供给能力稳步提升，文化事业和文化产业更加繁荣壮大，古城、古镇、古村保护传承利用统筹推进，"江南文化"品牌影响力不断扩大，率先建成文化强市。

——围绕"在率先建设秩序优良、活力彰显的现代化上走在前列"，建设智慧安全韧性城市，推动治理体系和治理能力现代化水平进一步提升。社会主义民主法治更加健全，公平正义进一步彰显，政府行政效率和公信力显著提升。"一网通用""一网通办""一网统管"全面推进，数字政府、数字社会建设持续深化。防范化解重大风险体制机制不断健全，突发公共事件应急能力全面增强，防灾抗灾救灾能力明显提升，城市安全运行的底线更加牢固。

各县级市（区）都有良好的发展基础，要立足不同的资源禀赋，因地制宜、扬长补短，错位发展、比学赶超，探索打造各具特色和内涵的现代化新范例。张家港市要轻装上阵，加快产业转型，推动两个文明持续领跑，打造全面综合、优质均衡的现代化文明典范城市，让"张家港精神"焕发新的时代华彩。常熟市要绘就"六美集大美"精彩画卷，在现代化新征程中建设更高品质的"江南福地"。太仓市要做深"融入上海、对德合作、以港强市"三篇文章，在推动高质量发展、建设"现代田园城、幸福金太仓"的跑道上振翅高飞。昆山市要牢记嘱托、勇当标杆，不断厚植临沪、对台合作新优势，让新时代"昆山之路"越走越宽广，奋力实现"新的超越"。吴江区要厚植民营经济优势,擦亮"乐居吴江"品牌,在长三角生态绿色一体化发展示范区建设中走在最前列。吴中区要坚持"产业强区、创新引领"发展战略,坚决扛起"为太湖增添更多美丽色彩"的使命担当,成为践行"两山"理念的先行示范。相城区要瞄准前沿,敢想敢干,努力实现"后发先至",打造苏州市域新中心,建设成为长三角乃至全国数字化发展第一区。姑苏区要做优行政和文商旅中心,做强教育医疗高地、科技创意高地,做精苏式生活典范,持续擦亮国家历史文化名城保护区金字招牌。苏州工业园区要建设世界一流高科技园区、一流自贸试验区,成为面向未来的苏州城市新中心。苏州高新区要秉持"发展高科技,实现产业化",打造创新资源最集聚、创新生态最活跃、创新协同最高效的产业科创主阵地。

同志们,建设社会主义现代化强市的宏图已经绘就、目标已经明确、号角已经吹响。我们要以坚韧不拔的意志、只争朝夕的精神,谋全局、打基础、利长远,做好每个月、用好每一天、干好每件事,努力创造无愧于时代、无愧于人民的崭新业绩!

### 三、奋力开创各项事业发展新局面

当今世界,和平与发展仍然是时代主题。当今中国,正处在中华民族伟大复兴的关键时期,经济稳中向好、长期向好的趋势没有改变,继续发展具有多方面优势和条件。中心城市、城市群和都市圈正在成为承载高端优质发展要素的主要空间形式,一系列国家战略叠加实施,各种有利因素加速集聚,赋予了苏州广阔舞台。我们要胸怀"两个大局",心怀"国之大者",准确把握外部环境变化蕴含的新机遇新挑战、党中央和省委赋予的新使命新要求、人民群众对美好生活的新向往新期盼,奋发有为做好各项工作。

今后五年,苏州经济社会发展的指导思想是:高举中国特色社会主义伟大旗帜,以习近平新时代中国特色社会主义思想为指导,深入学习贯彻习近平总书记视察江苏重要讲话指示精神,统筹推进"五位一体"总体布局,协调推进"四个全面"战略布局,自觉扛起"争当表率、争做示范、走在前列"重大使命,落实省委打造"最美窗口"要求,坚持稳中求进工作总基调，立足新发展阶段，完整、准确、全面贯彻新发展理念，服务和融入新发展格局，以推动高质量发展为主题，以深化供给侧结构性改革为主线，以改革创新为根本动力，以满足人民日益增长的美好生活需要为根本目的，更好统筹发展和安全，传承弘扬"张家港精神""昆山之路""园区经验"，加快建设展现"强富美高"新图景的社会主义现代化强市。

（一）更加积极主动落实长三角一体化发展国家战略，推动"沪苏同城化"取得重大进展。紧扣一体化和高质量两个关键，主动服务和支持上海发挥龙头作用，积极贡献长板、深化区域合作，全方位融入一体化、服务一体化、推动一体化。一是深度参与虹桥国际开放枢纽建设。全面落实《苏州实施方案》，主动对接虹桥国际开放枢纽大交通、大会展、大商务三大功能。加快推进通苏嘉甬、沪苏通二期以及苏锡常城际、苏淀沪城际等铁路建设，建成南沿江、沪苏湖、太仓港疏港铁路专用线、嘉闵太线。推动苏州北站国家级高铁枢纽建设。推动全域更加积极主动对接上海，运营好长三角科创企业服务中心苏南中心，打造昆承湖沪苏协同创新发展示范区等载体。二是加快长三角生态绿色一体化发展示范区建设。落实示范区"1+1+N"规划体系和相关任务。建设苏州南站科创新城，合作建设"水乡客厅"，在规划管理、生态保护、要素流动等方面推进一体化制度创新。推动昆山锦溪、淀山湖、周庄一体化打造示范区协调区。三是完善重点领域协同机制。积极探索沪苏（州）同城化等重大课题。建设更加统一开放的市场体系，在科技创新协同发展、社会治理协调推进等方面加大探索力度。深化与长三角其他城市共赢合作，打造环太湖世界级湖区，推动苏锡常都市圈建设、苏通跨江融合发展。

（二）强化创新引领支撑作用，争创国家区域科技创新中心。深入实施创新驱动发展战略，高水平建设苏南国家自主创新示范区，全面提升自主创新、技术供给、成果转化能力，为国家科技自立自强贡献力量。一是加快布局高能级载体和功能性平台。深化拓展与大院大所合作，集聚更多高端创新要素。加快长三角先进材料研究院、国家先进功能纤维创新中心、姑苏实验室、苏州·中国声谷、西北工业大学长三角研究院等载体建设。瞄准材料科学、先进计算等优势领域，积极争创国家实验室、国家重点实验室。依托南京大学苏州校区，高标准打造太湖科学城。建设运营好全国首个先进技术成果转化中心和孵化基地，打造先进技术成果转化首选地、首发地。强化知识产权保护和运用。五年后，科技进步贡献率达70%左右，万人高价值发明专利拥有量达23.8件。二是强化关键核心技术攻关。促进产学研协同创新，推动省、市产业技术研究院与龙头企业紧密合作，推进一批原创性技术创新项目。壮大创新型领军企业集群，引导有条件的企业承担科技重大专项、牵头建设国家技术（产业）创新中心等。加大对高新技术企业、"独角兽"企业、专精特新"小巨人"企业等政策扶持力度，探索"研发投入递增奖励"等举措。综合运用"揭榜挂帅""以赛代评""以投代评"等机制，充分激发创新活力。三是打造一流科技创新生态。积极参与沿沪宁产业创新带、环太湖科创带、G60科创走廊建设。发挥市级天使投资引导基金撬动作用，集聚股权投资、创业投资等私募基金，支持创新发展。四是构建更具吸引力的人才政策体系。在顶尖人才柔性引进、高端智库建设等方面加强探索，高质量办好"精英周"、"赢在苏州"创客大赛等活动，规划建设一批高品质国际创新社区、特色人才街区，打造"创业者乐园，创新者天堂"。五年累计引进市级以上高层次创新创业领军人才2000人、顶尖和重大创新团队25个，新增外国高端人才4000人。

（三）全力打响"苏州制造"品牌，加快构建现代产业体系。始终坚守实体经济，牢牢把握"产业数字化、数字产业化"趋势，推动制造业迈向"又大又强"。一是推动产业智能化改造和数字化转型。全面落实"1+8"政策文件，综合运用专项贷款贴息、免费诊断服务、选树典型示范等一系列政策举措，发挥好中国工业互联网研究院江苏分院等平台作用，高质量完成全部规上工业企业首轮改造，并持续扩大规下中小企业覆盖面，五年累计建成100家示范工厂、2000个示范智能车间，累计建成50个省级以上工业互联网平台，实现5G网络深度全覆盖。二是提升"苏州制造"整体竞争力。高水平推进国家新一代人工智能创新发展试验区、国家生物药技术创新中心、国家第三代半导体技术创新中心等建设，发展壮大生物医药、航空航天、第三代半导体、人工智能、新材料等战略性新兴产业，打造一批潜在万亿级产业。推动氢燃料电池汽车、智能网联汽车发展，参与国家首批燃料电池汽车示范城市群建设。推进量子科技、生物计算、生命科学等领域基础研究和产业化。强化"苏州制造"品牌建设，在终端消费品等领域实现新突破，五年累计推出100个以上"苏州制造"认证高端产品，新增制定国际、国家和行业标准500项以上。大力发展信息技术服务、研发设计、工业设计、人力资源、法律咨询等生产性服务业。三是增强产业链自主可控能力。选择5~10个重点产业完善"链长制"，推动重点产业链做大做强。加快建成"产业大脑"，强化产业链运行监测和风险预警。聚焦工业软件、工业机器人等领域，五年累计实施产业基础再造重点项目20个。

（四）充分发挥内需拉动作用，服务和融入新发展格局。牢牢把握扩大内需这个战略基点，实现投资和消费双向发力、协同提升，持续释放经济增长内需潜力。一是提高招商引资水平。招引更多央企、头部民企、外企等，实现项目数量、体量、质量的新突破。瞄准产业链关键环节特别是"链主企业"，紧盯世界500强、国内50强开展精准招商。用好既有优质项目和高能级资源，注重发挥创投的资本纽带和专业把关作用，开拓投资领域和项目源。优化各级招商平台功能，加强招商队伍专业化、国际化建设，提高招商成效。二是积极扩大有效投入。牢牢抓住重大项目，加强系统谋划、加大推进力度，争取更多项目进入国家和省相关规划。全力推进总投资超万亿元的签约洽谈项目落地实施。着力优化投资结构，五年后高技术制造业投资占工业投资比重达40%。推动基础设施领域不动产投资信托基金（REITs）健康发展。完善项目建设现场观摩、领导干部挂钩联系等机制，强化土地、资金、用能等要素保障和全周期服务。三是提振和升级市场消费。增强苏州"双12购物节""五五购物节"在长三角乃至全国的影响力，促进线上线下消费双向提速，培育建设国际消费中心城市，五年后实现全市社会消费品零售总额超万亿。升级改造重点商圈、商业步行街，建设华贸中心等一批顶级商业综合体，大力发展首店经济、首发经济，引导直播电商、社交电商等健康发展，鼓励老字号开发国货新品加快转型。打造夜经济品牌，争创一批国家级夜间文旅消费集聚区。

（五）聚焦重点领域突破，推进更高水平改革系统集成。坚持目标引领和问题导向，深入开展一系列重大问题研究，谋划实施更多具有全局性、引领性、撬动性的改革举措，持续激发体制机制新活力。一是加快政府职能转变和效能提升。以数字化推动政府便利化改革，持续实施优化营商环境创新行动，聚焦"一件事一次办"和"两个免于提交"，五年内基本实现企业类事项网上办、个人类事项掌上办。完善城市生活服务"苏周到"、法人服务"苏商通"。优化行政管理体制，进一步理顺市、区两级权责关系，赋予基层更多自主权。加强各县级市（区）相邻区域规划统筹，积极推动苏州工业园区与吴中区共建独墅湖开放创新协同发展示范区，优化苏相合作区发展体制机制，进一步探索苏州工业园区与其他板块合作新路径。二是深化国资国企改革。推动国企对接资本市场，积极稳妥深化混合所有制改革。构建央地国企合作长效机制，积极参与长三角区域国企合作，促进全市域国企联动发展。进一步优化完善市属国企考核管理等制度。五年后市属国有资产总额超 2 万亿元、年度营业收入超 1000 亿元、利润总额超 200 亿元。三是加强金融领域改革创新。深化小微企业数字征信、数字人民币、金融科技创新监管三项试点，争创国家级数字金融产业集聚区。用好长三角数字货币研究院、数字金融数据中心等国家级平台，率先布局数字货币产业链。深入落实国家外管局批复的 5 项外汇改革试点任务。争取在苏金融机构提升能级，填补金融牌照空白。发挥苏州并购母基金引导作用，支持企业开展并购重组。提升苏州综合金融服务平台等功能，鼓励金融机构创新产品和服务，降低企业特别是中小微企业融资成本。五年后金融业增加值占地区生产总值比重达 10%，持牌法人金融机构超 20 家，境内外上市公司超 300 家，备案私募基金超 2500 只、管理规模比 2020 年翻一番、超 7000 亿元。

（六）集聚全球高端资源要素，增创对外开放新优势。进一步优化对外开放布局，构建与国际经贸规则相衔接的制度体系，提升开放型经济发展水平。一是推动外贸转型升级。促进加工贸易创新发展，提高一般贸易占比，大力发展服务贸易、离岸贸易、数字贸易、跨境电商、海外仓等外贸新业态新模式。开展线上线下全方位贸易促进活动，拓展多元化出口市场。用好出口信用保险等政策，帮助外贸企业抵御风险。更好地承接进博会辐射带动效应。二是促进高水平双向投资。提高使用外资质量，引导外资投向战略性新兴产业、先进制造业和现代服务业，鼓励外资企业设立研发中心和总部机构，五年累计新增市级跨国公司地区总部及功能性机构300家、省级100家。积极参与共建"一带一路"，提升中欧（亚）班列等运营水平。完善境外投资支持服务体系，推动境外合作园区发展。三是提升开放平台功能。持续擦亮苏州工业园区中新合作品牌，全面深化双方在自贸区建设、数字化转型、新兴产业培育、现代服务业发展等领域交流合作。推动苏州自贸片区与联动创新区密切合作、协同发展。提升中日、中德、海峡两岸等开放平台功能，提高各级各类开发区建设水平，打造一批具有国际竞争力的特色产业园区。

（七）全面推进乡村振兴，率先基本实现农业农村现代化。提高农业现代化、农村现代化、农民现代化、城乡融合发展"三化一融"水平，2022年率先基本实现农业农村现代化，推动乡村振兴取得更大进展。一是加快推进农业现代化。落实最严格的耕地保护制度，推动高标准农田、高标准蔬菜基地、高标准池塘、美丽生态牧场"三高一美"提档升级，进一步稳定粮食生产面积和产量。强化农业科技创新，推进国家级智慧农业试点，深化与农业大院大所合作，发挥好中国农科院华东农业科技中心等作用，五年累计培育100家省级农业科技型企业、30个农产品区域公用品牌。做强农产品加工、农村电子商务、乡村休闲旅游等产业，五年累计培育超100个共享农庄。二是加快推进农村现代化。深入开展乡村建设行动，强化高水平村庄规划设计，因地制宜推广驻村设计师、工程师"一村两师"制度，传承弘扬地域文化特质，塑造更多精品建筑，让农村成为城市的公园、农房成为公园里的别墅。推动农村各类设施提档升级，深入推进国家级、省级数字乡村试点。开展农村人居环境整治提升五年行动,全域推进特色田园乡村建设,抓好环阳澄湖、环澄湖、太湖沿线、长江沿线"两湖两线"等跨域精品示范区建设,五年累计培育180个特色精品乡村和15个特色精品示范区,特色康居(宜居)乡村实现全覆盖。争创"四好农村路"全国示范市。三是加快推进农民现代化。全面落实各类创业扶持政策,增加农民家门口的就业机会。推动村级集体经济抱团发展、异地发展,巩固提升50个集体经济相对薄弱村,五年后村均集体可支配收入超1200万元,城乡居民可支配收入比缩小到1.85∶1。做强"学院+中心+基地"新型职业农民培育体系。统筹抓好农业专业人才、能工巧匠人才、文化传承人才和乡村治理人才四支队伍建设。四是加快推进"三农"领域改革。深化农村集体产权制度改革,探索股权继承、转让、抵押担保等制度安排。稳慎推进农村土地制度改革,探索开展土地承包经营权有偿退出及农村宅基地权能改革,加快建立农村集体经营性建设用地产权流转和增值收益分配制度。持续加大"三农"投入,做大做优市级乡村发展基金,开展"万企兴万村"行动,吸引社会资本深度参与乡村振兴。

(八)全力打响"江南文化"品牌,构筑思想文化引领高地。坚持社会主义核心价值体系,立足深厚文化底蕴,系统谋划推进文化事业和文化产业大发展大繁荣。一是提升城市文明程度。巩固拓展全国文明城市全域化、新时代文明实践中心(所、站)全覆盖成果,完善公共文化服务体系,深化群众性精神文明创建,广泛开展各类主题实践活动和社会志愿服务活动,繁荣发展哲学社会科学,提高市民文化素养和文明素质,不断厚植城市精神、彰显城市品格。二是推动文化产业倍增。实施文化产业倍增计划,大力引进培育头部文化企业特别是平台型企业,发展壮大数字文化产业,五年后规模以上文化企业超1500家、文化产业增加值占地区生产总值比重超10%,均在2020年基础上翻一番。提高文旅融合发展水平,优化全域旅游空间布局和要素配置,引进一批国际顶级酒店、特色餐厅,创建国家级全域旅游示范区,推进世界旅游目的地城市建设。三是加强历史文化名城保护更新。系统谋划苏州国家历史文化名城保护区政策和体制机制创新,创建国家文物保护利用示范区，发挥外脑智库、专家顾问团队等作用，以世界眼光、国际标准做好古城保护更新总体设计，落实三年"1+11"工作方案，办好苏州获批国家历史文化名城40周年系列活动。做足做好"水文章"，系统恢复古城河道水网，重现"水陆并行、河街相邻"的古城风貌，打造一批江南水乡古镇群、古村落群，推出"水上游"系列精品。发挥姑苏·古城保护与发展基金撬动作用，推动央企和市属、区属国企以及市场力量参与街坊更新改造、古建老宅活化利用等项目。四是扩大城市文化影响力。深化"江南文化"品牌建设，打造"运河十景"等一批标志性景点，建成大运河国家文化公园（苏州段）、国家方志馆江南分馆。加快布局"苏作馆"运营体系，打造面向国内外集中展销苏工苏作艺术精品的重要窗口。深化百园之城、百剧之城、百馆之城建设，打造一批江南小剧场、江南小书场，办好一批具有国内外影响力的重要文化活动。推动具有苏州元素的影视听等文艺作品创作，传播江南文化，讲好"苏州故事"。

（九）切实加强生态保护修复，建设绿色低碳的"美丽苏州"。深入学习贯彻习近平生态文明思想，进一步形成节约资源和保护环境的空间格局、产业结构、生产方式、生活方式，牢牢守住生态红线。一是优化国土空间布局。加强前瞻性和创新性研究，探索规划"留白"机制，高水平完成各县级市（区）全域规划，努力落细到每一个建筑、每一处民居。编制苏州市地图集并实现动态更新。持续推进产业用地更新"双百"行动，积极盘活城乡空间、存量空间用地。探索M0用地、土地复合利用等模式，结合TOD建设、综合地下管廊建设、水网规划等，加强地下空间开发利用。二是改善生态环境质量。深入打好长江保护修复和污染防治攻坚战，不折不扣落实长江"十年禁渔"等工作任务，深化"河湖长制""断面长制"，全面消除劣Ⅴ类水体，建设生态美丽河湖群。推进PM2.5和臭氧"双控双减"，提升空气质量优良天数比率。提高土壤污染防治和固废危废处置水平。加快推进绿化建设提升，每年新增及改造绿地300万平方米。三是推动绿色低碳发展。构建与碳达峰、碳中和相适应的政策体系，对接全国碳排放市场建设，建立碳排放权交易等市场化机制。大力发展节能环保产业、清洁生产产业、清洁能源产业。健全绿色信用体系，倡导简约适度、绿色低碳的生活方式。对接上海国际碳金融中心建设，推进绿色金融创新。四是构建现代环境治理体系。加强太湖、阳澄湖水环境综合治理。建设太湖生态岛，形成可复制可推广的生态产品价值实现机制。积极参与环太湖地区城乡有机废弃物处理利用示范区建设。严格落实水资源管理"三条红线"。深化工业企业资源集约利用综合评价。健全生态环境损害责任终身追究、赔偿等制度。探索多元化生态补偿机制，推动跨区域、跨流域生态环境联保共治。

（十）坚持共建共享促进共同富裕，不断增强人民群众获得感、幸福感、安全感。进一步围绕人民群众关切，坚持不懈办好民生实事，提高市域社会治理体系和治理能力现代化水平，创造更多看得见、摸得着、体会得到的共同富裕成果。一是大力推动就业增收。建设劳动者就业创业首选城市，打造"就在苏州"服务品牌。拓展高校毕业生、退役军人、农民工、城镇困难人员等重点群体就业渠道，实施职业技能提升工程，支持多渠道灵活就业。健全工资合理增长机制，增加城乡居民财产性收入，扩大中等收入群体比重。巩固扩大社会保险覆盖面。发挥第三次分配作用，完善社会救助体系，发展慈善等公益事业，稳步提高低收入群体保障水平。统筹做好东西部协作、对口支援、对口合作、省内南北挂钩等工作。二是促进公共服务优质均衡。探索按实有人口布局基础设施、提供基本公共服务。加快推进教育综合改革，新改扩建学校近 400 所、新增学位超 46 万个。深入推进名城名校融合发展。深化"双元制""现代学徒制"培养模式。开展医疗服务价格改革试点和医保支付方式改革。推动三甲医院县级市（区）全覆盖、五年后达 20 家。传承发展吴门医派，打造"健康中国"典范城市。扩大托育等配套服务供给。推动养老事业和养老产业协同发展，做大做强市属康养集团。大力发展群众体育。保持房地产市场平稳健康发展，不断增加保障性租赁住房土地供应。继续扩大公积金制度覆盖范围。五年改造老旧住区 350 个左右、惠及居民超 10 万户。提升公共交通建设运营水平，推动现代化生活配套、便民商业网点进小区,做优"一刻钟便民生活圈"。三是深入推进"法治苏州""平安苏州"建设。全面贯彻实施宪法,聚焦重点领域加强地方立法。支持公安机关、检察机关、审判机关、司法行政机关各司其职、开展工作。大力实施"八五"普法规划。创新完善平安建设等工作协调机制,常态化开展扫黑除恶斗争,巩固政法队伍教育整顿成果,深化社会治安防控体系和现代警务体系建设,精准打击各类违法犯罪。拓展"大数据+网格化+铁脚板"治理机制,推进市级来访接待中心、县乡两级"一站式"社会矛盾纠纷调处化解中心等建设,把矛盾解决在萌芽状态、化解在基层。四是更好统筹发展和安全。加强应急预警、应急指挥、应急救援三大体系建设,健全重大突发事件应急响应等机制。压实安全生产责任,持续推进安全生产、既有建筑、331领域等专项治理,完善工业企业安全生产风险报告等安全防范机制,加强安全管理、安全使用等专业化培训。防范化解地方政府性债务风险、重大金融风险。加强食品药品安全监管。高标准建设和改造基础设施,增强防洪排涝等能力,确保人民生命财产安全和城市正常运行。

同志们,建设社会主义现代化强市,必须充分调动一切积极因素,广泛团结一切可以团结的力量,形成推动发展的强大合力。要切实加强社会主义民主政治建设,坚持和完善人民代表大会制度、中国共产党领导的多党合作和政治协商制度,支持人大、政协依法、依章程履行职能。巩固和发展新时代爱国统一战线,全面落实党的民族、宗教、侨务等政策,做好对台、港澳工作。创新群团工作体制机制和方式方法,注重发挥工会、共青团、妇联等群团组织作用。用心用情做好老干部工作。认真贯彻习近平强军思想,坚持党管武装原则,加强国防动员和后备力量建设,深化全民国防教育,巩固发展军政军民团结,争创全国双拥模范城"八连冠"。

**四、继续推进新时代党的建设新的伟大工程**

实现奋斗目标,关键在党的建设。全市各级党组织和广大党员要增强全面从严治党永远在路上的政治自觉,加强党的全面领导和党的建设,为建设社会主义现代化强市提供坚强政治保证。

一要切实加强党的政治建设。严守党的政治纪律和政治规矩，增强"四个意识"，坚定"四个自信"，做到"两个维护"，始终在思想上、政治上、行动上同以习近平同志为核心的党中央保持高度一致，不断提高政治判断力、政治领悟力、政治执行力。强化政治监督，有令必行、有禁必止，确保党中央大政方针和省委决策部署落地见效。不断增强党内政治生活的政治性、时代性、原则性、战斗性，坚持民主集中制，发扬党内民主，落实"三会一课"等制度，加强对"一把手"和领导班子监督。严格执行重大事项请示报告制度。充分发挥党委议事协调机构职能作用，完善党委研究经济社会发展战略、定期分析经济形势、研究重大政策措施、决策重大事项的工作机制。落实意识形态工作责任制、网络安全工作责任制，牢牢掌握意识形态工作主动权和主导权。

二要持续推动理论武装走深走实。发挥市委理论学习中心组示范作用，带头大兴学习之风，健全各级党组织集体学习制度，更加自觉地用习近平新时代中国特色社会主义思想解放思想、统一思想，认真学习贯彻习近平总书记视察江苏重要讲话指示精神，深刻认识到中国共产党为什么能，中国特色社会主义为什么好，归根到底是因为马克思主义行。要充分发挥党校等主阵地作用，健全领导干部讲党课制度，形成理论学习的浓厚氛围。巩固深化党史学习教育成果，不断赋予"三大法宝"新的时代内涵。

三要全力打造敬业专业的干部队伍。全面落实好干部标准，注重在改革发展稳定主战场培养发现使用干部，大胆选用优秀年轻干部，关心和用好各年龄段干部，统筹做好女干部、党外干部工作。有效推动常态化、多层次、宽领域干部交流。扎实开展经济、科技、金融、法律等专业化培训，不断提高领导干部推动高质量发展的能力。坚持"三个区分开来"，发挥激励干事担当"1+5"制度体系效应，用好考核指挥棒，持续推进"三项机制"落地见效。

四要全面建强基层战斗堡垒。突出增强政治功能和组织力，不断创新组织设置和活动方式，大力加强企业、农村、机关、学校、医院、科研院所、街道社区、社会组织等基层党组织建设，实现党的组织和党的工作全覆盖。全面推进"美美与共·海棠花红"党建品牌建设，大力实施党建引领基层治理"根系工程"，持续深化新时代"美美乡村"新接力专项计划、"美美社区"行动计划。深入推进村书记专职化、城市社区工作者职业化和"两新"组织党务工作者专业化建设。切实做好发展党员和党员教育、管理、监督、服务工作，推动党员更好发挥先锋模范作用。

五要坚定不移推进党风廉政建设和反腐败斗争。全市各级党组织和党员干部要自觉扛起全面从严治党政治责任，持之以恒落实中央八项规定及其实施细则精神，不断健全作风建设长效机制，深化整治形式主义、官僚主义顽瘴痼疾，下决心减少发文、减少会议、减少督查检查，切实为基层减负松绑。坚持把纪律挺在前面，贯通融合各类监督，用好监督执纪"四种形态"，运用信息手段提升监督质效。发挥巡察"利剑"作用，积极融入巡视巡察上下联动工作格局，统筹推进新一届市委巡察工作，纵深推进对村（社区）巡察，持续推动市县巡察提质增效。严肃查处群众身边的腐败和不正之风。深化廉政教育，加强家风建设，不断实现不敢腐、不能腐、不想腐一体推进战略目标，巩固风清气正的良好政治生态。

同志们，让我们更加紧密地团结在以习近平同志为核心的党中央周围，坚守初心担使命，接续奋斗再出发，加快建设社会主义现代化强市，奋力谱写"强富美高"现代化新篇章，为全面建设社会主义现代化国家、实现中华民族伟大复兴的中国梦做出新的更大贡献！

# 中共苏州市委
# 关于深入贯彻落实江苏省第十四次党代会精神加快建设社会主义现代化强市的实施意见

(2021年12月29日)

为深入贯彻落实中国共产党第十九届中央委员会第六次全体会议和中国共产党江苏省第十四次代表大会精神，动员全市广大党员干部把思想和行动统一到省党代会部署的各项目标任务上来，坚定信心、迎难而上，锐意进取、真抓实干，加快建设展现"强富美高"新图景的社会主义现代化强市，现提出如下意见。

**一、提高政治站位，深入学习领会和准确把握省第十四次党代会精神实质**

省第十四次党代会是在中国共产党成立100周年的重要历史节点，在全党全国各族人民深入学习贯彻党的十九届六中全会精神的关键时刻，在江苏高水平全面建成小康社会、开启社会主义现代化建设新征程的重要关头，召开的一次重要会议。大会的主题是：更加紧密地团结在以习近平同志为核心的党中央周围，全面贯彻习近平新时代中国特色社会主义思想，沿着总书记指引的方向奋勇前进，坚决扛起"争当表率、争做示范、走在前列"光荣使命，奋力谱写"强富美高"新江苏现代化建设新篇章。吴政隆同志所作的报告，对过去五年江苏工作进行全面总结，对未来五年发展作出战略部署，对持续推进新时代党的建设新的伟大工程提出明确要求，完全符合中央精神、符合江苏实际，充分体现扛起新征程新使命、奋力谱写"强富美高"新江苏现代化建设新篇章的坚强决心，是今后一个时期江苏各级党组织团结带领全省人民奋进新征程、建设现代化的行动纲领。

1. 深刻领会和准确把握"三大光荣使命"的深刻内涵。省党代会结合大局大势、发展规律、时代特征,深刻阐述了习近平总书记赋予江苏的三大光荣使命的科学内涵和实践要求。在改革创新、推动高质量发展上争当表率,必须完整准确全面贯彻新发展理念,坚持以深化供给侧结构性改革为主线,更加坚决彻底地转方式、调结构、增动能,加快实现江苏发展的凤凰涅槃。在服务全国构建新发展格局上争做示范,必须准确把握实现高水平自立自强这一本质特征,进一步畅通国内国际经济循环,在服务全国大局中争取更大的发展主动。在率先实现社会主义现代化上走在前列,必须准确把握社会主义现代化的深刻内涵,更高水平展现中国式现代化的现实模样。这是江苏现代化建设的总纲领、总命题、总要求,是谋划"十四五"发展的重大战略指引和根本行动遵循。全市党员干部要始终牢记总书记殷殷嘱托,切实扛起"争当表率、争做示范、走在前列"的光荣使命,坚定不移沿着总书记指引的方向奋勇前进。

2. 深刻领会和准确把握"六个显著提升"的目标任务。在深刻感悟担负的使命责任、深入分析面临的内外部环境基础上,省党代会提出了今后五年"六个显著提升"的主要目标任务:即实现综合发展实力、人民生活品质、生态环境质量、社会文明程度、共同富裕水平、社会治理效能显著提升。这"六个显著提升"既是未来五年谱写"强富美高"新江苏现代化建设新篇章的目标任务,也是履行三大光荣使命的具体体现。全市上下要认真对照,进一步完善发展取向、奋斗指向和工作导向。

3. 深刻领会和准确把握"九个方面的重点工作"。省党代会明确了九个方面重点工作:即加快科技自立自强,更大力度建设自主可控的现代产业体系;全面实施乡村振兴战略,更富成效推进农业农村现代化;大力促进区域协调联动,更高质量推动长三角一体化发展;坚持生态优先绿色发展,更加有力推进美丽江苏建设;不断发展全过程人民民主,更高水平建设社会主义民主政治;深入推进文化强省建设,更好满足人民群众精神文化需求;切实保障和改善民生,更加扎实有效推进共同富裕;勇立时代潮头,更大气魄深化改革开放；全力防范化解风险隐患，更好统筹发展和安全。这九个方面重点工作，涵盖了经济、政治、文化、社会、生态文明建设各个领域，为江苏现代化建设勾画了切实可行的目标指引和实践路径。全市上下要紧密结合本地本部门实际，抓住关键环节、主动担当作为、狠抓工作落实。

**二、明确工作重点，全面推动会议精神在苏州落地落实**

放眼"两个百年"历史进程，今后五年具有继往开来、奠基开局的重要意义。全市上下要认真对照省党代会部署要求，结合市第十三次党代会工作安排，凝心聚力、克难攻坚，推动苏州高质量发展始终走在全国全省前列。

1. 始终坚持完整准确全面贯彻新发展理念，坚定不移推动高质量发展。坚持转方式、调结构、推进绿色低碳转型毫不动摇、毫不放松，确保经济实现质的稳步提升和量的合理增长。深入实施创新驱动发展战略，高水平建设苏南国家自主创新示范区，与高等院校、科研院所开展深层次合作，全面提升自主创新、技术供给、成果转化能力。加大高科技项目、创新型企业招引力度，支持各类科研机构跨界合作，实现更多协同创新和联合攻关，着力打造一批数字经济时代产业的创新集群。重点围绕先进材料、电子信息、装备制造、生物医药等优势产业，优化创新集群布局，构建自主可控、安全高效的现代产业体系。实施数字经济和数字化发展三年行动计划，加快建设更具影响力的数字科创中心、数字智造中心和数字文旅中心，率先建成全国"数字化引领转型升级"标杆城市。主动融入沪宁产业创新带、环太湖科创圈等重大科创平台建设，全力争创国家区域科技创新中心。积极推动姑苏实验室建设。紧贴产业发展需求，升级完善人才政策，持续引进国际高端人才，加快建设国家级人才平台，打造中国人才发展现代化强市。

2. 始终坚持以人民为中心的发展思想，着力推动共同富裕。把满足人民群众对美好生活的向往作为一切工作的出发点和落脚点，扎实推动共同富裕取得明显成效，努力建成共同富裕示范城市。完善就业服务保障体系，拓展重点群体就业渠道，支持多渠道灵活就业，健全终身职业技能培训体系。深化收入分配制度改革，健全工资合理增长机制，增加城乡居民财产性收入，扩大中等收入群体比重。发挥慈善事业的第三次分配作用。深入实施乡村振兴战略，强化重要农产品稳产保供，加强农业科技和装备支撑，加快"两湖两线"特色田园乡村建设和农村人居环境整治提升，持续提高农民素质和收入水平，到2022年底率先基本实现农业农村现代化。加快推动公共服务均等化标准化建设，持续健全医疗、教育、养老、托幼、交通等公共服务体系，全力打造世界一流的大学，建好人民满意的高水平医院。更高视野、更大格局重塑"江南文化"，不断提升城市文化软实力。深化新时代文明实践中心建设，扎实推进群众性精神文明创建，巩固拓展全国文明城市全域化成果，争创全国文明典范城市。像对待老人一样敬畏古城、呵护古城，系统推进古城有机更新，杜绝"大拆大建"，用足"绣花功夫"，让千年古城的历史和文脉展现出江南文化的独特魅力。

3. 始终坚持走生态优先绿色低碳发展之路，大力推进美丽苏州建设。全面贯彻习近平生态文明思想，深入实施可持续发展战略，对接全国碳排放市场建设，落实碳排放权交易等市场化机制，探索建立碳排放"双控"机制。深入打好污染防治攻坚战，推进$PM_{2.5}$和臭氧"双控双减"，加快构建危险废物全过程监管体系。深化"河湖长制""断面长制"，加快打造"江南水乡"新风貌，到2025年省考、国考断面水质优Ⅲ比例全部达到100%。实施新一轮太湖治理工程，全力推进太湖生态岛建设，为太湖增添更多美丽色彩。坚定不移抓好长江大保护，不折不扣落实长江"十年禁渔"等工作任务。积极推进大运河文化带建设，加强大运河苏州段保护、传承和利用工作。加快长三角生态绿色一体化发展示范区建设，推动跨区域、跨流域生态环境联保共治。

4. 始终坚持改革开放不动摇，全面增强经济社会发展新动力新优势。大力推进市域一体化，在省内全域一体化上展现更大作为，融入以上海为龙头的长三角城市群一体化发展，依托上海国际化高端平台对接国际合作资源，更大力度、更高质量服务长三角一体化国家战略。瞄准千万人口特大城市的发展定位，加强市域统筹和总体谋划，全面提升现代城市治理新水平。积极参与苏锡常一体化发展，创新深化南北挂钩合作和园区共建，加快北沿江、通苏嘉甬等高铁建设，努力成为全省现代化建设先行带、引领带。支持和服务上海发挥龙头作用，全面落实虹桥国际开放枢纽建设《苏州实施方案》，运营好长三角科创企业服务中心苏南中心。主动对接国际合作资源，面向世界开放合作，加快打造更具竞争力的开放高地。高质量推进共建"一带一路"，提升中欧（亚）班列等运营水平。不断深化中新、中日、中德和海峡两岸等开放平台建设，高标准建设中国（江苏）自贸试验区苏州片区，积极复制推广其他自贸区成功经验。支持昆山市建设金融支持深化两岸产业合作改革创新试验区。

5. 始终坚持统筹发展和安全，牢牢守住安全发展的底线。全面落实总体国家安全观，坚决守牢安全发展底线，努力实现高质量发展和高水平安全良性互动。始终把防范政治安全风险置于首位，深入开展反渗透反颠覆反分裂和反恐怖斗争。慎终如始抓好"外防输入、内防反弹"疫情防控，全面加强公共卫生应急管理体系建设。坚决防范化解政府性债务风险，密切关注房地产、金融等领域风险。压实安全生产责任，毫不松懈抓好安全生产专项治理。深入推进"平安苏州"建设，运用法治思维和法治方式化解矛盾、维护稳定，强化社会面整体防控，常态化推进扫黑除恶斗争。落实风险防控"四项机制"，拓展"大数据+网格化+铁脚板"治理机制，加快建设数字城市运营管理中心（DTIOC）和市级综合指挥平台，推进市域社会治理现代化。

**三、坚持和加强党的全面领导，落实新时代党的建设总要求**

以党的政治建设为统领，切实增强全面从严治党永远在路上的政治自觉，努力建设人民满意的廉洁苏州，为建设社会主义现代化强市提供坚强政治保证。

1. 切实加强党的政治建设。深刻领悟、自觉落实"两个确立"伟大意义和实践要求，增强"四个意识"，坚定"四个自信"，把"两个维护"贯彻到苏州现代化建设的各领域全过程，坚定地忠诚核心、信赖核心、紧跟核心、维护核心，始终在思想上政治上行动上同以习近平同志为核心的党中央保持高度一致，不断提高政治判断力、政治领悟力、政治执行力。严守党的政治纪律和政治规矩，始终胸怀"两个大局"、牢记"国之大者"，确保总书记重要指示和党中央大政方针以及省委决策部署在苏州落地生根、开花结果。不断增强党内政治生活的政治性、时代性、原则性、战斗性，坚持民主集中制，发扬党内民主，落实"三会一课"等制度，加强对"一把手"和领导班子监督。

2. 推动理论武装走深走实。坚持不懈用习近平新时代中国特色社会主义思想武装头脑、教育人民，发挥市委理论学习中心组示范作用和党校、行政学院等主阵地作用，健全各级党组织集体学习制度，推动党员干部自觉做习近平新时代中国特色社会主义思想的坚定信仰者和忠实实践者。巩固拓展党史学习教育成果，不断赋予苏州"三大法宝"新的时代内涵。落实意识形态工作责任制、网络安全工作责任制，弘扬主旋律、凝聚正能量。

3. 全面加强党的组织建设。突出增强政治功能和组织力，不断创新组织设置和活动方式，大力加强基层党组织建设，实现党的组织和党的工作全覆盖。全面推进"美美与共·海棠花红"党建品牌建设，大力推进抓党建促乡村振兴，深入实施高质量党建引领基层治理现代化"根系工程"，持续深化新时代"美美乡村"新接力专项计划、"美美社区"行动计划。深入推进各领域党组织书记、党务工作者专业化建设，充分发挥基层党组织战斗堡垒和党员先锋模范作用，更好带领人民群众投身现代化建设伟大实践。

4. 打造高素质干部队伍。以政治标准统领干部的"育选管用"，全面落实新时代好干部标准，注重在改革发展稳定主战场培养发现使用干部。有效推动常态化、多层次、宽领域干部交流。扎实开展专业化培训，大力推动各级领导干部进党校、上讲台。坚持"三个区分开来"，发挥激励干事担当"1+5"制度体系效应，推进"三项机制"落地见效。加强党对人才工作的全面领导，着眼全方位培养、引进、用好人才，着力解决人才关心关切的实际问题，引导鼓励各类人才积极投身苏州现代化建设新征程。各级党组织要关心爱护青年，更加重视青年工作，鼓励支持青年奋进新征程、建功新时代。

5. 驰而不息推进正风肃纪反腐。把纪律挺在前面，把"严"的主基调长期坚持下去，贯通融合各类监督，精准运用监督执纪"四种形态"，一体推进不敢腐、不能腐、不想腐。持之以恒落实中央八项规定精神，不断健全作风建设长效机制。发挥巡察"利剑"作用，推动形成市县巡察上下联动工作格局，统筹推进新一届市委巡察工作，纵深推进对村（社区）巡察，持续推动市县巡察提质增效。严肃查处群众身边的腐败和不正之风。推动各级领导干部以身作则、以上率下，带头贯彻廉洁自律准则，带头严守廉洁从政规定，带头构建亲清政商关系，带头加强家庭家教家风建设。

**四、压实工作责任，凝聚起建功新时代的磅礴力量**

全市各级党组织要把学习贯彻落实省党代会精神与苏州现代化建设结合起来，科学谋划部署、精心统筹安排、认真组织实施，确保党代会提出的目标任务和工作要求落到实处、取得实效。

1. 加强组织领导。各地各部门要围绕省、市党代会确定的目标任务，明确工作思路，找准主攻方向，拿出过硬举措，积极推动落实。要加强工作统筹，及时了解各地区各部门相关工作的贯彻落实情况，协调解决推进过程中的重点难点问题，确保省党代会精神全面落地见效。

2. 细化工作方案。各地各部门要对照《苏州市贯彻落实江苏省第十四次党代会报告重点任务分解方案》和《江苏省第十四次党代会报告明确对苏州提出有关任务专项分解方案》要求，抓紧研究制定实施细则，并分年度制订工作计划。各项重点任务的牵头部门要发挥统筹协调作用，参与部门要积极主动配合，齐心协力完成好承担的工作任务。要主动加强与省级机关部门的工作对接，推动省党代会各项部署在苏州落地落实。

3. 强化督促检查。要加快建立健全狠抓落实的工作机制，确保省、市党代会各项任务有序推进。要强化问题导向，及时发现和解决贯彻落实过程中的矛盾问题。市纪检监察部门要把贯彻落实情况作为政治监督的重要方面，市委组织部门要把各项重点任务完成情况作为考核领导班子和领导干部的重要内容。市委办公室、市政府办公室要加强常态化跟踪督促检查，推动省、市党代会各项部署要求不折不扣落地落实。

4. 营造浓厚氛围。学习宣传贯彻省党代会精神是当前和今后一个时期的重大政治任务。各级党组织要结合实际做出具体安排,迅速掀起学习宣传贯彻省党代会精神热潮。各级宣传部门要统筹协调各类媒体,对全市贯彻落实省党代会精神情况进行全方位、多层次、持续性的宣传报道。要遴选精干力量组成宣讲团开展集中宣讲,推动省党代会精神深入群众、深入人心。要注重发挥先进典型的示范带动作用,及时总结推广好经验、好做法,为加快"强富美高"新苏州现代化建设凝聚力量,以优异成绩迎接党的二十大胜利召开。

## 后记
## Postscript

党的十八大以来的十年是苏州发展历程中极不平凡的一个时期，苏州市委带领全市人民在改革开放以来经济高速发展的坚实基础上，以习近平总书记亲自擘画的"经济强、百姓富、环境美、社会文明程度高"宏伟蓝图为战略指引和行动指南，勇担"争当表率、争做示范、走在前列"的重大使命，科学决策、稳健布局，真抓实干、担当作为，取得了高水平全面建成小康社会的重大成就。踏上新征程、面对新挑战，如何做出全新的发展决策与布局，以更高的政治站位、更大的勇气智慧、更昂扬的精神力量引领苏州继续披荆斩棘、保持领先、再创辉煌，是摆在苏州面前的一项重大现实课题。"以史为鉴，可以知兴替"，中共苏州市委党史工作办公室与苏州市中共党史学会决定联合编撰《苏州十年决策与布局（2012—2022）》一书，以全面梳理苏州在全面从严治党和经济强、百姓富、环境美、社会文明程度高等领域做出的决策布局与取得的辉煌成就，概括提炼苏州十年高质量发展的显著特点和宝贵经验，为建设展现"强富美高"新图景的社会主义现代化强市贡献出积极的党史智慧力量。